另一种学术史：二十世纪学术薪传

张春田 张耀宗 编

南京大学出版社

图书在版编目(CIP)数据

另一种学术史:二十世纪学术薪传/张春田,张耀宗编. —南京:南京大学出版社,2012.1
 ISBN 978-7-305-08985-5

Ⅰ.①另… Ⅱ.①张…②张… Ⅲ.①教师—回忆录—中国—现代 Ⅳ.①K825.46

中国版本图书馆CIP数据核字(2011)第219463号

出版发行	南京大学出版社		
社　　址	南京市汉口路22号	邮　编	210093
网　　址	http://www.NjupCo.com		
出 版 人	左　健		
书　　名	另一种学术史——二十世纪学术薪传		
编　　者	张春田　张耀宗		
责任编辑	芮逸敏	编辑热线	025-83593947
照　　排	南京紫藤制版印务中心		
印　　刷	南京人文印刷厂		
开　　本	787×1092　1/20　印张 17.7　字数 280千		
版　　次	2012年1月第1版　2012年1月第1次印刷		
ISBN	978-7-305-08985-5		
定　　价	39.00元		

发行热线　025-83594756　83686452
电子邮箱　Press@NjupCo.com
　　　　　Sales@NjupCo.com(市场部)

＊版权所有,侵权必究
＊凡购买南大版图书,如有印装质量问题,请与所购图书销售部门联系调换

目　录

张春田　张耀宗　师承所在，流风未泯（编者序）

程千帆　忆黄季刚老师　1
邓广铭　回忆两位老师　19
钱谷融　我的老师伍叔傥先生　39
王兆鹏　我的老师唐圭璋先生　45
柯庆明　那古典的辉光——思念台静农老师　57
姚大力　琐忆韩师　75
王得后　一个人的学问、信仰和作为——埋在我心中的李何林
　　　　先生　85
沈　津　一片冰心在玉壶——怀念潘景郑先生　97
陆谷孙　秋风行戒悲落叶——忆师长　113
袁行霈　燕南园六十二号　127
汪　晖　明暗之间　135
邓小南　跟随王先生读书　145
陈平原　此声真合静中听——怀念陈则光先生　151

秦　晖	教泽与启迪：怀念先师赵俪生教授　　159
罗志田	把意境深远的话说得风韵疏淡——忆张芝联先生　　185
甘　阳	梦邹说　　193
张　灏	一条没有走完的路——为纪念先师殷海光先生逝世两周年而作　　197
许纪霖	"我是十九世纪之子"——王元化的最后二十年　　207
裘锡圭	怀念我敬爱的朱德熙先生　　221
钱志熙	湖畔的思念　　229
韩　钢	生命最后的大事记——悼龚育之老师　　241
巫　鸿	张光直，哈佛，与我　　255
倪文尖	钱先生的散淡人生　　267
王德威	读《谈文艺，忆师友》：兼记《瞎三话四集》　　273
扬之水	以"常识"打底的专深之研究——读孙机先生著作散记　　279
王汎森	史家与时代：余英时先生的学术研究　　289
陈建华	狐狸说诗——李欧梵教授课堂散记　　309
沈卫荣	学术偶像崇拜和学术进步　　315
陆　扬	花前又见燕归迟——追忆牟复礼先生　　333

【编者序】

师承所在,流风未泯

张春田　张耀宗

怀旧不应该属于年轻人。事业未成,何事可怀?事业已立,何须再怀?但是,对于年轻的学人来说,"怀旧"是一项和学术研究同等重要的工作。它让年轻的学人得到慰藉、鼓励和前进的力量,也让年轻的学人找到重新出发的灵感和勇气。学术的怀旧不是美化历史的细节,它是一次次历史细节的复活,更是一次次对历史重新的阐述。

近三五年来,由于媒体与出版界的推波助澜,"晚清、民国热"、"八十年代热"在大众日常阅读生活中所处的位置已经非常明显。我们无意去投合这些"热",但是这些时段及问题本身也是我们自己一直以来所关心的,这些"热"也促发我们新的思考。2010年我和好友季剑青君合作编了一本《传灯：当代学术师承录》，由北京大学出版社出版。书出来以后，反响似乎还不错。当时限于篇幅，自然有不少遗珠之憾，于是希望再编个类似的续集，便有了这本小书。明眼人一翻目录便会发现，虽然说是放眼整个20世纪学术史，比如收入像邓广铭先生回忆老师胡适以及傅斯年的文章；但是我们选取的文章的作者大多是近三十年成长起来的学者，也就是说他们无论是身居大陆还是成长于港台，基本都是从1980年代开始在各自的学术领域崭露头角，相继在1980年代和90年代成长为各自领域的中流砥柱。陈春声先生在《学术评价与人文学者的职业生涯》一文对这样一个学术群体有过深入的思考。作为那个学术群体中的一员，陈先生将这个学术群体的位置历史化了。有兴趣的读者可以参看苏力和陈春生主编的《中国人文社会科学三十年》（生活·读书·新知三联书店，2009年版），里面有详细而丰富的讨论。我们所选的这些文章不仅有对师辈的敬意，对学术传承的敬畏，对学术方法的阐发，也有字里行间的"此时无声胜有声"。这些文章不仅仅是单一的对师长的敬意，其实还包含了两代人之间的学术对话，学术道路的碰撞、汇流，而这些需要读者诸君自己去构建语境，将这些温情的怀念、平躺在纸上的宋体字还原成一个个立体的历史场景，一个个生动的历史过程。只有这样我们才能真正明白那些可能不可再得的历史契机的分量，只有这样我们才能够划破矫情的历史诗意，看到一种历史性的师生关系的生成，感受到那些回忆的发自于内心的力量，从而寻找到属于我们自己的"自强"与"突破"的道路。

台湾"中央研究院"王汎森院士在最近一次的访谈里面提到的当下人文研究的两个趋势，值得认真对待。一个是知识分子的消失。他说："罗素·雅各比写《最后的知识分子》，他所讲的其实很多都是1970年代的东西，他认为那时候已经是'最后的知识分子'了。

我在美国念书的时候,觉得对社会舆论最有影响力的不是学者,而是媒体,尤其是媒体评论人、专栏作家。学者很少或偶尔才对现实问题发言,大家拼着命就是发表论文。这次核危机,也可以看出台湾学者和现实的一个困境,就是愿意以整体而比较宏观的视野来观察、省思一个问题、做一个合情合理的评论的人,是越来越少了,大部分人都变得非常专门。着眼宏观的人,大部分都是写教科书的人,或'不务正业'的学者及专栏作家,有学问的人反而没能做或不屑做。在我的学生时代,我同我的老师如果能以知识分子来自己期许的话,那就意味着要去做很多事情,要承诺很多事情,那是一件很好的事情。现在如果再这样,似乎觉得你太古板、太老派了。我在台湾看到的就是这样的状况。但我总是觉得,作为一个知识分子,还是应当有公共责任,还是不应该从社会撤离。'知识分子的撤离'是一个大警句。"另一个现象是作为全球现象的人文心灵的退缩。他说:"整个世界的人文心灵都在退缩,这是一个全世界共通的问题。因为过度竞争,思想、精神层面都会世俗化,往下降低。我对这句话的解释很简单,因为你要竞争,你就要有看得见的标准,就要把看得见的东西都统计化、数字化。过去那些属于人文的、精神特质的、地方特质的、传统性的、没法量化的东西,在竞争时就算不进去,就会居于劣势。所以大家都拼命做那些可计算的东西,使自己在竞争中高一点。结果就是大家一起往下降。这本来是以美国为主的,但是现在,这种趋势已经传向全世界。所以,属于精神特质的、带有人的主体独特性的、带有人文学科早期特质的那种东西,现在的处境都很难了。全世界大学的整个气氛越来越紧,以前那种自然而然、悠闲自在研究学问的气氛没有了,每个人都急得不得了,不停地开各种策略会议。当然,与18、19世纪现代大学兴起的时候相比,现代大学的功能增加了很多,但是不能永远增加下去。这都是我对当代人文心灵环境的观察。我很为此忧心。"(《学问作为一种生活方式》,《文汇报》2011年6月6日)王汎森先生所提及的学术的"统计化"以及"量化",这一方面有可能形成良性的竞争,但是也不能不看到这些在具体操作层面涉及到学术资源的分配加上社会风气的变化(用1990年代初期的套话来说就是"商品经济大潮对纯洁学术的冲击",这在当时听起来不免有点"书生气",有点不知"窗外事"),很有可能导致学术的"山头化",学术共同体可能变成利益关联体。

说今天是一个"大师远去",学术"碎片化"的时代,大概算不上大放厥词。这并非是简单指责当代学术混局乱相,而是说我们这个时代的学术内在的评价标准在激烈的变化之中,在不断地争论、磨合。这其中既有某一学科内部的争论,也有跨学科的争论。不同的学者对于"跨界"作品的评价其实很不一致,这里面的是非不是简单的"态度"问题可以说清楚,或许我们倒是可以偶尔适当抽身其外想一想为什么"跨界"的研究越来越成为一种趋势,这里面大概不单单是学术自我生产的需要,更是时代某种变化带来的影响。与以前的"权威时代"不同,有人可以一言九鼎,争议随之慢慢化解。现在是大家的学术水平可以打个平手,在内心里未必谁就服气谁,最后要么是大家面子上过得去,一团和气,要么就是争锋相对。既然有立场之争,也就难免掺杂着意气之争。本来争论是好事,不必要故作"公允"或者"费厄泼赖"来取消问题意识,可争论一旦被牵扯进所谓的"心机"、"态度"之类的话题里面,反而失去了之前的问题意识,这也恰恰是发达的媒体时代给学术论争带来的挑战。媒体在学术论争之中扮演了双刃剑的角色。学术论争一旦成为公共话题,对学术究竟更有助益还是更多败坏,值得认真思量。当下学术"碎片化"时代最容易出现的现象就是,学术论争往往无法沿着既有的问题框架进行,而是言在此意在彼。这对于推动学术的好处就是让学术与社会的互动更为紧密,逼迫一些人文学术的研究回到"源头",回到社会生活,对学科的基本问题进行重新的提问,这在某种意义上也促使了我们这个时代的"跨学科"研究颇为繁盛。而可能带来的问题,就是既然问题的争论无法深入,那么只能在一些"态度"、"心机"等话题上打转,最后造成学术论争完全受制于外力,而越来越失去自己的规范和自我约束,直接后果未必是学术风气的大坏,而是学者的自我分裂和学术的"繁盛"背后的平庸化。

学术与世风之间的互为影响在中国学术传统里面早已不是新鲜的话题,但是它像是一个主题,在不同的时代语境里面,可以激发起这个时代人的具体的而又丰盈充沛、生动活泼的历史的现场感,将自己的语境重新注入到这个主题当中去。钱穆在一次题为《学术与风气》的演讲里,结合他自己时代的学术风气感叹道:"康有为、章太炎、梁启超、刘师培、王国维诸人,岂不是我们这一时代之大师!但实由前一时代所培植。我们这一时代,若无此数人,将会更感黯淡,更无光彩。"批评钱穆的话可能不是难事,但是钱穆所指出的这些问题的缘由,则未必不值得认真倾听:"学术传统,究与政治传统有不同。学问事业,究与社会事业有不同。……又该懂得分工合作。在学术圈子外,尽有活动、有事业,不能由学术界一手包办。在学术圈子内,也可各有研寻,各有成就,不能由一个人作唯一的领导,也不能由一个派系作唯一的霸占","由于政治社会不断变动,把学术风气冲散了。但也因学术界变动,而增添了不少社会政治上之变动。"世风极大地影响了学术,学术反过来又可影响世风。对于每个以学术为志业的人来说,所能做的只是"博学于文,行己有耻"。守住了"知耻"的道德伦理底线,学术的生态则有慢慢恢复、慢慢成长以至于繁茂的希望。钱穆在这里对他的民国时代学术界的批评,其实有一番"与其诅咒黑暗,不如点燃灯火"的自强不息之意。

相信读者在阅读这本书的时候,能够感受到学术的尊严与精神的魅力。在 20 世纪的历史中,这些学者以他们的学问与人格,赢得了人们发自内心的尊敬与纪念。面对学术的碎片化与人文心灵的萎缩,"却顾所来径"就有了继往开新的意思。不同的人对同一时代的描述不一样,因为个人的兴趣、性情、成长经历等等都不一样。这些内在于我们生命的个人史,使得我们的历史叙述有了一个隐含的起点,由此我们才能连接起对过去、对现在以及关于未来的想象。薪火传承本是动人的风景,希望也能构成继续前行的资源。如果这本小书,能够给无论是在暗夜中前行,还是已身处阳光灿烂的日子的读者诸君一些启迪,那么首先应该感谢贡献了这些好文章的作者们。很多作者不仅慷慨授权,而且对我们的工作给予了热情的鼓励,让人尤其感念。书名《另一种学术史》借用了陈平原先生一篇文章的题目。感谢南京大学出版社对本书的出版给予的大力支持;编辑芮逸敏女史出色的学术眼光与认真细致的工作,使得本书最终得以面世,在此谨致谢忱。

2011 年 7 月香港—北京

忆黄季刚老师

程千帆

黄侃(1886—1935),字季刚。曾在北京大学、中央大学等校任教。代表著作有《黄侃论学杂著》、《黄侃日记》等。

程千帆(1913—2000),1936年毕业于金陵大学。1978年任南京大学教授。代表著作有《文论十笺》、《唐代进士行卷与文学》、《古诗考索》等。

黄侃先生

黄侃行书七言诗

一　最后一堂课和最后一首诗

1935年10月5日下午,天气很阴沉,我在金陵大学北大楼朝北的一间教室里,在听季刚老师讲《诗经》。老师晚年讲课,常常没有一定的教学方案,兴之所至,随意发挥,初学的人,往往苦于摸不着头脑。但我当时已是四年级的学生,倒觉得所讲胜义纷陈,深受教益,可是老师讲书,也并非完全从学术角度着眼,而每用以借古讽今,批评时政,针砭时弊。这一天,他正讲《小雅·苕之华》,当他念完末章"牂羊坟首,三星在罶。人可以食,鲜可以饱"之后,又接着把《毛传》"牂羊坟首,言无是道也。三星在罶,言不可久也",用非常低沉,几乎是哀伤的声音念了出来。既没有对汉宋诸儒训说此诗的异同加以讨论,也没有对经文和传文作进一步的解说,但我们这些青年人的心弦却深深地被触动了。

当时的情景,现在还牢牢地铭记在跟我一同听讲的孙望先生和我的脑海中。四十七年之后的今天,我们作为一个强大的社会主义国家的公民,回想往事,也就更其能够亲切地体会:一个曾经为中华民国的缔造这一伟大事业献身的革命学者,眼看着祖国在日本帝国主义的侵略和蒋介石法西斯统治之下满目疮痍而无力挽救,其内心的痛苦是如何巨大了。

老师的谈锋不知怎么地一转,又议论起中西文化和生活方式的比较来。他由木版书便于批点,便于执持,便于躺着阅读等等方便,而讥讽精装西书为"皮靴硬领";又谈起中装之文明和舒适远胜西装,他当即并不用手而把自己穿的布鞋脱下,然后又穿上,并且对一位坐在前排的同学说:"看,你穿皮鞋,就没有这么方便。"很显然,季刚老师并不是什么国粹主义者、顽固分子,他是一位爱国主义者,一位资产阶级民主革命家。他对于当时买办阶级全盘西化论者"外国的月亮也比中国圆"的论调,是非常鄙视的。这种开玩笑的中西文化比较论,只是他爱国忧民愤世嫉俗的一种表现而已。

下课铃一响,老师抱起他那个黑布书包,走出教室。我们再没有想到,这就是他给我们上的最后一堂课。

10月4日是星期五,6日就是农历的重九节。季刚老师是一个有山水胜情的人(这一点下面还要谈到),南京又是一个"千古风流佳丽地",所以他在一般情况下,断无不出去登高之理。但这一天却独自坐在九华村量守庐的书房里,郁郁寡欢。他想起了李后主的《却登高文》,有所感发,作了一首七言律诗:

秋气侵怀正郁陶,兹辰倍欲却登高。
应将丛菊霑双泪,漫藉清樽慰二毛。
青冢霜寒驱放雁,蓬山风急抃灵鳌。
神方不救群生厄,独佩萸囊未足豪。

刚刚作好,林尹先生(字景伊,著名学者林损的侄子,钱玄同的学生,当时在金陵女子文理学院教书,现在台湾)来看他,他就将这首诗给林先生写了个条幅。就在当天,老师因饮酒过多,胃血管破裂,抢救无效,两天后,即10月8日,就不幸逝世了。同样,谁也没有想到,这就是他最后的一首诗,最后的一幅字。

儒家哲学认为:兼善天下是人生最终目的,季刚老师也是这么想的。这一篇诗以雁象征流离的人民,以鳌比喻猖狂的日帝,对于自己虽能安居治学却缺少救国的"神方"感到内疚。思想境界是多么崇高！求之古人，只有宋王令《暑旱苦热》中所写"昆仑之高有积雪，蓬莱之远常遗寒，不能手提天下往，何忍身去游其间"，其胸襟可以相提并论。汪旭初先生在其季刚老师周年祭悼词中说，"季刚伤时纵酒，遂以身殉"，这是事实。老师只活了五十岁，是我国学术上无可估量的损失。

二　大师之大

具体地评赞季刚老师的学术，我是没有资格的。这应当由健在的一些老学长像陆宗达、黄焯、殷孟论诸先生以及现在台湾的潘重规先生来谈。因为他们是得到了老师的真传的，而我则及门恨晚，所知无多。

但老师是中外学术界公认的大师之一。在老师生前一直到死后，我常常想到一个问题，就是：大师之大，大在何处？现在我想就自己此问，自作一答。

首先，我觉得季刚老师的学问是即博且专的。无论你用经、史、子、集、儒、玄、文、史，或义理、考据、词章来分类，老师都不仅有异常丰富的知识，而且有非常精辟的发明。他在文字、音韵、训诂诸方面的成就是空前的，那就不用说了。他所批点的《十三经注疏》、《史记》、《汉书》、《新唐书》，从句读到训释，都有许多发前人所未发之处，其研究成果虽然没有正式公布，但有过录本流传，世所共知。《文选》也是如此，章太炎先生曾经将他和李详先生并举，认为两人是现代中国最杰出的《文选》学家。《〈文心雕龙〉札记》则开创了一代古典文论研究之风。至于文学创作，无论是骈文、散文、诗、词，都写得很好，自成家数。虽然老师对自己文学上的成就并不满意，认为古人是"天九"，而他只是"地八"（见刘博平先生《师门忆语》）。但

"地八"终究是仅次于"天九"的"地八"。关于哲学,季刚老师的论说不多,但一篇《汉唐玄学论》,至今仍是研究我国中古哲学的重要文献,而于其他论文,也见出其"名理校练"。总之,如果将我国整个古代学术比做十项全能运动,那么老师除了保持了一两项世界纪录以外,其他项目的平均积分也是很高的。

第二,季刚老师脾气很坏,爱骂人,这是学术界都知道的。但是人们往往乐于传播他性格中狂放的一面,却忽略了他性格中非常谨慎谦虚的一面。他和刘师培先生在北京大学同事,因为自己的经学不如刘先生,就正式拜他为师,这件难能可贵的事说明了他年轻的时候就很谦虚。在日记里,他曾经提到自己读书很快,但记忆力不够好,所以每要引用一条材料,即使极熟的书,也要核对。他在课堂上曾对我们说:"我讲小学比较'自如',讲经学,拿着书还怕讲错。"在讲声韵学的时候,他极口称赞曾运乾先生的《喻母古读考》是个重要的发明。我流寓成都时,还在赵少咸先生家里,读到过老师复赵先生的信,措辞极其谦和。赵先生去信赞赏老师所撰《音略》,老师则回答说:"尝自笑非经略之略,乃疏略之略也,何意先生称道之乎?"可见得他论学待人,一贯如此。至于对于国民党中那些卖国贼、贪官污吏,学术界中那些欺世盗名之徒、崇洋媚外之辈,不留情地加以怒骂,或者大声呵斥一些懒惰的学生,那又有什么不对,有什么不好呢!

第三,季刚老师"学而不厌、诲人不倦"的精神,也是使得他本人和他的学派取得成就的一个很重要的原因。老师不是迂夫子,而是思想活泼、富于生活情趣的人。他喜欢游山玩水、喝酒打牌、吟诗作字,但是有一条,无论怎样玩,他对自己规定每天应做的功课是要做完的,日记是要记的,白天耽搁了,晚上就一定要补起来。他在日记中曾经提到:

平生手加点识书,如《文选》盖已十过,《汉书》亦三过,

《注疏》圈识，丹黄烂然。《新唐书》先读，后以朱点，复以墨点，亦是三过。《说文》、《尔雅》、《广韵》三书，殆不能记遍数。

其实何止这里提到的几部书。别人读书，只是受到了书的益处，老师读书，则是他先受到了书的益处，反过来书又受到了他的益处。殷孟论先生告诉我，他过录了一部老师读过的吴检斋先生的《经籍旧音辨证》，上面和吴先生商榷的批语就达四百多条，即是一例。至于他临危时还要把一部没有圈完的书最后一卷圈完，更是足以说明他献身学术的精神，真是"鞠躬尽瘁，死而后已"。

现在我们再来谈一谈老师是如何教导学生的。他 1914 年初到北京大学，是教文学的，从到武昌高等师范学校以后，就往往同时兼教小学、经学和文学。老师门下研究小学的人固然最多，但研究经学和文学而有成就的人也不少，甚至于有受到老师的启发，学到了老师谨严的治学方法而后来改攻史学的，例如金毓黻先生研究东北史就成绩卓著。因材施教，不拘一格，正是老师教人的特点之一。第二个特点就是老师经常把教学和科学研究联系起来，即使他教过多次的课，每次重讲都有新的内容，所以有的学生对他所授的同一课程甚至听过几次，而每次都得到不同的或更多的收获。还有就是他研究有得，就开新的课程。1934 年，金陵大学开设国学特别研究班，招收研究生。老师开列了一个准备次第讲授的课目表，一共八门，除《说文》、《尔雅》、《广韵》、《文选》及《文心雕龙》之外，还有"唐人经疏释诸经辞例辑述"、"樊南四六评"及"《新唐书》列传评文"等从来没有开设过的课，而且每门课都做了简要的说明。例如"樊南四六评"的说明是"樊南四六，上承六代，而声律弥谐，下开宋体，而风格独峻，流弊极少，轨辙易遵"。可惜的是，没有来得及完全开讲，他就去世了。学术界流传说，老师对自己的学术甚为珍秘，不肯传人，显然是一种无稽之谈，经不起事实的检验。（当然，对那些道听途说、靠稗贩度日的人,老师是难以耳提面命的,又当别论。)老师教人还有一个特点,就是言传身教,他所要学生做的,往往正是他身体力行的。例如治学贵发明,不贵发现;读一部书一定要从头读到尾;在没有把前人的意见搞清楚以前,决不随便议论;发表著作是对祖国文化负责,不是为了个人的名利,必须非常谨慎,等等。所以凡是跟季刚老师读过书的人,研究方向各异,成就大小不同,但是用走江湖的方法来做学问的人是不多的。

第四,季刚老师之所以成为一代大师,也是和他热爱祖国、热爱人民的思想分不开的。他早年在家乡曾经领导过推翻清朝政府的武装起义,在日本时又参与过章太炎先生领导的资产阶级民主革命运动。后来他虽一心做学问,不再参加政治活动了,但是对祖国和人民的命运还是经常深切地关怀着。日本帝国主义的侵略和国民党政府的腐败,给他精神上带来很大的痛苦。这些思想感情反复地出现在他晚年的文学创作中,例如1931年9月20日,即"九一八"事变后的第三天,他写了一首《闻警》:

　　早知国将亡,不谓身真遇。辽海云万重,无翼难飞赴。

还有大约写于次年冬天的《岁暮书感》二首:

　　杀节凋年惨惨过,惟将泪涕对关河。沧溟鳌抃移山疾,武库鱼飞弃甲多。一国尽狂应及我,群儿相贵且由它。贤愚此日同蒿里,只恐无人作挽歌。

　　弧张孤说事如何,载鬼仍惊满一车。北斗挹浆空有象,东郊种树岂须书?失巢伫吊依林燕,聚糁先怜在沼鱼。病肺愁时逢止酒,那能因梦到华胥?

在这些诗里,反映了他对国家现状、民族前途的深切忧虑,对当时反动政权的无比愤慨。但是他手上并未握有改变这种现状的权力，他所能做的，只能是像王夫之、顾亭林和章太炎先生等人所做的一样，以维护并发扬祖国的传统学术、民族文化为己任。爱国主义炽热的火焰是指引他在学术道路上不停地前进的明灯。他对于一些问题有自己独特的看法，非常顽强，在我们今天看来，甚至于显得有些偏执。如果不从当时的历史情况和他的心灵活动去理解，是很容易产生误会的。

我认为，以上这些，就是使得季刚老师成为一代学术大师的主要因素。

三　留连金凤与花天酒地

季刚老师的父亲名云鹄，字翔云，清末曾任四川盐茶道。翔云先生品学都好，但并非官场中的干员。抗战时期，我在四川雅安听到他老人家一件轶事，很可以说明这一点。离雅安城不远的山上有一座金凤寺，寺里有一位能诗的和尚，翔云先生出差到了雅安，和这位老和尚一见如故，便把公事放在一边，长期住在庙里，跟和尚唱酬起来。省里面的主管大不以为然，便参了老先生一本，执笔的幕僚，提到这件事，只用了"留连金凤"四个字。奏折发出去了，上面看的人没有想到金凤是寺名，误认为是个妓女，而清朝官吏狎妓，是视为厉禁的，几遭严谴，后来经过解释，才弄清楚。因此一直到20世纪40年代，"留连金凤"这件轶事，还在老辈口中流传。当我向四川一些老先生请教时，他们谈到翔云先生，都一致说是位廉吏，才情也好。季刚老师虽然十三岁就死去了父亲，但是翔云先生的品德、性格、才学、爱好，对他显然不能没有影响。

季刚老师在北京的时候，教学研究之余，最爱同学生们一起游山玩水，而经常陪同老师游玩的则是孙世扬（字鹰若）、曾缄（字慎言)两先生,所以当时他们就被称为"黄门侍郎"。孙先生的《黄先生蕲游遗稿序》中曾说:"丁巳(1917)戊午(1918)间,扬与曾慎言同侍黄先生于北都。先生好游,而颇难其侣,唯扬及慎言无役不与,游踪殆遍郊坰,宴谈常至深夜。先生文思骏发,所至必有题咏,间令和作,亦乐为点窜焉。"

这些作品都已经刊载在《制言》第六期中,不再赘述。我这里想公之于世的只是曾先生和季刚老师联句的《西游禊游诗及序》:

> 蕲春黄公既殁,缄翻帘旧稿,得往与公所为《西郊禊游连句》五言一首。西郊者,在燕京西直门外,都人所谓三贝子花园者也。易代而后,更名万牲,槛兽笼禽,比焉罗列。鸟兽咸若,草木芃然。公以戊午上巳之辰,与缄修禊于此,憩齗风之馆,升畅观之楼,遂仿柏梁,赓为此作。属咏未已,时已入暮,司阍逐客,踉跄而归。其后思之,未尝不笑乐也。良辰赏心,忽逾一纪;昔游在目,遂阻重泉。而缄忝厕门墙,获陪游衍。学射吕梁,曾惊掉臂;抚弦海上,粗解移情。乃奉手未终,招魂已断。池台犹昔,而觞咏全非;翰墨如新,而墓木已拱。抚今怀昔,良以怆恨,故述其由来,追为此序。嗟乎!子期吊旧,悲麦秀于殷墟;叔夜云亡,聆琴音于静室。即斯短制,悼念生平,固将历千载而常新,怀三年而不灭。第摩挲断简,腹痛如何!庚辰长至,曾缄。
>
> 嘉辰禊郊野(公),有约寻池台。扶携度广陌(缄),纡道东城隈。饼金买瓶酒(公),果蔌兼鱼(月奘)。提挈上鹿车(缄),修道清氛埃。路出西直门(公),万绿迎人来。方畦麦始秀(缄),圆沼萍初胚。依依眄弱柳(公),郁郁瞻高槐。迤逦向林陬(缄),夕阳已西颓。匆匆入园去(公),所见多奇陔。汤池饲猛鳄(缄),坚槛羁凶豺。树有相思名(公),草非忘忧材。历径必窈窕(缄),循廊亦徘徊。踯躅

清溪旁（公），春波漾莓苔。惊鸿影一瞥（缄），独雁情方哀。舍此登高楼（公），摄斋升层阶。舳棱曜金碧（缄），壁带含玫瑰。仙人好楼居（公），王母安在哉！黄竹响久绝（缄），青鸟音常乖。去去勿复顾（公），游目天之涯。西山净暮霭（缄），平野兴微飔。回首望故乡（公），郁乎何垒垒。兴来促命觞（缄），景密情亦赅。惧干阍者禁（公），暂勒吾驾回。还涂意未渫（缄），更欲亲尊罍（公）。

曾先生这篇写于1940年的序文，真是文情并茂。今日读来，当时情景犹在目前。

刘博平先生的《师门忆语》中曾经比较详细地叙述了季刚老师和当时的学生如何亲密无间的情况，他特别指出："箴规誉敕即寓乎其中，使人日发愤迁善而不自觉。"就文学角度说，老师率弟子出游，往往也就是一次创作实践，我跟季刚老师学习的时间可说是很短，但接触的老学长不少，听到这些"头白门生"在几十年以后还深情地谈到老师对他们的教诲和从老师游处所得到的益处，都使自己深以从学之日太浅为憾。

南京是一座古城，名胜很多。季刚老师到中央大学和金陵大学任教后，颇有文酒登临之乐。在汪旭初先生的《寄庵词》里面，就有一首抗战时期在重庆写的《偷声木兰花》：

　　桃腮杏粉俱飘落，客里清明闲过却。酒地花天，桑泊游踪只惘然。

　　年年解挽征衣住，杨柳多情千万缕。恰又无情，飞絮随波总化萍。

其序云："金陵玄武湖，当清明前后，花开如幄。季刚行吟其下，尝顾余曰：'此真花天酒地也。'客中怀思，凄然得句。"这反映了季刚老师风趣的"花天酒地"四字,也是传诵一时的。

当时在中央、金陵两大学中文系任教的都是一些学术文词兼擅的先生。每逢春秋佳日,他们便集会在一起,登高赋诗。我现在还保存着一件珍贵的文物,就是1929年老师们《豁蒙楼联句》的手迹。这是七位老用鸡鸣寺中和尚的破笔在两张长条毛边纸上写的,每人写上自作诗句,并署名其下。诗云:

蒙蔽久难豁(发),风日寒愈美(沉)。隔年袖底湖(翔),近日城畔寺(侃)。筛廊落山影(辟),压酒潋波理(石)。霜林已齐髡(晓),冰花倏撷绮(发)。旁眺时开屏(沉),烂嚼一伸纸(翔)。人间急换世(侃),高遁谢隐几(辟)。履屯情则泰(石),风变乱方始(晓)。南鸿飞鸣嗷(发),汉腊岁月驶(沉)。易暴吾安放(翔),乘流今欲止(侃)。且尽尊前欢(辟),复探柱下旨(石)。群展异少年(晓),楼堞空往纪(发)。浮眉挹晴翠(沉),接叶带霜紫(翔)。钟山龙已堕(侃),埭口鸡仍起(辟)。哀乐亦可齐(石),联吟动清沚(晓)。

1964年,黄耀先(焯)先生将他所保存的这一手稿送给了亡妻沈祖棻,并作了一跋:"己巳冬,先叔父季刚先生邀象山陈伯发,南京王伯沆、胡翔冬、胡小石(帆案:伯沆先生是溧水人,翔冬先生是和县人,小石先生是嘉兴人,都久住南京,所以这里统称为南京人),彭泽汪辟疆,南昌王晓湘诸先生,集南京鸡鸣寺豁蒙楼联句。此稿存先叔父遗书中,今以奉子苾世妹。甲辰秋,焯。"又附记云:"汪旭初先生当时因事未及与会,吴瞿安先生于时尚未至中央大学任教,故未列名其中。"

从联句中,可见老师们的逸兴雅致。但随着民族灾难的日益深重,"花天酒地"也终于被"兹辰倍欲却登高"所取代了。

四　季刚老师和瞿安老师及其他

回忆录之所以被人重视，是因其所记载的内容多出于作者所自为，或者耳闻目睹。正由于此，撰写这类文字，必须谨严慎重。我读了《学林漫录》第三集中袁鸿寿先生的《吴瞿安先生二三事》，发现其中所说季刚先师和瞿安老师的关系以及瞿安老师生前死后的一些事迹，就都非"实录"，不得不在这里附带加以辨正，以利于后人对两位老师的了解和研究。

一、袁先生说："1934到抗日战争这几年，瞿安先生为什么如此痛苦、如此颓废呢？据我所知，有三种压力伤了他的心。……最使他伤心的事是到了南京，黄季刚先生曾讥讽曲学为小道，甚至耻与擅词曲的人同在中文系为教授，从谩骂发展到动武。排课的人只得把吴的课排在一三五，黄的课排在二四六，使他们彼此不相见面。黄侃与系主任汪东都是章门弟子，自然瞿安先生处于下风。"

我不能不非常遗憾地指出，这种"所知"，纯属"想当然"。这问题可以从两个方面来说明和证明。

首先，说季刚老师和瞿安老师的关系。季刚老师在北京大学任教是1914年到1919年，瞿安老师则是在1917年到1922年。其间两人同事二年。（当时如孙世扬、曾缄两位"黄门侍郎"就同时也听过瞿安老师的课。曾先生和我谈过他听瞿安老师课的情况，孙先生则在《制言》第四十八期发表瞿安老师的《霜厓词录》的编者按语中谈到这点。）两位老师纵无深交，也绝无恶感。如果季刚老师讥讽曲学为小道，并且耻与擅长词曲的人同当教授，那么这种使人不愉快的事情早在北京大学就该发生了，何至于要迟到30年代呢？还有，据俞平伯先生《清真词释序》所载，他在北京大学就听过季刚老师讲词，这又怎么解释呢？从20年代末期到1935年，两位老师又在中央大学和金陵大学同事,常常诗酒往还,交情渐密,所以黄焯先生在跋《豁蒙楼联句》手迹中,特别说明何以季刚老师没有请瞿安老师参与此会。(其实这一点是黄先生记错了,瞿安老师在1928年已经到了中央大学,但同时还兼着上海光华大学的课,那时他可能恰在上海。)这就是说,瞿安老师如果在南京,季刚老师断无不请他之理。这也就间接说明了两位老师之间的关系是很好的。1934年、1935年,我正在金陵大学读书,也曾陪侍老师们赋诗饮酒,记得只有一次,两位老师发生了一点口角,也不过是醉后失态,绝不涉及学术问题,当时既未动武,事后也并无芥蒂。还记得有一回,我和同学陆恩涌先生去看季刚老师,老师听说恩涌是跟瞿安老师研究曲律的,就对我们说:"你们不要以为只有瞿安才会教曲子,我也会。"接着,他就大声背诵了一大段《桃花扇》。我们当时当然还是恭恭敬敬地听了,可是出来之后,就笑着议论,季刚老师这样好胜,真是个老天真。这不正也表现了他并不轻视词曲,并且还推重瞿安老师在这方面的造诣吗?

至于说到把课排在不同时间,是为了使他们不能见面,也不符合事实。当时在中央大学和金陵大学两校同时任教的老师,为了使两校学生能够把老师开设的课程都学到,所以尽可能地把授课时间错开。那时,季刚老师在中央大学的课是在星期二四六上午讲授,而在金陵大学的则是在一三五下午讲授,瞿安老师则反过来,在中央大学是一三五上午,在金陵大学是二四六下午。这怎么能像袁先生那样解释呢?

在季刚老师不幸逝世后,瞿安老师撰写了如下一副挽联:

平生手稿,较《述学》为多,惜年龄更少容甫一岁。
日下肩随,举旧闻独富,知藏奔足傲锡鬯千秋。

跋云:"余与季刚先生订交北雍,先生举长安故事特富,故下联云云。"言之不足，又再作了一联：

  宣南联袂，每闻广座谈玄。最怜遗稿丛残，并世谁为丁敬礼？

  吴下探芳，犹记画船载酒。此后霜风凄紧，伤心忍和柳耆卿。

跋云："十八年（1929），与先生邓尉探梅，极文酒之乐，曾和屯田〔甘州〕，故末语及之。"联中对在北京大学、中央大学两度同事，颇有往来，说得非常清楚。而且，作联以挽亡友，一般是只写一副的。瞿安老师却一而再地表示哀悼惋惜之情，不是更足以证明一些无稽之谈在事实面前完全站不住脚吗？

  其实，瞿安老师晚年的精神状态是不难理解的。和季刚老师一样，他也是一位爱国知识分子。在其所创作的剧本中，曾多次借古讽今，表达了自己对民族、祖国和人民的热爱，如以明末瞿式耜抗清为题材的《风洞山》传奇，以戊戌政变为题材的《血花飞》传奇，以秋瑾就义为题材的《轩亭秋》杂剧，都可为证。他看到日本帝国主义的侵略，反动政府的投降卖国、贪污腐败，能不痛心吗？袁先生文中虽然也提到这一点，却认为它所给予瞿安老师在心灵上的创伤，远不及个人地位被贬低的重要，这对瞿安老师绝不是准确的评价。

  其次，再说瞿安老师和汪旭初（东）先生的关系。汪先生和瞿安老师是同乡，都是苏州人，很早就是朋友。瞿安教师的《〈朝野新声太平乐府〉校勘记》就是于1924年至1925年在汪先生主编的《华国月刊》上连载发表的。1945年，即瞿安老师死后六年，汪先生给沈祖棻画了一幅《涉江填词图》，在所题《木兰花慢》跋语中说："……又吴瞿安有《霜厓填图》，题者甚众，唯限高山流水一调，余因循未成，而遭乱离，遂负亡友之托，然他日必补成之也。"友情如此悁悁，怎么谈得上伙同季刚老师屈使瞿安老师"处于下风"呢？而且大家都是学者,各尊所闻,传道授业,又有什么上风下风之可言呢?

二、袁先生说:"抗日战争初起,南京中央大学决定内迁重庆。校方有一决定:凡不按时到重庆报到者作解聘论。瞿安先生到后方逾期了,校方竟把瞿安先生解聘。当然很多教师鸣不平,请他到沙坪坝。瞿安先生伤于酒,加上南行中途辛苦,一怒之下就病了。"这也不完全合于事实。内迁各校虽有这种规定但如瞿安先生这样有声望的教授,当时中大校长罗家伦是不敢这样对待他的。何况系主任胡小石老师又是瞿安老师的多年同事和朋友呢?中大西迁之后,校、系负责人和中文系全体同学都曾经敦请瞿安老师到校,但老师因病,一一辞谢。他1938年底在桂林写的《与中央大学国学系诸同学书》中说:"诸同学大鉴:敬复者,惠书诵悉。梅病日益增,气促至不可多语,尚能登坛讲授耶?纵诸君厚我,而仆病未能也。前致志希(罗家伦)校长及小石主任两书,已细述一切,希诸君子一请读之。不妨樗栎,得终天年,则幸甚矣!专此上言,即颂著福!十二月二日,吴瞿安顿首。"这封信很清楚地说明了中央大学当时并无对瞿安老师解聘之事。抗战期间,瞿安老师流寓湘潭、桂林,我和祖菜则在长沙、重庆,一直和老师通信。老师当时的病况、生活和心情,来信都说得很清楚。可惜这些信都在十年浩劫中被毁了,以致无从引证。但同门徐益藩、梁璆夫妇曾录有副本。益藩先生虽殁,梁璆夫人还健在,希望她能将这些有关瞿安老师生平的材料公布出来,如果没有遗失的话。

三、据李一平先生(也就是袁先生文所说云南大姚的那位同学)在《瞿安先生逝世后略述》中所说,瞿安老师逝世时,师母、次子怀玉,还有好几个孙子送终。三子良士、四子怀孟当时在昆明工作,隔两天就赶回奔丧。李一平先生在老师病中,一直随侍在侧。后来将老师遗椟暂厝,还"名其墓道曰霜园,以识不忘,为后世岁时祭扫之地。盖移厝之日,勺象之徒,四方来会,垂涕而去者,亦千余人云"。(李一平先生是大姚县小学总校长兼中学校董,在他号召之下,全体中小学师生及各界人士都来给瞿安老师送殡,所以有一千多人。)事情就是如此,何尝像袁先生所说:老师逝世的时候,"家人无一在侧,死后亦无条件奔丧。一代曲学山斗,孑然一身,客死他乡"呢?李一平先生也还健在,在追忆瞿安老师的时候,我们应当同时向这位笃于师门风义的老学长致敬。

瞿安老师逝世以后,纪念文章不少。据我所知见,开明书店出版的《文学集林》第一辑《山程》、《大美晚报》副刊《文史》第九期以及《戏曲》第一卷第三期都有这方面的材料,而瞿安老师的老学生如任二北(扬州师范学院)、钱南扬(南京大学)、王季思(中山大学)、唐圭璋(南京师范学院)、常任侠(中央美术学院)、殷孟伦(山东大学)、管雄(南京大学)、高文(河南师范大学)、万云骏(华东师范大学)等先生对瞿安老师在南并各校情况,也都有所知。如果查查资料,问问同学,再写回忆文章,似乎对逝世的老师和广大的读者,都更妥善些。

1982年春节,于南京大学

(原载《学林漫录》八集,中华书局,1983年)

回忆两位老师

邓广铭

胡适(1891—1962),北京大学教授。主要著作有《中国哲学史大纲》、《白话文学史》等。

傅斯年(1896—1950),字孟真,历史学家、五四运动学生领袖之一、中央研究院历史语言研究所创所所长。代表著作有:《性命古训辨证》等。

邓广铭(1907—1998),字恭三。1936年国立北京大学史学系毕业。代表作有《稼轩词编年笺注》、《北宋政治改革家王安石传》等。

胡适先生

傅斯年先生

我 与 胡 适

我与胡适先生的关系，得从我所受新文化运动的影响开始说起。我十四五岁上高等小学时，从一个教员那里看到《胡适文存》，这是我第一次知道胡先生的名字。那时学校里没一个人对新文化运动有所理解，我对这方面的内容也很茫然，所欣赏的只是《文存》中的《尔汝考》、《诗三百篇言字解》等。直到1923年我考入济南的山东第一师范，才对新文化运动稍微知道一些。第一师范不是山东的最高学府，但它在参加新文化运动方面却走在全省前面。那时，翻译过易卜生戏剧的北京大学毕业生潘家洵在那里教英文，郭绍虞也一度教过国文。更重要的，是我们的校长王祝晨，他在我进校时已编辑出版了一本新文化运动论文集。王祝晨很重视教员的质量，他邀请教员的原则，凡英文教员总是要请上海或南方某大学毕业的，教教育的是东南大学毕业的，而哲学、国文一类的教员则一定是北大毕业生。王祝晨还不断聘请北大教授讲演。胡适在我入校的前一年曾来讲过学制改革问题，我没赶上。不过，我听过周作人、沈尹默、王星拱的讲演。因此，我一入这所学校就受到了北京大学的影响。

当然，社会上的各种思想在学校里也有反映。比如我们班的国文教员时霁云就是梁漱溟的崇拜者，他让我们念《东西文化及其哲学》,还说梁怎么怎么深沉,说这种功夫很难做到。于是以李广田为首的一些人受他影响,要做梁的信徒,每晚烧香,静坐,搞禅宗那一套。另外还有一派,以臧克家为代表。臧的家里有人在外地读书或工作,能了解些外边的情况,在他周围集合了一些喜欢文学的同学。

上述两派我都没参加,因为我跟不上,入不了流。但是,我参加了"书报介绍社",这对我一生影响很大。书报介绍社主要是售书,但出售的都是新文化方面的书刊,如北边的新潮社、北新书局、未名社,南方的创造社、光华书局出的书,我们都卖。我自己每天或隔一天利用业余时间在校门口卖书两点钟。这样,我就了解了不少新文化方面的情况,可谓得风气之先吧。一次,我在新创刊的《语丝》上看到孙伏园的文章说到鲁迅,说他在绍兴上学时有个化学老师,因为忘记带什么东西,离开课堂一会,走时叮咛同学不要乱动东西,可有人还是动了,结果引起实验用具爆炸。孙伏园说这位教师就是无人不知的鲁迅先生。我看了很奇怪,"无人不知",怎么我就不知道?于是,我就有意找鲁迅的文章看。《胡适文存》第二集也是这个时候出版的,王校长还要求我们能买的都买一部。那时,我对新文化运动中一些人物的派系的分歧还区别不出来,但对新文化运动、对胡先生的了解,则从这里开始了,并且对北大特别崇拜,特别向往。

1926年秋天,我读后期师范一年级第一学期时,山东督办张宗昌把王祝晨校长撤了,换了一位冬烘先生做校长,他找了些清末举人当国文教员,第二年秋同学们为此举行罢课。我那时是最高年级的级长,当教育厅长王寿彭委派来查学潮的人找各年级的代表谈话时,问为什么罢课。我说我们只是要求换校长,虽然罢了课,但还是维持着秩序。这人立刻拍着桌子说:你们还要公开造反怎么的!接着说,你们现在,第一,复课,第二是听候处分。处分的结果就是开除二十多人,我是第一名。这样,我就离开了山东第一师范。

第一师范是培养小学教员的,所学功课不利于升学,所以直到1930年冬天我才到北京准备考北大,但1931年没有考取,我便考入了辅仁大学。那年,辅仁大学请周作人作学术报告,每周一次,共六次,每次我都做有记录。六次讲完后,我把记录送给周先生看过之后,经杨晦先生把它交与人文书店出版了,书名为《中国新文学的源流》。周先生曾告诉我,他把出版的第一本送给了胡适之。

其时,已任北大文学院长的胡先生对改革新生考试制度有一个新建议,据说与吴晗转学北大没成功有关。过去北大的制度是想转学得先随同参加新生入学考试,合格后再参加转学考试。胡先生认为既然是转学生,单考转学的课程就行了,同时他还主张文科、理科在入学考试时应有所偏重。我记得他当时新定考试的成绩是:英文占全部分数的百分之四十,国文占三十,史地占二十,数学占十,但四门中有一门是零分就不考虑了。正是由于这种改革,我才得于1932年考入北大。

入北大前,我就旁听了胡先生讲的"中国哲学史"中古这一段,我对他讲课的印象,第一是条理井然,第二是有充分准备。入北大后,胡先生还讲这部分,所以我前三年没有选他的课。到第四年,提倡写传记的胡先生开"传记文学习作",我因想写南宋思想家陈亮的传,就选了这门课。选这门课的都是毕业班的学生或研究生,共十二三人。胡先生平常不上课,想上课时就出个布告,课上讲的大多是较大的问题,如怎样收集材料等。他曾告诉我们要会剪裁,说美国做衣服的店铺里最要紧的是剪裁师,一剪子下来就是多少套衣服。他说:你拿到了料子,就等于拿到了人物传记的资料,但你不会剪裁就不行。这里讲的是方法上的问题,对我很有启发。这期间,我与胡先生私人接触还不多,不过师生间关系很融洽,如八月节他请我们到他米粮库四号的家里吃月饼,是他夫人做的馅,送到点心铺去做皮。

陈亮的材料比较少,但我从1935年动手,到1936年就写出了大约十二三万字。胡先生看后吃了一惊,给我打了95分。他还给了一个很好的批语,第一句是"这是一本可读的新传记"。胡先生对我说：陈亮与辛稼轩是很好的朋友，而你对辛稼轩反映得不够。其实，我也看过梁启超写的《辛稼轩年谱》等，但都不能解决问题。然而我本是想借胡先生这个东风，经他之手把我的书介绍给商务印书馆出版的，所以他指出的问题我就非重视不可。不管怎么说，正是因为这篇论文，在我毕业后，胡先生把我留在了北京大学。

留在北大后，有件事使我与胡先生的关系有了进一步发展。那时中华教育文化基金董事会出了个通告，说除了继续资助原有机关外，也补助社会科学研究。胡先生是中基会秘书长，我便去征求他的意见。胡先生曾说一个人三十岁以前做学问应当受鼓励，三十岁以后做学问是本分，因此鼓励我申请。接着，他问我想搞什么题目，我说想搞《辛稼轩年谱》和《稼轩词笺注》。胡先生说这件事梁启超兄弟做过，并举出了梁氏昆仲所写的那两部书。实际上，梁启超的《辛稼轩年谱》是他逝世前住医院时写的，故参考书用得不多，同时他只写到1200年就绝笔了，后面还有八年没写。至于《稼轩词疏证》，则是梁启勋用了他哥哥的材料写成的。由于梁氏兄弟的名气大，所以胡先生说：你得写篇文章，表明你的本事能超过梁任公兄弟才行。按照这个建议，我写了《〈辛稼轩年谱〉和〈稼轩词疏证〉总辨正》，刊在《大公报》社所编刊的《国闻周报》上。胡先生看了说写得很好，还告诉我陈寅恪先生看后还到处问作者是谁，是傅斯年告诉他作者是我们学校刚毕业的一个学生。

1937年春，中基会批准了我的申请。这时，有位郑先生，是1930年燕京大学的毕业生，他的毕业论文是写辛稼轩词注和年谱，导师是梁任公的另一个弟弟梁启雄。直到1937年，这人还在搞它。他看了报上的消息，就拿了七八本稿子来拜访胡先生，说他对辛稼轩已经做了这样多工作，请胡先生审查一下，如果行，希望替他介绍出版。这已是6月的事了，胡先生正急着去出席庐山会议，他要我帮助他看。胡先生说：这个人做这个题目已整整七年了，又送了那么多材料给我看，估计你的题目要改了。

我当时心里也有些慌,于是拿了稿子先看自己拿手的部分。结果看一条他没有,再看一条他还是没有,我踏实了。然后,再从第一页看到最后一页。对每条我有材料而他没有的,我都做了笔记。我的结论是,他用的都是梁任公等人的材料,没有自己创获的东西。后来胡先生对那人说:这稿子是我的一个学生邓某人看的,他虽然还没有开始这个工作,但从他阅读你书的笔记中看得出他已掌握了许多材料。胡先生还说:现在搞辛稼轩的传记,好坏的标准就看谁的材料多。那人听了这话,就要求看我的笔记。胡先生说:你们都搞同一个题目,我怎么能没得到他同意就给你看呢?那人又提出要见我,胡先生就在他的名片上写了几句,抬头称我为兄(这张名片一直不知道放在什么地方,而且早就忘了。不料"文化大革命"第一次抄我家时就把它抄出来了,这成了我的罪状)。那人找到我,劈头就说:我希望你不要做这个工作,我已经搞了七年,要完成这桩事,你在报上的文章,和写进笔记中的材料,我用时都注明白,但是你不要做了。我说:这事我做不了主,要问胡先生,因为这事是中基会批准的,要改也得通过中基会。

事后,我征求胡先生的意见。他说:你照做,这个人甚陋,我给他看你的笔记,他随便翻了一下,就问这些书是在哪儿看到的。我告诉他邓从北大刚毕业,他家里不会有藏书,他看的书不是北大图书馆就是北平图书馆的。胡先生还说:你开出了书名,他还不知道到哪儿去看,你看他陋不陋?你做你的,我看他做不出什么好东西来。通过这件事,胡先生知道我能够胜任这项工作。不久,抗战就爆发了,胡先生到美国做大使,我除了去昆明前给他写过一封信外,抗战时期没有与他再有联系。

胡先生是1945年抗战胜利后被任命为北京大学校长的,回国前由傅斯年先生代理校长。傅先生对我的业务很关心,1938年我没有完成中基会的资助项目,是他批准我延长一年。1939年暑假,也是他叫我到昆明的北京大学文科研究所去做助教,后来还要我跟史语所一起搬到四川李庄。正因为我到了李庄，才能利用史语所的图书写些东西，其中《宋史职官志考正》由陈寅恪先生作序，给了我很高的评价。1943年，傅先生又介绍我到重庆北碚的复旦大学。1945年秋季，他又叫我回北大，我回北平的机票都是他事先办好的。

1946年5月7日，我到北平，第二天进校长办公室时，傅先生一见我就说：你来得正好，这里一个帮我的人也没有。说罢立刻叫工友搬张桌子放在他的办公室。这样，我就尽义务帮忙，人家都称我是校长秘书，其实我并不是。7月上旬，胡适先生从美国回来，傅先生去上海迎接他前对我说：你在这儿帮了我的忙，胡先生来了你就退了，怕不好说。我立刻表示愿意继续帮忙，这样，我还是没有名义的校长室秘书。胡先生在北平一直住在东厂胡同一号，我也和他住在一个大院内。

那年9月，《大公报》要胡先生主编《文史周刊》，胡先生找郑天挺、唐兰、张政烺、周祖谟和我，在大厅里谈这件事。因为我在校长室帮忙，就推我具体主持此事，以后我在校长室的主要工作就是编这个周刊。我不是校长秘书，所以行政上的事我都未参加。编《文史周刊》时，一次胡先生交来他的两篇稿子。一篇是从《三国志》勾稽出来一些材料写成的论述曹魏"校事"制度（即特务制度）的，另一篇是与卢慎之讨论《水经注》的通信（即《论杨守敬判断〈水经注〉案的谬误——答卢慎之先生》）。我想，"校事"制度是新提出来的，而与卢的通信说的是赵戴公案，因此我把"校事"制度的文章编在前面。报纸出来后，胡先生说不应这样处理，他认为与卢慎之的信是讲方法论问题，而"校事"制度不过是一段笔记。这件事本来不大，没想到上海进步作家看到"校事"制度的文章后抓住辫子了，说胡先生为蒋介石搞特务政治造舆论。这条"罪状"，说来也是我给胡先生弄来的，他自己本来就认为那只是篇札记。

我在校长室的工作主要是给胡先生帮忙。有些人来拜访，我替他接见;同时也替他写了许多回信,这些信都是他自己签名的。有些事真奇怪,我没有学过胡先生的字,可有人接到回信后大吃一惊,说想不到你(胡适)能亲笔给我写回信。胡先生也曾说我的字有点像他的,为什么像,他说大概是用的都是同样的毛笔吧。这样,我一直跟着胡先生,直到1948年12月他离开北平。

关于离开北平一事,胡先生本来没有走的意思。他曾反对迁校,认为我们学校是因为在北平才叫北京大学,离开了北平还能叫北京大学吗?这时他说:我做的是北京大学校长,离开北平还能叫北京大学校长?至于说胡适是因为战犯名单上有他才走的,这是没有根据的传言。当时还有些传言,说共产党要他做北平图书馆的馆长,他听了表示怀疑,说:共产党能让我做图书馆长吗?

1948年12月14日,教育部长朱家骅从南京来电报,说派了专机到南苑接他,要他邀请清华大学教授陈寅恪全家一同南来。他接到电报立刻给清华打电话,那边说陈先生已经进了城,去哪儿不知道。吃中午饭时,胡先生问我能不能找到陈先生,我估计陈先生是一家人进城,只能住在他大嫂家。午饭后,我先到黄米胡同找到俞大缜,问明陈先生大嫂的住处,到那里果然找到了陈先生。当时,陈先生说11月陈雪屏就叫他走,他说他不能坐国民党的飞机走,现在跟着胡先生走,心安理得。陈先生还说:我就走,等我睡了午觉后就搬到东厂胡同去。我回来说了这情况,胡先生有点着急,因为不知道陈先生要睡到什么时候,而这时专机已经到南苑机场了。哪知说这话时,陈先生一家就来了。于是,马上就走,可是城门紧闭,车子到了宣武门出不去。胡先生给傅作义打电话,办公室和家里都找不着,只好折回东厂胡同。当晚,胡先生跟傅作义联系上,傅说:你们明天到中南海司令部来换我的车子,否则你们的车出城后也回不来。当时,胡先生说:明天要走不了就不走了。胡先生的稿子有些就放在他住的那间房子里,他对我说他最主要的稿子是《中国哲学史大纲》中卷,可这稿却放在书库里，仓卒间找不出来，所以能带走的只有有关《水经注》的稿子，这说明他事先绝对没有走的准备。

第二天、胡、陈两先生到傅作义那儿换了汽车出城，当天飞到南京。陈先生后来在上海见到谢国桢说：我这次走，多亏了邓恭三。原因是，陈先生当时也没想走，临行前还表示他这次离开北平很苦恼，说：胡先生跟政治联系太密切，我跟政治又没有什么关系，我就是不愿意我的女儿跟搞学生运动的人搅在一起。

胡先生离开北平前，齐白石曾拿了他的一些材料和画来，要胡先生给他作传。胡先生写了一个非常简单的稿子，我觉得与齐白石来往的人很多，应当再找些材料，他就让我去找。我除了找黎锦熙外（齐在湖南湘潭时曾在黎锦熙家里做木匠），自己也补了一些材料。其中一条可能齐白石看了很不高兴，这就是齐曾拜王闿运为老师，王说齐白石的画还可以，诗则是薛蟠体。这条材料是我从《王湘绮日记》中抄下来的，胡先生认为这个评价很不公道，并在这条引文后明白表示了这一意见，但齐白石对王湘绮是崇拜得不得了的，他屋子里就永远挂着王写的一条横幅。从王的笔下接受到这样一句苛薄评语，他总会觉得不光彩的。

这部稿子到胡先生走时刚刚完成，我的夫人和大女儿两个人赶着抄，但抄好时胡先生已到了南京。我把稿子寄去，胡先生在南京找了几幅汪亚尘所存白石老人的画配在里面，一起交给商务印书馆，很快就印了出来，这就是《齐白石年谱》，署名是胡先生、黎锦熙和我。书出版后，胡先生向商务印书馆说不要稿费，只要一百本书。他自己留下五十本，给我寄了五十本让我酌情处理。我留下五本，其余都送给了齐白石。我与胡先生的关系，到此就完全结束了。

胡先生这个人在我看来，是个纯粹的学者，他绝对不是搞政治的人，因为他不会讲一句假话。比如开国民大会要选总统时，事先蒋介石放出空气说总统要给一个国际知名的学者，这等于暗示要由胡先生做。当时周炳琳与多少人都竭力劝胡先生不要去参加国民大会,学生们也到东厂胡同一号劝阻,可胡先生就是不答应。当时历史系的一个学生代表转到我的屋子,说:胡先生太奇怪了,一点不说敷衍的话,他只说电报都发出去了,亲戚朋友明天都要去接他,所以不能改变。他就是这么一个不会说假话的人。

胡先生一生选择的方向就是做学问。台湾出版的王世杰日记,记载说蒋介石让他告诉胡,让胡当总统,胡先生一直未予考虑。国民大会开完后,胡先生回来跟我们开玩笑说:蒋介石如一定让我做总统的话,我就去做好了,反正国家大事有他蒋介石管,与我有什么关系。到那时,我到南京,把总统府大门一关,还作我的《水经注》考证,总统府门禁森严,我更可以安心搞学问。这说明他满脑子想的是搞他的学问。胡先生任驻美大使也是万不得已,他给夫人写信,说这次是违背了自己的初衷,为的是救国家,但回国后还是要回到教师的岗位上。

胡先生一生忠于学术,说他与共产党争青年,没这么回事,他就是希望青年人在学问上有所成就。说他引导青年脱离革命,其实也没有这个动机。陈源等人都不同意他整理国故,认为以他的身份,应当领导学生干些大事。胡先生不以为然,他总说易卜生的一句话:"最要紧的事情,就是把你自己铸造成器。"他对谁是共产党谁是国民党也不考虑,1932年千家驹毕业后是胡先生介绍他到陶孟和的社会研究所去,陶先生说千家驹是共产党啊,胡先生说:你管他是不是共产党,你就看他在你这里做工作行不行。后来千家驹说他在思想上与胡适完全是两回事,但在学问上则佩服两个人,一个是鲁迅,一个就是胡适。

胡先生本人博学于文,他不但关心中国的人文科学的发展,也很关心中国自然科学事业的发展。他当北大校长,一心想让北大的学术跟上世界的学术,他建议把搞核物理研究的人才集中到北大。在全国,他主张重点发展五个大学,可见他关心的不只是北大,也关心全国的大学,他所关心的是全中国的科学事业。他死的那天,主持"中央研究院"招待留美院士酒会,席上谈到有四代人,胡先生是第一代,饶毓泰、吴健雄第二代,吴大猷第三代,杨振宁、李政道第四代,当时他很高兴,结果一高兴就送了命了,这说明他很关心科学,很想使中国的物质文化和精神文化都现代化。

胡先生过去说"全盘西化",后来因这个名词不恰当改成"充分世界化",今天看来,用最确切的话来表述他的用意,就是现代化。胡先生影响最大的是什么,他自己没有总结过,我想大概就是这个。有人说,胡适既然整理国故,怎么能同意全盘西化?我认为:整理国故,就是要使国故现代化。《中国哲学史大纲》上卷就是使国故现代化的尝试。白话文运动实际上就是使书面文字现代化,而它在我国学术文化方面所起的积极作用,是没法用数字来计算的,中国文化的提高,接受外来文化,都是通过白话文的翻译进行的,整理中国传统文化的有用部分,也用的是白话文。不论是弘扬传统文化,还是接受外来文化,白话文都提供了最便利的工具。这个作用没有法子用什么东西来衡量。

胡先生也有偏激的地方,如在批判中国文化本位问题上他就有偏见,说这是"中学为体、西学为用"的翻版。他说:要保留中国文化中值得保留的东西,不就是"中学为体"嘛?要吸收外来文化中值得吸收的部分,不就是"西学为用"嘛?其实,我们今天提出建设有中国特色的社会主义国家,必须对传统的文化有选择有批判地接受。我觉得中国文化的最正当的出路,就是对中国文化批判地继承,对外来文化批判地吸取。胡先生是把提倡中国本位文化这件事与何键在湖南提倡读经联系在一起,才深恶痛绝的。

在一般青年人中,表面上看胡先生的影响在逐渐变小。从他到北大任教,直到20年代,胡先生是在北大最大的三院大礼堂上课,30年代就改在稍小点的二院礼堂上课,而到抗战前夕,则改在更小的红楼大教室上课,这就是因为上课的人越来越少的缘故。尽管如此,我认为胡先生的影响或作用,不能专在有形的方面作估计,有些不是能用计量学计算出来的。

闻黎明根据 1994 年 6 月 16 日录音整理

(原载《胡适研究丛刊》第一辑,北京大学出版社,1995 年)

回忆我的老师傅斯年先生

我是山东临邑县人。民国初年,临邑县和傅斯年先生的家乡聊城县同属山东省东临道。我在家乡读私塾的时候,就听有人说,聊城有个傅斯年,是黄河流域第一才子。傅先生旧学功底深厚,在北京大学是拔尖的学生,而且和罗家伦等人主编过《新潮》刊物,所以在我们那偏僻的乡村里都有不少人知道他的名字,我也很崇拜他。可是听了他在北大讲的第一堂课,我却有些失望了。

我到北京大学读书的第一年,正赶上胡适先生做文学院长,他聘请了各方面的专家来教《中国通史》课。当时中央研究院历史语言研究所所址在北海静心斋,离北大不远。史语所里出名的学者很多,于是就请李济先生讲了考古部分。商周史也请史语所的人来讲。北大历史系主任陈受颐第一堂课就请来了傅先生,想让他讲个商周史的开场白,但陈先生没把话说明白,傅先生以为是来和北大历史系的同学们随便座谈,所以没做任何准备,来到一看,北大二院大礼堂里坐满了人。他说,"没想到这么多人来听课。"那堂课他讲得杂乱无章。

我和傅先生同宗的侄子傅乐焕是同班同学。乐焕当时就住在傅先生家里,生活和学业都得到傅先生不少帮助(他解放后在中央民族学院做教授,"文化大革命"中自杀了)。我下课后对乐焕说:"傅先生大名鼎鼎,可是文章写得不多,课讲得也不怎么样,正可谓

'盛名之下,其实难副'啊!"乐焕也不反驳我。后来我又去听傅先生别的课,才知道他的学问之大,一般人是赶不上的,他是通人。我们有些人佩服他的学问,经常听他的课。他给我们讲过《历史研究法》,原打算写一本书,但是只写了前边几章就搁笔了,原因是行政事务太多。他没做过官,但很关心政治,看看他写给胡适的信就知道了(参见《胡适往来书信选》)。外面事务太多,没时间写文章,没时间准备课程,所以讲起课来往往没条理。

傅先生国学的功底很好,但全力提倡新文化,因此为了是否读经问题和孟森先生有过辩论。记得我们同班的几个人,我,傅乐焕,还有一个姓张的同学,曾经给天津《益世报》编过《读书周刊》。孟先生见了说:你们这个《周刊》编得很好,这表明你们的学问都不错,在我教过的学生中,数你们这个班水平最高。可惜你们写的都是白话文。白话文是"慈善事业",是写给不懂文言文的人看的,写给学者看为什么用白话?文言变成白话,加上标点符号,那韵味就变了!后来傅先生写文章,反对学生读经,孟先生主张读经,他们有过争论。

傅先生所以在北大兼课,主要是想为史语所选拔人才。当时史语所人才济济,像陈寅恪、徐中舒、董作宾、郭宝钧、李济等等,但总要培养些青年学者做接班人。所以,傅斯年、董作宾、李济、梁思永诸先生都在北大讲课,想发现选拔人才。后来,北大毕业生到史语所去的很多,我的同学中就有胡厚宣、张政烺、傅乐焕、王崇武等人。傅先生也曾提出让我去,但我因为和胡适先生早已约好,让我毕业后留在北大工作,而且我的家眷在北平,妻子在这里教小学。史语所当时已迁南京,我不愿离开北平南下。尽管傅先生说到南京帮助我内人找工作不会有困难,但我还是没有去。

我的毕业论文是胡适先生指导的,题目是《陈亮传》。陈亮和辛弃疾(辛稼轩)是好朋友,我查了所有研究辛稼轩的文章,包括梁任公的著作。这些文章都没有反映他们交往的情况,没有弄清楚他们的关系。我的论文胡先生给打了 95 分,评语里说陈亮和辛稼轩的交往方面材料不充实。我毕业以后在北大做助教,业余时间就搞辛稼轩,而且向中华教育基金会申请研究费用。胡先生说,梁任公兄弟都研究过辛稼轩,这个题目不好搞,你得先写出文章,说明你掌握的材料比梁任公多,有超过他的地方,基金会才有可能批准你的申请。于是我就写了一篇文章,在一个刊物上发表了。胡先生、傅先生都说文章写得好,就是因为这篇文章,我和陈寅恪先生结成了师弟子的关系。陈先生当时在清华任教,并不认识我,他曾在北大兼课,但我在北大读书时他正好没到这里上课。陈先生看了我的那篇文章,认为写得不错,于是到处打听此文的作者。后来问到了傅先生,傅先生向他作了介绍。事后傅先生把这件事告诉了我。当时,我就断定,我的申请一定能被批准,因为胡、傅两位先生都很尊重陈先生,很推崇他的学问,他们都是基金会的会员,而胡先生又主持此事。后来我的申请果然被批准了。我写成了《辛稼轩年谱》和《稼轩词编年笺注》两本书,解放后都出版了。傅先生移居南京后,还给我写过不少信,对于写这两本书给予指导。我还记得他在一封信中反对写注,说在这方面投入很大精力,不值得。

抗日战争开始后,史语所南迁,北大也南迁,因为迁徙的最终地点定不下来,所以当时北大当局规定,只有教授、副教授可以去,讲师、助教不去。我留在北京,每天到北京图书馆善本书阅览室去看书。那时,北大已被日本人接管,我不愿再到北大图书馆去,而北京图书馆是用美国退还的庚子赔款修建的,日本没有对美国开战,所以没有接管北京图书馆。到了 1939 年,我接到了傅先生的一封信,通知我到昆明去。我到了昆明,傅先生安排我到北大文科研究所去做高级助教。原来在北大未南迁前,是胡先生任文学院长兼文科研究所所长,到了昆明,由傅先生做所长,郑天挺先生任副所长,陈寅恪先生也在那里任研究生导师。1940 年冬,昆明常有敌机轰炸,傅先生决定把史语所迁往四川,说要迁到一个在地图上找不到名字的地方，免得敌机再来骚扰，最终选定了四川南溪县李庄。他一定要我跟着去。此后我就在历史语言研究所进行研究，在李庄住了两年。不过，我的编制还是在北大文科研究所，薪金是由中英庚款支付的。当然，我也很愿意跟傅先生去，除了想求得他指导外，还有一个原因，那就是北大、南开、武汉大学南迁，都没有带图书资料去，后方南迁的，只有史语所带了个图书馆，大家都要利用它的图书资料。有了这个便利条件，我就在那里完成了一系列关于宋史的论文、著作。

我是单身一人到昆明、四川去的，家眷仍留在北平。当时通信条件极差，一封信几个月都寄不到北平。傅先生考虑到我的个人生活问题，便于1943年介绍我去复旦大学。他给我写了封介绍信，大意是说：邓广铭无论教学还是研究方面，能力都很强，若是在北大、清华定可聘为副教授。当时北大比起复旦来名声大得多。傅先生说这话的意思是，到复旦去，起码要聘我做副教授。我到了复旦大学，校方真的聘我做了副教授，我教书教得还不坏，第二年，他们就请我做了教授。当时复旦大学在北碚，我经常到重庆看望傅先生。

抗日战争胜利后，国民党教育部宣布胡适先生为北大校长，当时胡先生在美未归，暂由傅先生代理。傅先生一再发表声明：凡做了伪北大教员的，复员后的北京大学一概不聘用。这样一来，伪北大就有不少人写信给傅先生，为自己辩解。周作人、容庚在报纸上发表了公开信，除为自己辩解外，还含沙射影地攻击傅先生。当时我正好在傅先生那里，他便让我代写一封公开信回敬，我说："这件事我可做不了！"这件事后来如何收场的，我现在已记不起来了。我每次去看望傅先生，他都要交给我许多事做，主要任务是让我代他写信，所以我替他写过不少信。

1946年5月4日，傅先生由重庆乘飞机去北平。没走以前，他便聘定我到北大教书，并说："你到北大教书，必须降级使用，只能当副教授，不能当教授。你们那一届的同学，外文系毕业的现在还当教师,理科的大多数没当上副教授,你去当教授不合适。"我说:"当什么都可以,我不在乎。"于是傅先生便给我预购了飞机票。5月7日,我到了北京,8日便去学校看他,他见了我,什么话也没说,便让工友搬了张桌子来,道:"我现在忙乱得很,没有人帮忙,你来了正好帮我的忙。"从此我就当了校长室不挂名的秘书。我虽然到了北大,但五六两个月的薪金还是由复旦发给的,傅先生说:"既然复旦给了你薪金,那么这两个月北大就只管你饭吃,不能再给薪水。"不管对谁,他都是秉公办事的。这年的7月,胡先生来到了北平,10月,傅先生离开了北平去了南京。在胡先生到校以前,傅先生就对我说:"我代理校长,你帮了不少忙,胡先生回来当校长,你还得帮他的忙,不能马上丢开校长办公室的工作不做。"其实当时傅先生只聘我任教职,并没有让我承担行政上的职务,胡先生来了,我不能推辞,只好继续干。这年4月傅先生离开北平,从此以后,我们再也没有见面。

他1949年初去台湾,做了台湾大学校长。此后便经常以朱家骅的名义给北大郑天挺先生打电报。号召北大教授到台湾大学去任教,有时也指名道姓,说要某某人去。记得点过张政烺先生的名,也点过我的名。当时郑先生问我去不去,我说:"要论和傅先生的师生关系,我应该响应他的号召,到台湾去。不过,傅先生与蒋介石关系密切,所以跟他去,我与蒋介石没有什么关系,不愿跟他到那孤岛上去。"我还和别人开玩笑说:"如今国民党的军队是不战、不和、不守,我的态度是不死、不降、不走。"我没做过蒋介石的官,和国民党没任何关系,用不着为他们尽节殉死;我和共产党没仇恨,我在大学教书,人民政府是否让我继续教下去,当然还很难说,但这并不是一个投降不投降的问题;我不跟傅先生去,也不跟国民党走,决意留在北京大学。

后来胡夫人江冬秀的一个堂弟由美国回国,顺便取道台湾看望适之先生夫妇,见到了傅先生。傅先生对他说:"我在北京有些书没运出来,你回去告诉邓广铭,这些书全部送给他。"江先生回国后,不敢说曾去过台湾,当然也不敢说这件事。后来他私下告诉了我,我说:"我怎么敢要他的书呢?他的书只能由科学院没收或如何处理。"

1950年底,傅先生去世了。次年春,我们得知这个消息,都有说不出的悲痛。陈寅恪先生当即写了一首诗《读傅青主〈霜红龛集〉有感》,寄给我和乐焕等几个人看。我们看了之后就知道,这是陈先生借咏傅山其人来悼念傅先生的。

傅先生是通才。他和陈寅恪先生一样,出国读书不是为了拿学位,他去过欧洲好几个国家,进过几个大学,读了七八年,没有一个学位。他不是出国留学,而是"游学",哪里有著名学者,就到哪里去听课。傅先生之所以到英国去听实验心理学、人类学,是因为伦敦大学以这两门学科而闻名于世界,傅先生写给适之先生的信里提到过这个问题。

傅先生聪明,有才华,有能力,可以说是绝顶聪明而又才华横溢。傅先生原来是胡先生的学生。后来成了好朋友,胡先生的事傅先生都能替他做主。抗战期间我在复旦大学时,就常常听人讲,傅先生说"谁都没有资格骂胡适之,只有我可以骂,只有我才有资格骂"。记得傅先生代理北大校长时曾对我说:胡先生是"性善"主义者,有时不能听他的,如果事事都按他说的办,非把学校办糟不可!胡先生也承认,傅先生旧学根底比他好,才气比他高,办事能力比他强。记得从前还流传过这样一个有趣的故事:说俞大维这个人很聪明,本来也搞文史,也颇有成就,自和傅先生结交后,便忽然弃文学理,是什么原因呢?他说:"搞文史的人当中出了个傅胖子,我们便永远没有出头之日了!"

有人说胡先生"誉满天下,谤满天下",傅先生也是如此。不了解他的人,往往产生一些误会。有人曾说:中央研究院各所所长都是大学问家,傅斯年有什么学问?他怎么当上了历史语言研究所所长？凡是真正了解傅先生的人都知道，他的学问渊博得很，成就是多方面的，影响是深远的；他对中国的历史学、考古学、语言学所作的贡献是很大的。傅先生做事，做学问，气魄大得很，眼光也远得很。可以说，中国没有个傅孟真，就没有二三十年代的安阳殷墟发掘；没有当初的殷墟发掘，今天的考古学就完全是另一个样子了。要知道，当初搞殷墟发掘是不容易的，一方面是田野考古的人才缺乏，另一方面是河南人不让挖，挖出的东西不让外运。傅先生很有办法，他在考古组中大量起用河南人，像董作宾、郭宝钧、尹达、石璋如，还有一些都是河南人，这就缓和了考古组和地方势力间的矛盾。河南士绅不让把挖出的甲骨、器物运走，傅先生便多方设法，和南京政府交涉，和交通部交涉。有时天黑了再装汽车，当晚就运出河南境。在语言学研究方面，傅先生贡献也很大，史语所聘请的语言学家赵元任、李方桂，不仅在国内是著名学者，而且在国际上名气也很大，能把他们聘了来，也是不容易的。傅先生在历史学方面的成就大家都知道，用不着多说。不过，有些人总以为傅先生本身的著作还不够多，除《性命古训辨证》外，都是些零碎的文章。但是，我们不能用著作多少来衡量一个人在学术上的贡献。即如傅先生关于中国古代史的文章，几乎每一篇都有其特殊的贡献，都具有开创性的意见和里程碑性的意义。

根据谈话记录整理

（原载聊城师范学院历史系等合编《傅斯年》，山东人民出版社，1991年）

我的老师伍叔傥先生

钱谷融

伍叔傥(1897—1968),1919年在上海圣约翰大学教国文。"五卅事件"发生后在光华大学任教。1925年进入广东大学(即今中山大学)。1930年转任国立中央大学教授,抗战期间在重庆大学任教,后回中央大学任中国文学系主任。1949年以后曾在台湾、日本、香港等地讲学。

钱谷融,1919年生,华东师范大学教授。代表作有《论"文学是人学"》、《〈雷雨〉人物谈》等。

伍叔儻先生

我经常深切怀念着我的老师伍叔傥先生,他是我一生中给我影响最大的一个人。伍先生是蔡元培先生当校长时的北大学生,与傅斯年、罗家伦等同时。1938年我考入了当时内迁到重庆的中央大学,读的是新成立的师范学院国文系。一年级时不但没有本系的教师,连系主任都没有,只能与文学院中文系的学生合在一起听课。到二年级时,当时任中央大学校长的罗家伦才请了伍先生来担任我们的系主任。伍先生很开明,颇能继承蔡元培先生兼收并蓄的精神。他自己是爱好汉魏六朝文学的,戏说他治的是"衰"文(苏东坡曾称韩愈"文起八代之衰"),尤其善写五古。可他请教员,却能尽量罗致各方面的人才。先后在我系任教的有罗根泽、孙世扬、顾颉刚、乔大壮、朱东润等人。更难得的是,中央大学中文系一向是比较守旧,只讲古典文学,不讲新文学。新文学和新文学作家,是很难进入这座学府的讲堂的。可伍先生完全不管这一套,我还在校的时候,他就请了曹禺等人来教课,请了老舍来演讲。我离校以后,他又请了杨晦、吴组缃、吴世昌等人来任教。伍先生曾在中山大学与鲁迅同过事,一向很敬佩鲁迅先生。听说他离开大陆后,一度曾去日本教书,教的课程中就有鲁迅。他懂英文,有时去他房间,看到他手里拿着正在读的往往是英文小说。还知道他常通过日本的丸善书店从国外购买书籍。他与外文系的楼光来、范存忠、俞大缜等先生时相过从,与历史系的沈刚伯,哲学系的方东美、宗白华等教授,往来尤其密切。平日跟我们闲谈,也常常是古今中外,出入文史哲各个领域,真是海阔天空,鱼跃鸢飞,其乐无穷。完全没有那个时代一些教古典文学的中文系教授那种严肃古板、道貌岸然的神气。

　　他那时孤身一人,住在一间十分简陋的教员宿舍里。他不愿吃包饭,一日三餐,都是在馆子里吃的。好在那时教授的工资高,他又除了有时候要寄些钱给外地的两个孩子以外,没有什么别的负担。有时他上馆子吃饭的时候,也常拉我陪他一起吃,而且常常一同喝些酒。他喝酒不多,主要是为了助兴开胃。吃饭时,当然也是无所不谈,但他都只是即兴式的,随随便便地想到哪里就谈到哪里,从来没有预先存心要对我进行什么教育,更绝不摆老师的架子;甚至他连他是先生我是学生这样的观念也十分淡薄。他真率、自然,一切都是任情适性而行。他不耐拘束,厌恶虚伪。有时讥评起国民党的达官贵人和一些喜欢装腔作势、沽名钓誉的学者教授来,真是妙语如珠,穷形尽相,入木三分。师范学院国文系有一门必修课叫语文教学法,也许是因为一时请不到合适的人来教,也许是在他的心底里根本瞧不起教学法之类的课程,他就自己来开这门课。他在这门课上讲什么呢?讲《文心雕龙》,正正经经地讲《文心雕龙》。决不因为这门课程的名称是语文教学法,就生拉硬扯地在每堂课的开头或结束的时候搭上一点有关教学法的话头或事例,去装门面骗人,应付学校。他仰慕魏晋风度,却从不把魏晋风度挂在嘴上,可平日举止,确乎能比较地脱落形骸、适性而行。尽管所谓魏晋风度,即便是当年的竹林名士以及稍后的清谈胜流,在显幽烛隐的"科学的"解剖刀下,也难免会露出些不堪入目的本相来。伍先生自然也未必真能超然物外,胸无纤尘。但在那举世滔滔、满目尘嚣的黑暗年代,确有一些读书人能够耿介自守,不肯同流合污,为社会保存一点正气,这也不是大可令人欣慰的事吗?伍先生就是这些读书人中的一个。所以,他在学生们的心目中,不但十分可敬,而且是可亲可爱的。

　　我作为伍叔傥先生的弟子,由于年龄差距太大,我当时在各方面都太幼稚,无论对于他的学问,对于他的精神境界,都有些莫测高深,不能了解其万一。不过他潇洒的风度,豁达的襟怀,淡于名利、不屑与人争胜的飘然不群的气貌,却使我无限心醉。我别的没有学到,独独对他的懒散,对于他的随随便便、不以世务经心的无所作为的态度,却深印脑海,刻骨铭心,终于成了我根深蒂固的难以破除的积习,成了我不可改变的性格的一部分了!

(原载钱谷融《散淡人生》,上海教育出版社,2001年)

我的老师唐圭璋先生

王兆鹏

唐圭璋(1901—1990),字季特,现代词学家。南京师范大学中文系教授。代表作有《全宋词》、《词话丛编》、《宋词四考》等。

王兆鹏,1959年生。1987年在南京师范大学师从唐圭璋先生研治词学。代表作有《张元干年谱》、《两宋词人年谱》等。

唐圭璋先生

唐圭璋先生所编《全宋词》
（全五卷）

唐圭璋先生所编《词话丛编》
民国版书影

我在考入唐师圭璋先生门下之前,就听一位前辈学者说过:"唐先生的学问不可及,人品尤不可及。"后忝列门墙三载,对唐师的人格风范有了更深切具体的感受。值先师逝世一周年之际,谨写下这篇短文略述先师人格风范的两个侧面,以表对先生的怀念。

一、专于业

我感受最深的,是唐师对人生事业的追求十分执著。对学术、对爱情,都矢志不渝。编纂《全宋词》,早年夏承焘先生、任中敏先生都有过类似的计划与设想。后来夏先生因故搁止,任先生也因"矢志教育,遂寝斯议"。而唐师则坚持原计划,独自一人承担起这项清代众多馆阁词臣需数年才能完成的大工程。他从1931年起,每日教课之余,从早到晚泡在南京图书馆里查阅丁丙八千卷楼的善本词书。常常是在图书馆里花两角钱吃顿午饭,就继续工作,夜里回到家仍手不释卷。这期间,师母又卧病瘫痪在床,唐师一边悉心照料护理,一边继续他的编著工作。1936年师母去世,唐师也没有停顿他的研究,而是强压心头的悲痛,不懈地搜讨词籍和笔记小说、金石方志、书画题跋、花木谱录、应酬翰墨、《永乐大典》等所载词,终于在1937年编成一代词作总集《全宋词》。接着又毫不懈怠地相继编成《词话丛编》、《全金元词》等传世力作。

唐师身体孱弱瘦小,50岁以后体重一直只有70多斤,几乎一阵风就能把他吹倒。当年的学生都担心他寿命不长,可他却在咫尺书斋中顽强而乐观地活到 90 岁。是什么精神力量支撑着他?是他对学术、对事业执著的追求。人有坚定不移的信念和追求,生命才能放射出强烈的光和热。1989 年初春,唐师因不慎摔成大腿骨裂,终日躺在床上治疗。为了减轻他一点寂寞,我每天都去他家陪伴他一小时。他此时虽然 89 岁了,骨裂何时能痊愈恢复也还无定准,但他仍然计划着今后的学术研究工作。他每天与我谈得最多的是《全宋词》的修订问题。他计划在有生之年将他近年来搜辑到的新材料和当代学人的有关研究成果做一汇总,对《全宋词》再做一次全面修订,并设想凡是时贤所提供的材料和意见,都一一署其名,编成《承教录》附于书末。他还计划再写一本《宋词三百首浅说》。唐师对《宋词三百首》十分推崇,认为是最好的宋词选本,因为此书是清季大词人朱祖谋、况周颐合作精选,选的都是佳作。唐师以为须先熟读《宋词三百首》,然后才能进而谈学词与研究词学。他对自己早年作的《宋词三百首笺注》不很满意,因而多年来在此书最早的刊本上陆续用蝇头小楷写了每首词的解说,主要谈每首词的作法与意境。他在病榻上嘱我代为抄录整理,并设想好了给哪家出版社。不幸的是,计划尚未进行,就成了不知何时能实现的遗愿。然而对唐师来说,虽有遗憾,但他毕竟是带着他的追求、他的计划充实地离开人世的。

唐师幼失双亲,孤苦无依,长期以来形成了俭朴清淡的生活方式。1988 年冬,出版界的一位青年编辑去拜访他,简直不相信眼前裹着棉大衣、穿着老棉裤的瘦弱老人,就是当代赫赫有名的词学大师、著名教授。对于一般城市家庭来说早已是必需品的电冰箱,唐师直到 1988 年教师节才让我去帮着买回来,要不是江苏省政府领导来看望时见四壁空空,给他一份"优惠券",还不知要等到何时才能享用。他晚年于烟、酒、茶一概不沾。有的青年学生对他如此淡泊的生活方式,颇为不解。而他却乐在其中,因为他自有更高的追求与乐趣,那就是他永不知满足、永无止境的学术事业。

他唯一的嗜好是书。他爱读书,1987年冬因鼻腔内大出血住院期间,都手不释卷,平时就更不用说了。他也爱买书。我侍其门下三年,每年教师节学校发点补助费,他都让我拿去给他买书。只要见到当地报纸上有书市的广告,他总是带信让我去书市看看,给他买些回来。到了90岁,他自知已读不了多少书,但还是不停地买。罗尔纲先生的《太平天国史事考》等,都是一再叮嘱我去买到的。《黄季刚诗文钞》出版很久后他才知道,他先是让我到湖北人民出版社求购,没买到,后来我到北京,他又嘱我觅购。买到后,他喜出望外,那股童心的欢乐,真让人感动。

他买书,不是为了收藏,而是为了阅读,为了多方面地充实自己。他的藏书中,好多都有他的批语。发现了错误,就在书上画个大叉叉。见到材料丰富、有新观点、有创见的书,就给我们弟子讲,让我们拿去读,师生共享读书的快乐。记得1988年他从图书馆借来清末南京人朱绪曾所著《开有益斋读书志》,这是他第二次借阅了。他读后异常兴奋,特地把我叫去,指点书中的精彩处,极力称道作者所见善本之广、学问之博,并勉励我认真阅读。我读后确感开卷有益。根据书中提供的材料线索,我写成了《唐彦谦三十五首赝诗辩伪》等论文。唐师看我的习作后也非常高兴,并因势指导我要多读版本目录学著作,以便掌握更多的第一手材料,发现新问题。他同时谈到,上海古籍出版社出版的《全唐五代词》,内据北京图书馆藏抄本收《兵要望江南》500首,而四川省图书馆藏抄本,却有700多首(任半塘、王昆吾近著《隋唐五代燕乐杂言歌辞集》亦已收入《兵要望江南》,计713首);南京图书馆藏《高丽史·乐志》,内有不少词学资料,但错讹脱缺颇多,而赵景深先生所藏《乐学规范》,内收朝鲜本《高丽史·乐志》,则十分完整精善。因而读古书,先须求善本,这样才能充分、准确地占有材料。而要求善本,又须熟悉目录之学。

李清照《打马图序》说:"专即精,精即无所不妙。"唐师对学术事业，尤其是词学，也堪称专而精。他成天思考的都是与词学相关的问题。与人交谈，无论是初次相交，还是老相识，无论是专家，还是初学者，话题都离不开词学，没有过多的世俗客套与无谓寒暄。这是许多拜访过和熟悉唐师的人的共同感受。去年春天，中国社会科学院文学研究所的邓绍基先生拜访过唐师后，就跟我谈起他对唐师的印象："不管你懂不懂，唐先生拉着你的手，就给你谈词学。"

我每次聆听唐师谈话后，都退而作"实录"。我的笔记本中记载，1987年9月12日，我办完入学报到手续，第一次去见唐师。一见面，他略问了几句我的住宿情况后，就开始谈词学。先从秦观词的真伪和今人不加辨别地将伪作一概录入秦观词集内，谈到李清照《词论》的真伪及与新旧党争的联系，接着谈起李清照词的校勘。李清照《添字丑奴儿》"愁损北人不惯起来听"的"北人"，《历代诗馀》和四印斋刻本《漱玉词》等俱作"离人"；《全芳备祖》后集载此词，作"北人"。唐师说"北人"比"离人"更贴切，因为李清照是北方人，南渡后流落到江南，对南方的环境气候"不惯"、不适应，她自称"北人"，符合她特定的身份，也流露出对故国家乡的怀念之情。《全芳备祖》是宋人所编，其版本依据更早也更可靠，应更合乎李词的原貌。当时我听后，真是佩服他的记忆力。他校勘《全宋词》，已过了几十年，至今连其中某一字的异文都记得一清二楚，如数家珍，非专于此，是难以做到的。他进而说，校勘诗词，改字要特别慎重。清黄丕烈等人校勘词集，从不轻易改字，可后来王鹏运的《四印斋所刻词》，就常常擅自改字而不出校记说明，实不足为训。明末毛晋是整理词学的大功臣，他保存、传刻了不少珍贵的词集，刻书都刻穷了，以致后来得到善本词也无力刻下去。但他也随意改字、加字，原本脱缺的字，他多妄自补上，贻误学人。后来他儿子毛扆发现问题多，就与另几位著名的校勘学家一起校勘《宋六十名家词》，校本今藏北京图书馆。唐师说，他想写信给李一氓先生，建议借助中华书局的力量，将毛扆等人的校本影印出来，以利学者；天津图书馆藏明吴讷编的《唐宋名贤百家词》，也应该影印出版(按，1989年天津古籍出版社已影印问世，唐师为作序)。

谈到治学，唐师说要注意"纵横"读书。搞词学研究，不能仅限于读词集，先要纵向地读书，打好基础。韵文中的《诗经》、《楚辞》，散文中的《论语》、《孟子》，必须精读，它们是中国古代诗文的源头。《史记》、前后《汉书》、《世说新语》、《文心雕龙》、《诗品》等也要熟读。至于横向读书，唐师说："比如你研究张元干，作《张元干年谱》(后蒙唐师推荐，已由南京出版社出版)，他自己集子的材料有了，还要从外围去找。他同代人的别集和史书笔记、金石方志等，都有大量宝贵的材料，要广泛涉猎。"

最后，唐师强调做学问，要有"三心"：虚心、信心和恒心。这"三心"，可以说是唐师一生的座右铭。他一千余万字的传世力作，就是他治学的信心、恒心的最好见证。唐师的老同学王季思先生在《悼唐圭璋先生》文中即说："以一人一手之功，由博返约，钩沉探微，完成《全宋词》、《词话丛编》等十几部宏伟著作，环顾海内词林，并世能有几人？经历八年抗战，十年浩劫，国难家愁集于一身，而笔耕不辍，毅力惊人，并世又有几人？著作等身，声华日盛，而乐于称扬师德，奖励后生，自视常若不足，更是并世学者中所少见的。"(《人民日报》1991年3月9日)

唐师虚心谦逊。有一次，任中敏先生称他是"词学泰斗"，唐师即笑答："不是泰斗，是蝌蚪。"这虽为戏言，却是心声。平时他也总是发自内心地说自己读书不多、学问不博，而勉励我们要多读书。我常想，著作等身的业师尚且如此自视不足，我们这些晚辈后学有什么理由、资本敢懈怠而不多读书呢？唐师虚怀若谷，从善如流，从不自以为是。《文学遗产》杂志1989年第5期发表了一篇批评《全金元词》校勘失误的文章，唐师见到后，认为写得好，准备有机会修订时采纳。并对我说："后人应比前人高明，这样学术才能发展进步。别人的批评应当接受，即使批评不尽当，我们也应该听取，择善而从。我现在老了,又多病,看书比较吃力,但有生之年,还是要多读点书,尽量减少些失误。"唐师不仅是从善如流,更不耻下问。他晚年每写完一篇文章后,都要让他的女婿卢德宏先生看一遍,请他在文字上做些润色。有时读书遇到疑难问题,常常问我们弟子辈是否知悉,或是让我们去请教别的先生。临终前他读近人黄浚的《花随人圣庵摭忆》,此书《序》中有"骤得独柳之祸"云云,他一时记不起"独柳之祸"的出典,先是问我,我蒙然不知,既而他又嘱我去请教程千帆先生,或写信请教钱仲联先生。我因故没有遵命尽快完成,唐师第二次见到我又问及此事。如今想来,我这不肖生真是愧对先师!①

二、深于情

唐师专于业,也专于情、深于情。在中国文学史中,元稹的悼亡诗、苏轼和贺铸的悼亡词,不知感动过多少后人。而唐师对师母的爱情和悼亡词,他那些从心灵深处迸发出的生死恋歌,其感人处实不亚于前贤诸作。而唐师以他的青春、幸福为代价,以整整54年的独居生活来倾注他对早逝的师母的生死不移的爱情,又是元稹、苏轼诸公所不可比拟的!

唐师母姓尹,生前也能填词唱曲,唐师25岁就读东南大学期间与她结婚。两人感情十分融洽,家庭生活充满了艺术情趣。唐师填词吹箫,师母随声拍节和唱。唐师《望江南》词写道:"人眠后,吹笛夜凉天。丽曲新翻同拍节,芸香刚了又重添。谁复羡神仙。"节假日,一同外出游赏,至晚兴尽方归:"花丛外,艇系小红阑。细语生憎

---

① 后经钟振振学长告知,此典出自《旧唐书》卷一六九《王涯传》:"仇士良派人将王涯腰斩于子城西南隅独柳树下。"此借指黄浚被杀。

风水乱,夜凉多恐着衣单。戴月踏莎还。"(同上)唐师病了,师母亲为调药护理,无微不至:"帘栊静,几日病缠绵。素手纤纤劳敷药,柔情脉脉立灯前。痛苦亦心欢。"(同上)"痛苦亦心欢",道出了唐师与师母心心相印的惬意与满足。

　　欢娱快乐的时候,还不足体现双方感情的真挚,只有患难才见真情,生死不移的爱才是人性中最为崇高、最为珍贵的。师母后来患病瘫痪,唐师日夜守护料理,访尽名医也无力回天。1936年冬,师母受尽病痛的折磨后留下三个幼女而与世长辞。唐师痛不欲生,痛苦中又夹着自责与内疚,自恨无力拯救挽回师母的生命。他在《忆江南》词中伤心地哭诉:"绵绵恨,受尽病魔缠。百计不邀天眷念,千金难觅返生丹。负疚亦多端。"带着对师母深沉执著的爱和"多端"的内疚,唐师立志不再娶。从36岁起,他一直独居生活到离开人世。从这"无端"的自责内疚,又见出唐师的人格品质,他对自己总是那样苛刻。

　　师母病逝后,唐师无法摆脱心灵的怆痛,常常独自到师母的坟上哭泣、吹箫,一吹就是一天。那回荡云天凄凉哀怨的箫声,饱含着唐师多么大的痛苦、寄托着唐师多么深的情意啊!唐师8岁丧父,12岁丧母,36岁丧偶。悠悠苍天啊!何事把这些苦难降临给我的老师!1937年,日寇入侵,唐师只身避难到四川。川中八年,他无时不牵挂在远方的幼女:"白发孤儿总系牵。"(《鹧鸪天·铜梁中秋》)无刻不怀念黄泉永隔的师母:"昏灯照壁,轻寒侵被,长记心头人影。几番寻梦喜相逢,怅欲语、无端又醒。"(《鹊桥仙·宿桂湖》)"经岁分携共渺茫。人间无处话悲凉。三更灯影泪千行。袅娜柳丝相候路,翩跹衣袂旧时妆。如何梦不与年长。"(《浣溪沙》)真是"字字回文如血吐"(《蝶恋花》)。

　　1989年5月初,我去山东青州参加李清照学术讨论会,行前与唐师话别。提起李清照,又引发了他的旧情往事。他先背诵李清照"旧时天气旧时衣,只有情怀不似旧家时"的词句,接着深情地自诵起他从前写的悼亡词《忆江南》："人声悄,夜读每忘疲。多恐过劳偏息烛,为防寒袭替添衣。催道莫眠迟。"沉默了一会,唐师含着眼泪说:"李清照的沉痛诚挚,我最能理解。我与我爱人结婚时25岁,她23岁。那时我在东南大学读书。深夜里她怕我劳累过度,故意把灯吹灭,不让我多看。又怕我受凉,她总是悄悄地把衣服给我披上。那情景至今历历在目。可如今,'寒深谁复问添衣'。爱人去世时,我36岁,本可以续弦,但我对她的感情实在太深,感情上无法解脱,只好用泪水来洗刷,用词来排解。"宋代陆游75岁的时候游沈园,回想40年前与前妻唐婉的会面,"犹吊遗踪一泫然",成为文坛佳话。而唐师89岁时,还老泪纵横地深深怀念已逝世53年的师母,他的专于情、深于情,实不让放翁!当代的词学史,也该记上一笔。

唐师的爱心,博大深沉。他不仅爱自己的亲人、骨肉,师母去世后他把全身心的爱给了三个女儿,也爱护学生、关怀后辈。他早年就有"菩萨"之称。每次与我们弟子辈谈话,总是把一只温暖的手轻轻地按在我们的手背上,让我们感到亲切、和蔼、轻松。他曾说他的老师吴梅先生"谦冲方正,师母温良恭俭。举室怡然,如沐春风。其视及门,亦如家人。了无疾言厉色,更无隐而不宣"(《吴先生哀词》)。唐师也传承保持着这种风范。我们每次见唐师,都有"如沐春风"的温暖感、亲切感。唐师对我们弟子体贴关怀备至。每年中秋节,他怕我们外地学生离家寂寞,总是特意备上酒菜,请我们去他家做客,共度佳节,共赏圆月,共享家人团聚的欢乐。席间,唐师虽然不饮酒,但总要举起空杯劝酒,颤抖着手为我们夹菜。每当此时,我总是含着幸福的热泪饮酒咽菜,有说不出的感动,说不出的亲切。

唐师在生命的最后两三年中,虽然思维清晰,但体质衰弱,执笔颤抖,写作不便。外界时有些难以推辞的约稿,有时他口授,让我笔录,然后他再改一遍。这本来是他的心血、成果,可每当稿费来后,他一定要给我,说我读书期间经济不宽裕,无论怎样推辞都不行。接到这笔钱,我好长时间舍不得用,因为这几十元钱中,包含着恩师一片爱心。

　　最使我终生难忘的是,1990年11月18日,我将离门下回湖北大学工作,行前我与副导师常国武先生、曹济平先生一起去唐师家与他合影、辞行。座中唐师一直握着我的手,千叮咛、万嘱咐,要我到达武汉后立即给他写信,并哽咽着说:"我欲哭无泪。不能远送你,路上多保重。回去后多读些书,好好地工作。有机会再来看我。"在场的常、曹二师,也深为唐师这种真挚的师生情谊所感动。他俩的眼圈都湿润了,临出门的时候,我几乎迈不动步子。蓦然间,我的脑海里浮现出1937年唐师与吴梅先生话别的情景。唐师在《吴先生哀词》中写道:"翌日,予拜别,先生执手丁宁,既盼有暇重来,复期鸿雁勿疏。衡门久伫,弥深缱绻之情。"如今这次师生别离场面,与五十七年前何其相似!我回到武汉后,即写信给唐师报平安。27日,唐师收到我的信,十分兴奋,自己看了一遍,又让家人读给他听。唐师仿佛是在等候着我的信,等到了,次日凌晨就瞑目而逝。临终前夕,他还是那样惦记着学生。唐师啊,没想到一时的生离竟成了长恨永别。在您的追悼会上,我的泪水湿透了手巾,写这篇短文,泪水也浸湿了几张稿纸。

　　亲爱的唐师,请让我再像在您生前那样喊您一声"唐老"。您也放心,您的弟子们将会在您人格风范的感召下,不断地进取,努力地学习,继承并弘扬您未竟的词学事业!

　　　　　　(原载王兆鹏《唐宋词史论》,人民文学出版社,2000年)

那古典的辉光
——思念台静农老师

柯庆明

台静农(1903—1990),现代作家及学者。1946年赴台,台湾大学中文系教授。代表作有《静农论文集》、《静农书艺集》、《台静农散文集》、《台静农短篇小说集》等。

柯庆明,1946年生,台湾大学中国文学研究所教授。代表作有《中国文学的美感》等。

台静农先生

迄今,我依然说不上来那是怎样的一种魅力,使大家自然而然被台老师吸引。同学们在毕业之后,往往不是想回台大看看,而是更自然地说:"走!我们去看台老师!"目的地是台老师的坐落于温州街,叫了几十年"歇脚盦",终于改称为"龙坡丈室"的台大宿舍。

第一次见到台老师时,他已是六十开外的人了,但我们却惊诧于他的面容所显现的"美",那是一种堂堂正正,我常私下揣想就是中国人理想的君子,甚至帝王之相。端正的五官,每一部分单独地看,都是饱满充实而英挺,然后匀整地分布在理想的位置。我第一次了解了"男人"可以是"美"的,而且这种"美"是不同于一般吸引少女的美男子的"美"。当时曾藉它想象唐太宗的面容,后来在故宫看到了唐太宗的画像,相形之下就觉得唐太宗毕竟粗野多了,唐太宗或许是"真人",但却未必是"君子",因此画家会有那样的诠释。

堂正而自然流露出一种尊严与高贵的面容,洋溢的却经常是舒坦宽厚的神情,让人见了不敢放肆却又温暖亲切,想多亲近想多流连。"咳!这就是我们的系主任!"那时他就是我们在台大求学岁月中头上顶着的一片天,照耀我们的太阳。在我们的心底,压根儿就没有校长、院长存在。虽然校长钱思亮先生在新生训练欢迎我们,我们也去听过院长沈刚伯先生的演讲,也佩服他的口才与学问,但柔柔地覆盖着我们、孕育着我们的却是台老师的晴空与春风。

台老师大二教我们中国文学史,大三教我们楚辞。中国文学史的课前,他介绍我们看刘大杰的《中国文学发展史》、谢无量的《中国大文学史》等书,但是他上课时讲的却全和这些书不一样。这种新经验直教我们纳闷，后来才听说他正在写作他自己的文学史，当时听说已经写到了宋元，可惜终究没有完成。台老师讲课言简意赅，有如老吏断案，着重在文学风格、作者人品，以及源流脉络的掌握，往往三言两语就抓住要点，并不多做发挥，而却花了许多时间抄写相关资料。当时少不更事的我们只觉得老师尽可将这些资料印发讲义给我们，大可不必如此旷日费时。后来我始终没敢问他，这样的写黑板，是因为诚如叶庆炳老师告诉我们的，他们初上台大之际，一切物资匮乏，不要说各种书籍全付诸阙如，同学之间送一本笔记簿就算是天大的人情，一切的学习全靠老师写同学记，所养成的教书习惯呢？还是老师相信只有经由自己动手写下来的才会成为自己的学问？因此虽然每周四小时，全年的课，我们的中国文学史除了顺着"中国文学由语文分离形成的两大主流"的思路，特别在唐代讲了古文运动之外，始终没有到达唐代，影响所及是：我对自己在文学史后半段的认识与判断，始终不太有信心，台老师在楚辞课上要我们买了洪兴祖的《楚辞补注》，但却印发全部的楚辞本文的讲义给我们，好让我们一一记下老师所提供的相关解释，真是"慎摭旧说，参诸近著，不求多闻，但期有当"，每次下课回家重新翻阅，都觉得自己很有满载而归的成就感。

　　那时中文系还未开设任何书法课，从小学就恶补考初中、考高中、考大学一路联考上来的我们，几乎全无半点书法的修养，也不知道台老师在这方面的造诣与成就，只觉得老师在写板书时很用心，一笔一画都认真而从容（其实马上就擦掉了嘛！何必那么费心？），但是却有一种令人说不上来的"美"，正如他的人不是"美男子"的"美"，他在黑板上所写的字（后来有机会看到他的手稿也是那种字，比他的书法简易但似乎更自然），一个个都那么有味道，温润厚实而不失潇洒，于是抄着写着我们往往要分心欣赏他的白垩之下的笔意了。在楚辞的课上我们也开始注意到他不自觉偶然流露的乡音，他总要把地方的"方"读作"呼"，因此我们也就揣想假若"楚辞"全用南方的"楚语"来吟诵不知会如何？虽然台老师每次朗读"楚辞"之际，已经够我们回肠荡气了，但总觉得老师读来沉郁似杜甫，而非激切如屈原。当时的感觉是或许这是因为台老师的性情太宽厚所致吧！

莽撞的我们很早就领略了台老师的宽厚。由于大三的同学没有人肯接系刊《新潮》的编务，就由大二的我们接棒了。当时正受中西文化论战的激荡，而各种艺术的现代主义，由诗、小说、散文、戏剧、音乐、舞蹈、绘画、雕塑、电影、剧场，以至建筑等等则正排山倒海、风起云涌地肇始流布。我们首先就觉得《新潮》违背了它的刊名，既不具有五四的开新的精神，又缺乏独往自创的勇气。首先，我们决定摒弃一切徒具形式的旧诗古文的习作，只刊载新文学，假如无法是前卫的，至少是当代生活的，诚挚抒情的。接着我们决定换掉封面，因为它一直不换，呆板的在台老师署名的题字下，就是中间一个框框，框住沈刚伯院长的几句既不文学，又不新潮的"训词"——诉诸权威，又是不相干的权威（沈院长是历史学家！），算什么"新潮"？我们当时找了汪其楣的学建筑而又热爱现代绘画的二哥汪其乐，帮我们设计封面。我们都觉得台老师的题字很好，可以融古典于现代，但署名却会破坏侧重整体表现的现代美感，所以就擅自将署名省略，而改在目录上加了一行："封面题字　台静农"与"封面设计　汪其乐"并列。被我们戏呼为"汪卡索"的汪二哥为我们设计了两个封面，一个是全白的扉页上稀疏地交织着象征波涛的散布如网屈伸起伏的黑色的细线，而台老师所题的北碑字体的"新潮"二字则以"新绿"的彩色浮出于网潮的上方。一幅是以深褐的泥纹的墨染为底的扉面，在右侧方为一由上而下贯穿到底部的白色抽象的箭头所分割，而台老师的"新潮"二字则以与底色相同的褐文出现在箭柄与箭头的交接处。这两张封面后来分别用于大二我所主编的两期。当时只觉得它们符合我们的"新潮主张"，却完全忽略了，这是，假如不是大逆不道，至少是大大不敬的：一、省去了署名；

二、变造了本来是平行却被改为上下的二字的笔势,在某种意义是焚琴煮鹤地破坏了原题字的艺术效果。好在台老师的题字原来就精彩,由原来的"横看成岭"换成了"侧成峰"依然耐看。头一期《新潮》出版,内容、封面,还有版面的设计都颇有人非议,怀着待罪的心情准备去向台老师赔礼,台老师却一点也没有被得罪的神情,直说不错的勉励我们。第二张封面自然照用不误。到了下一年汪其楣接主编,她干脆将《新潮》的版面由 16 开改为 24 开,还请台老师不署名地为我们再题字,台老师还写了好几种字体上下左右皆有的供我们应用。《新潮》也就在此之后,连续多次地得到了大专青年期刊比赛的特别奖。据司马中原先生告诉我们说:台老师对于获奖的评语似乎还满意。

我们当时都绝对信赖台老师的开明。在我主编的第二期《新潮》上,我们设计了两面对开的让大四即将毕业的学长留下感性"语丝"的合页,结果只有两位学长各写了一行、两行字被巧妙的版面设计,以平常的字体各做了 16 开的一面,因此效果格外强烈。其中一位学长的留言是:"积极才会快乐,中文系太死气沉沉了。"训导处审稿的先生认为侮辱学校,不准刊登。我们当时信心十足地去找台老师替我们负责。台老师果然为我们打电话给训导处说他同意刊出。其实那位学长反映的不过是在一片现代化就是西化的浪潮中,感觉中文系师生被社会所冷落罢了。

台老师太吸引我们了,终于我们决定不是到他的办公室,坐在他办公桌旁的椅子和他说话,而是要到他家去访问,于是一行人就利用暑假直闯台府,第一次进入了以后我们每隔一阵子就想来流连的地方。我们在一幢日式的老宿舍门口大喊:"台老师!"不久就看他拉开玄关的木门,探头迎接我们进去,帮我们找拖鞋让我们进入了其实是他的书房的客厅,靠窗一张书桌上还摊着翻开的书,书桌座位的后面是个书橱,橱子的玻璃上贴着白纸,所以看不透内里藏着的是些什么宝物。然后,窄窄的空间里,放着两张给客人坐的藤椅,一个茶几,旁边还有一个小书桌,插架的显然是一些古书。墙上有字有画,窗台上有花,后来还记得添加了一个陶制的女俑,桌上兼有笔墨,虽然台老师忙着自卧房等地搬椅子给我们坐,我们却一进门就感觉到一种类似"重帘不卷留香久,古砚微凹聚墨多"的意趣。虽然两面是窗,但因窗外有树荫,所以房间并不很亮,因此反而有一种深沉的幽趣,无形中令人暂忘其中的狭厌。由拉开纸门紧邻的卧室望出去,是小小的有着花木的院子。但我们很快就完全被它的主人所吸引。想想超过四分之一世纪,始终没有好好看过他房里的字画!有台老师讲话,谁还在乎那些字画呢!而台老师家里的陈设也几乎是没有什么基本的改变,似乎那里就成了这个越来越光怪陆离的世界里,唯一贞定着我们的常数了!

　　台老师聊天时的风趣,似乎和他上课时的严谨成对比。第一次注意到台老师有着我所听过的最爽朗的笑,也是在他的歇脚盦,那是一种响若洪钟,没有任何杂质的喜悦的笑声,虽然持续并不长久,有时只是两三声哈哈,但却足以笑开我们的忐忑心情与少年愁怀。他的笑声就像穿云而出的阳光,自然的喻示我们这个世界并没有永远的黑暗,生命的一切终究是美好的,值得经历的。他的笑有智慧,有性情,有宽容,有戏谑,林语堂一再描摹的幽默,大概就是这样吧!常常会想虎溪三笑时的陶渊明的笑声,是不是就是台老师这种笑声呢?哈哈哈!

　　谈话总是从垂询每个人的近况开始的。近来读什么书?研究什么问题?有什么创作?生活上有什么遭遇?老师是真关心大家的情况,大家也都乐于向他倾诉。他听了有时是一两句评语,有时是一两句忠告,有时就开始谈起相关的资料,他的想法,说着前辈学人的掌故,他往日的见闻,近时的经历,他自己最近在看的书本,在想的问题,正在进行的工作,对于文化、社会的感想,就夹杂着似乎具有结论意味的笑声:哈哈哈!就纷纷出笼了。许多毕业后散聚各方的先后同学,似乎像高飞的风筝都留了一根线在他心里,往往我们竟然是透过和台老师聊天中才继续保持了精神上的联系，真的是天涯若比邻。而我们也仿佛并没有散作九秋蓬，大家依然的生活在台老师的心灵的教室中，继续在享受着他的关爱，和由他所维系起来的同窗之谊。也许喜欢人、关怀人，才是台老师谈话的风趣的本质，渊博的学问、丰富的经历、见解的精辟、反应的锐敏，反而是余事或缘饰了！

由于对他所产生的自然而然的完全信任，我们才敢去向他抱怨某位兼差的先生教学不力。他起先只是很同情地表示他会设法向那位先生反映，并不轻信。但在他一再地主动查询班上一些最用功、最优秀的学生的反映之后，也许是劝诫无效吧！（因为下学期依然如此）第二年他就不再聘请了。我们也屡次以过来人的身份，向台老师表示当时中文系所规定的必修的那门理学院课程——地学通论，对我们全无功用。"应该修心理学！"他先是解释规定地学通论的原委，后来表示要努力去争取，终于在我们大四那一年，中文系的一门理学院课程改成心理学，加上一门法学院课程规定的是社会学，并且也将人类学、文化人类学列入选修课目中。另外还有文学院的必修课程理则学，就使得当时中文系的学生在基本训练上，对当代的人性与符号科学（当时何秀煌先生代殷海光先生上课，不止教逻辑，而是同时介绍包括语法、语意、语用的记号学导论）都有一种起码的了解。由于我们前后几届的同学，在课程安排上就自然有机会涉猎在台大是分别安排在理学院、法学院、文学院的心理学、社会学、人类学等新兴的人性科学，熟悉它们的研究方法、基本理论与内容，所以读起古书来就别具只眼，别有会心。只觉得古典文化的丰美，如山阴道上，目不暇给；并不担心自己会与时代脱节，也不觉得与其他学科的人士对谈有何隔阂或困难。

这种演变与发展，起先我们也以为只是台老师生性通达，肯于察纳雅言而已。后来回系里当助教，在台老师退休时帮他一捆又一捆地归还大批的借书时，才发现老师平素阅读范围之广博，古书自不用说,原来文化人类学、心理学、社会学方法论、政治学、经济学、民俗学、各种艺术方面的书籍,五花八门,在所多有。这根本只是他个人一向涉猎范围的一部分!也才明了他当时向我们解释除了地学通论,理学院并没有多余的师资替中文系开课,确是实情。也终于恍然台老师当时那么赞赏施淑女学姊的首先参考了人类学对神话祭仪的研究与神话原型的文学批评理论,所撰成的楚辞研究的论文的根源了。到了《天问新笺》出版,并且逐渐地看到了收在《静农论文集》的大部分文章,就更清楚地看到了这些相关学科的涉猎,对于他在问题的取舍、处理的角度,与意义的诠释上的影响。只是他总是把它们融化在他的支援意识里,在焦点意识上使用的还是中文学界所能了解的诠释与语言,固此浑然天成,全无生涩之病、突兀之感。不像年少学浅的我们,器小易溢,不免要生吞活剥,现炒现卖,而时有狗肉羊头齐飞,或者古帽今履,中装西服,杂然并凑一身的场面。

升大四时,我做了一个大半同学都惊诧以为愚蠢之至的决定,放着研究所入学考试不准备,竟然决定选修自从设了研究所,由必修改为选修,十余年来就不再有人选的毕业论文;而且就想找同时身兼系所主任,在大学部、在研究所皆有重课,并且正在指导不少研究生的台老师指导。同学多以为是痴人做梦,一定会被台老师婉拒劝消。请求是在体育馆注册现场向台老师提出的。令我喜出望外的是台老师丝毫不犹豫地一口就答应了,并且拉我到一边坐下,当时就商定了做"王维研究"。台老师要我先去看赵殿成注。当时我立刻赶往中华书局,买下了精装两册的《王右丞集注》,喜不自胜地抱在怀里一路摩挲,一路回家,心中真有"独上高楼,望尽天涯路"的充满了天地无尽的幸福感。

由于我在大三时旁听过王文兴老师的"现代文学",深受新批评的本文分析方法的影响,并且捧着字典边查边念地苦读了大半本的 Wellek & Warren 的 *Theory of Literature*,加以高中时代,在文学研究与美学观念上给我启蒙的原就是一些比较侧重作品内容与艺术性的,像林以亮选编的《美国文学批评选》、《现代文学》杂志头三卷合订本上的文学论文,以及克鲁齐的《美学原理》之类的书籍;因此在翻阅了当时以台大文史丛刊为名出版的大半前辈学长的硕士论文后,我对于他们大体上皆采用的以历史传记为主的研究方法,实在无法苟同。尤其大一、大二时随着殷海光、何秀煌两位老师读过一些哲学解析、科学的哲学、知识论方面的著作;并且对许倬云先生当时提出的充分利用社会科学知识所从事的侧重分析诠释的历史学研究方法印象深刻;后来又对心理分析着迷,弗洛伊德、杨格、阿德勒、弗洛姆、罗洛梅与荷妮都成了我的开窍的法师,整个人陷入了一种属于自己七拼八凑的"分析的年代"。于是就自以为是地杜撰构想了一套论文研究方法与计划,拿到系办公室来向台老师请示。虽然写了一个大纲,但在我支支吾吾辞不达义地向台老师解释说明之际,却似乎漏洞百出,而且觉得讲不清楚那些个怪想法的来龙去脉,因此在老师一点一点的询问下,越来越显得支离,突然我觉得灰心,想着还是放弃的好,就说:"老师!我还是按照您一向指导学生的方法来做吧!"令我大吃一惊的是台老师竟然说:"不!不!还是该用你的方法做。虽然我没有完全听懂。但你还是可以再仔细解释给我听。"因此还特地要我随他到他自己的第五研究室,就在室中的黑板前坐下,要我在黑板上一一整理出各个观点的习得原委与推理过程,并且试着弄清楚它们之间可能有什么合宜关联。最后终于敲定了按照我再向他说明的,其实是我在他的质询下自然修正发展过了的方法观点来做这个论文。

事后想来,台老师尊重我的构想,鼓励我去尝试,其实并不那么令人意外。从大二上他的课开始,他在上课时、考试时,总是鼓励学生发表自己研习的心得,发挥自己思索的意见。当时系里的许多老师都有相同的作风,所以我们当时很爱考试,因为那是向老师献宝的机会,往往自己最有心得的部分没考到的话,我们会自行奉送一题或两题。老师也照常批改不误，给我们的各种狂想必要的折中。有时这些意见在课堂被提起，我们就得意非凡。我常常想这种自由开明，纯粹专意于学问之探讨的系风，实在和台老师长年主持系务有关，因为这就是他典型的作风。做学生的我们，一进系里来就马上感染到这种学问中自有乐土的气氛，不知不觉就陶醉、融化了……

于是，就开始了我整整十个月的苦役，每天晚上都弄到两三点才睡，将王维所有的诗细分了许多类，一一分析了它的各种主题、基本情绪、整体结构，统计了它的每一个典故、每一个意象，然后是它的用字、语法、各种象征，探察王维的生平事迹，分析他的可能的心理情况，显意识是什么，潜意识是什么，思考他的风格和既有传统的关系，天啊！还有同时代的那么许多诗人，他和绘画，和音乐，和佛教、道教的关系，还有我其实并不真懂佛学与禅学……这时我才了解台老师并不立即接受我原初构想的缘由了，年少自负的我，有的只是一些过度理想化的梦想，对于所有这些问题，我既不可能有足够的学力，甚至不可能有足够的时间。但是台老师不愿意打消我的热情、挫了我的锐气，所以他让我去尝试，自己发觉其间的困难。所以十个月下来，尽管我连整理统计附录的资料，以及一些主要诗作分析的草稿已经超过了 50 万字，但我计划中论文所包括的七部分才只写了三部分，最后匆匆改以"王维诗研究"为名，将那写了三部分的初稿交给台老师就去当兵了。我想台老师一定还一直在等着我底下的四部分，直到暑假过了确定了我已人在金门，不可能再有续稿送来，才给了我那即使不拿也不影响毕业的两个学分。

在金门当的又是第一线连的步兵排长，加以正赶上"八二三"炮战十周年，情势紧急，只好全心全力地投入。因为大四那年写论文去了没考研究所，论文又没写完，而第二年的研究所考试眼看就泡汤了。深觉愧对台老师的期望，就打算先就业，等将来再卷土重来，甚至都已经在接洽明志工专等学校了。台老师却托了那时与我交往最深的齐益寿先生——当时他正由助教升讲师不久——写信通知我系里有缺,要我申请回系里当助教。

当我重回中文系时,台老师已经卸下了系主任的担子了。见了面就先将附有许多批语的王维诗论文还我。还当面告诫我,探讨文学或任何问题一样:宁可平实,切忌穿凿。他太了解我的一心好胜、不求深入的毛病了。往往不知不觉的不是想入非非,就是钻牛角尖。还是得重视证据,一分证据说一分话。我有时候也想台老师发表的著作不多,因为在聊天时谈起的他在做或想做的其实不止此数,或许也和他的这种做学问的矜慎的态度有关吧!任何略有小聪明的人要想入非非一番,其实并不真的很难。但要能使自己的聪明接受客观资料与事实的制约,说话恰如其分,真有意义,却是若愚的大智慧。一如郑板桥所谓的由聪明返糊涂,真是难之又难。而台老师的"糊涂"一向是大家所敬佩的。他就用他的"糊涂"多年来为大家排难解纷,创造出一片和谐的光辉来。

台老师指导学生实在是因材施教,因人制宜,并且最大的特色是鼓励学生自动自发,各按一己的性向自求发展。当时施淑女跟他做楚辞,方瑜跟他做唐诗形成的研究,我做王维,张淑香做李商隐,结果每个人的方法路数皆不相同。唯一相同的是每个人都殚精竭虑、疲累不堪。因为都想自创一片天地,都想一手擘鲸,一口吞象。而我被召唤回系的过程,其实一点也不特殊。齐益寿先生大学毕业时还曾经想去当记者呢!在我前后,仅我所知,就有乐蘅军、方瑜、张淑香是被台老师主动"留"在系里的。在此之前的师长、学长,更是不言而喻了。

回到系里当助教,觉得不考研究所还是不太有面子,因此不免也就开始拿出应考科目来准备。台老师看见了,就对我说:"你已经会做研究了!何必再考研究所呢?何况你已经进到系里来当助教了,何必再占去一个别人求学的机会呢!"当时委屈留在系办公室指导我、已经升了讲师的邵红学姊也告诉我,当年她刚进来当助教时，台老师就对她说过："留你们下来当助教，就是要你们来念书、做学问的，不是要你们来办公、做杂务的。"有了台老师的一番话，我就好像得到了道德支持。终于就豁免了自己，不必浪费时间在纯粹为考试而念书，为面子而考试了。因而就心安理得地开始专心地念自己的书，做自己的学问了。事后回想起来台老师一向只要求他的学生真实地学问，对一些表面的名衔并不在意。所以，在台大中文所设博士班之后，他指导的学生，如方瑜、张淑香都以最优异的成绩毕业而皆谢绝了所里提议的继续念博士班的机会。唯一念了博士班的施淑女则更因抗议系里处理叶嘉莹老师去国之事不当而退学了，但台老师却始终不以为意，对这些学生一直赏爱有加，溢于言表。我想台老师太了解他们的品质了，眼中怎可能掺入世俗之尘埃！

　　台老师的包容广大，对于各色人等皆能悲悯关爱是众所皆知的事。但我总觉得他是最能欣赏那类深具真性情，因而从一般庸德庸行的标准看不免如痴如狂者流人物的长者。像洪素丽那样，在租住房屋的墙上题满了诗句，甚至窗台、风铃上皆悬挂了她的诗作，大学时就以自己的书法制版印行了她的第一本现代诗创作集，而书名就直截了当叫做《诗》，在转入中文系后不免令一般中文系师生侧目的学生，台老师却一直对她赏爱不已，每次和我们谈起她来，总是欢欣开怀，不免要附加许多"哈哈哈"的笑声，表示他的满意与欣赏。台老师其实是很注意博学多览、自力自学的人。有一次洪素丽自美国寄来她的木刻近作，有一部分是要我代为转交给台老师。台老师边看边对我说："洪素丽来信说想回台湾找人学国画，其实她不必找人学，好好到故宫去看画，看个一年半载就会了！"我听邵红学姊说起过：台老师会画梅花，好像也是无师自通。很可惜我一直没看过他的画，又不敢跟他要……

　　台老师对他的学生的真性情的表现，其实是很能接纳的。施淑女学姊要退学抗议，台老师其实是无辜的第三者，因为他已经不负责行政了。施学姊也连带退出了一些台老师主持的研究计划。但除了在当时要我去劝施学姊先办休学不办退学,给自己一个再考虑的机会之外,终其一生我从台老师那里永远听到的都是对她赞赏关爱的言辞。施学姊也从善如流,到决定去加拿大之前,只先办了休学。三岛由纪夫切腹之后,台老师有一次在系办公室里对我说:"这简直是疯狗!方瑜还要替他辩,还拽文说:众人皆曰可杀,吾意独怜才,哈哈哈!"而由他的笑声,我知道台老师其实是嘉许方瑜的坚持己见。虽然深受日本军国主义之害的经历,使他对三岛切腹有不同的体认。

张淑香初当助教时,还天真未凿,有时寒暑假过后,见到了台老师,会高兴得拉着老师的手又跳又叫。台老师也不以为忤,也陪她拉着手,又说又笑,台老师其实也是很天真的人。在大三的迎新晚会上,我们有一个叫做"母鸭带小鸭"的团体游戏,被选中当小鸭的人要模仿母鸭的动作,大家故意请台老师当小鸭,台老师也就真的和其他的小鸭,一起在母鸭背后抬手扬脚的,全场笑成一团,台老师也笑,这是我们毕生难忘的一刻。台老师退休后,我们有一次去看廖蔚卿老师。廖老师就说:"我前些日子去看台先生。台先生对我说:'我和我的孙子打架。他要和我打,我就和他打。'"那时台老师的孙子大约三四岁。

台老师的直透性情的知人之明与爱才之心,也使他担任中文系主任时的用人风格不拘小节,因而曾经使得中文系一时风云际会,盛况空前。

"叶嘉莹,是戴(君仁)先生介绍的。当时我对她的情况并不清楚,只是看了她所作的旧诗词,实在写得很好。我们系里需要一位真能作旧诗的先生来教诗选,就请了她。没想到她这么会教书。请来以后大受学生欢迎。"叶嘉莹老师出国多年之后,第一次返台。台老师见了她,还是直截了当地说:"回来教书吧!"

王淑岷老师在我们毕业前后又回新加坡南洋大学去了,直到南洋大学要结束才又返台。当时王老师有一点倦勤,只想回史语所,不想再教书,也是台老师的极力主张与面子(虽然台老师早已不负责系务了),王老师迄今依然仆仆于南港、台大,为学生传道授业,不但使我们有再聆教益的机会,也使得我们的莘莘学子仍然有瞻仰系里第一代师长淳淳风采的幸福,流风余韵,馨香不尽。

"王文兴,当时刚在爱荷华写作班毕业,还没有找到事。我知道了,就向英千里先生建议,我们两系各出半个名额,一起请他回来,好为我们中文系学生开'现代文学'的课程。"

当时王文兴老师经常说,他很佩服台老师的胸襟,容许他在中文系所教的"现代文学"的内容是全部英文教材的:乔哀思(英)、海明威(美)、希梅耐滋(西)、考夫曼(德)、沙特(法)、佛洛斯特(美)……等人的作品。这门课真的为中文系的学生开了一扇观览世界文学的落地长窗,并且在他的激发下,不少人开始了他们自己的通往创作之路。但在台老师退休之后,中文系开始有人不舍得那半个名额,而终于关上了那一扇窗,那一道门。我想这大概是台老师所始料未及的吧!

台老师请王文兴老师这种内省型的作家到台大来,是否提供了他一个适合的写作环境,我不知道。但王老师的进入中文系,却同时促成了《现代文学》杂志与台湾在中国文学研究风气上的转向。在西化浪涛最为高涨的年代,一向是现代主义欧美文学译介之尖端、现代风格创作之先锋的前卫刊物——《现代文学》杂志竟然因此机缘而推出了"中国古典文学研究专号",台大中文系上自主任台老师,下至大三的我们都写好了论文。结果反应意外的良好。从"现文"的角度来看,古典与现代在主张上不必再断裂成两截了。从中文学界言,不再仅以考据为方法的文学研究终于普遍受到了重视。这种良好反应,尤其是海外学界的热烈反应,终于促使白先勇先生决定将每期的四分之一篇幅,划给中国古典文学研究,并要我们班的几个同学来负责。后来更推出了前后两期的"中国古典小说研究专号",主要的稿源是台老师"小说研究"班上的报告。当时白先勇先生希望随即辑印成单行本,以《中国古典小说论丛》的书名出版,还请台老师写了序。没想到晨钟出版社突然发生财务困难,不但此书未能面世,《现代文学》杂志也跟着休刊了。

台老师在那篇序文中诠释"我们的小说作者",在"社会的谴责,甚至法令的禁止"下,"隐姓埋名,寄迹江湖","拼却一生精力,留下数卷书来"的悲壮,以为是"块垒在胸,吐出为快,才有如此的热情",在今天看来就不禁令我们有夫子自道的感觉了。一直到回来当助教之时,我们并不知道台老师自己从事新文学创作。有一天一位日本来的李姓华侨到办公室来,希望能一仰台老师的风仪,他虽没有见着台老师,却猛对我说:"台静农先生了不起,五四时代的大作家,小说很精彩。"于是辗转借到了当时仍是禁书的《中国新文学大系》,读到了鲁迅先生所选入的四篇,才发现了我尚未知晓的台老师的另一面。

"现在时代真是变了,写小说还可以得到大笔奖金,哈哈哈,从前写小说还得坐监牢!"当台老师对我说这些话时,我还不知道这是他自己经历的感叹。但不久白先勇先生来信,第一次告诉我,大陆出的"现代作家传记"中在台湾只收了台老师,而且还记载了他三度入狱之事……"我非常敬佩!"白先勇强调。接着不久,就又来信说:刘以鬯先生在香港找到了台老师的小说,要我代为请求台老师应允复刊了的《现代文学》杂志重新刊出。台老师同意了。其后终于有远景的《台静农短篇小说集》的再出版。"50年了,没想到还找得到!"望着那些小说,台老师的神情,出奇的平静。我们在"新潮主张"的年代,首度在台湾中文学界,以讨论施耐庵、曹雪芹的态度,要开始讨论张爱玲、朱西宁、司马中原之际,我们万万没有想到"我们的小说作者"就在我们的系办公室里!

回到系办公室里服务,第一次参加系里老师们的聚会,在会宾楼,当时的系主任屈万里老师对我说:"不会喝酒,就是没有得到台老师的真传!"但我想到的却是台老师在我们毕业晚会上致辞时,所说的却是:"各位同学你们应该很庆幸你们能够平平安安地读了四年书,完成了学校教育……"那时大陆"文革"已起,越战渐酣,嬉痞方现,美国青年反战,法国学潮正涌。我想到了台老师选择了教屈原,文学史上对嵇阮、魏晋名士详加解说,"痛饮酒,读离骚,可为名士",我总觉得台老师的饮酒,不只是能饮贪杯,诗酒风流,而是伤心人别有怀抱。后来读到他的"嵇阮论",更有此想。

但台老师终究太宽厚,并不能真的流为放达名士。他对人的批评总是正反兼具,并不以偏概全。"朴正熙一副小法西斯模样,但在民俗保存上却……""……这个人其实很无耻,但在那件事上却……"而且台老师的幽默感也保全了他的精神上的宁静致远淡泊明志。他有次自谦不太会讲课:"但是周氏兄弟也不会讲课。作人先生就是写了稿子,通常就是小品文那种,在堂上念,声音很小,只有第一排的人听得见……"台老师胆囊阻塞住院,我们轮流去看护,他不但逢人便说:"这都是我的得意门生!"割胆之后,更加上一句:"我本来就胆小,现在真成了无胆之人了!"台老师动手术开白内障,看他时眼上戴了医生给他的墨镜,样子有点新潮,台老师说:"看!我现在可时髦了!"化生活中的苦难为另外一种意趣的欢快,使得台老师保持他的平易。而台老师的隽语,往往是"世说新语"式的,例如游历了新大陆,问他对美国的感想:"大而无当!"

从美国探亲归来,特地到波士顿美术馆买了一幅宋徽宗《捣练图》的放大海报送他。但他已因病情恶化住进台大医院,因积水呕吐不止无法入睡,我们去时正好累极而睡,睡相安详,过了一会醒来,看护的家人告诉他,我带了东西来给他。他就笑着说:"有什么宝,赶快献上来!"只是再也无力"哈哈哈!"了。

台老师去世之后,我特地自己一个人来看"歇脚盦"的旧址。"歇脚盦"已经拆了,但是那一整片地也打成了新楼的地基,只见一丛一丛的钢筋,如竹笋一般地在往上冒,那将是几层高楼我不知道,只是我知道曾经进过"歇脚盦"的我们是幸福的,我们曾经亲炙过那古典的辉光,中国文化所孕育的无尽慧命……

(原载台北《中央日报》副刊,1990年11月25日、26日)

琐忆韩师儒林

姚大力

韩儒林(1903—1983),字鸿庵。河南舞阳人。蒙古学家。主要著述多收入《穹庐集》,主编《元朝史》。

姚大力,1949年生,上海人。曾任教于南京大学历史学系,复旦大学历史学系、历史地理研究中心,现为清华大学国学研究院教授。主要研究领域为蒙元史、边疆史。曾参与编撰了韩儒林主编《元朝史》、白寿彝主编《中国通史》等,著有《漠北来去》、《北方民族史十论》、《读史的智慧》等书。

韩儒林先生

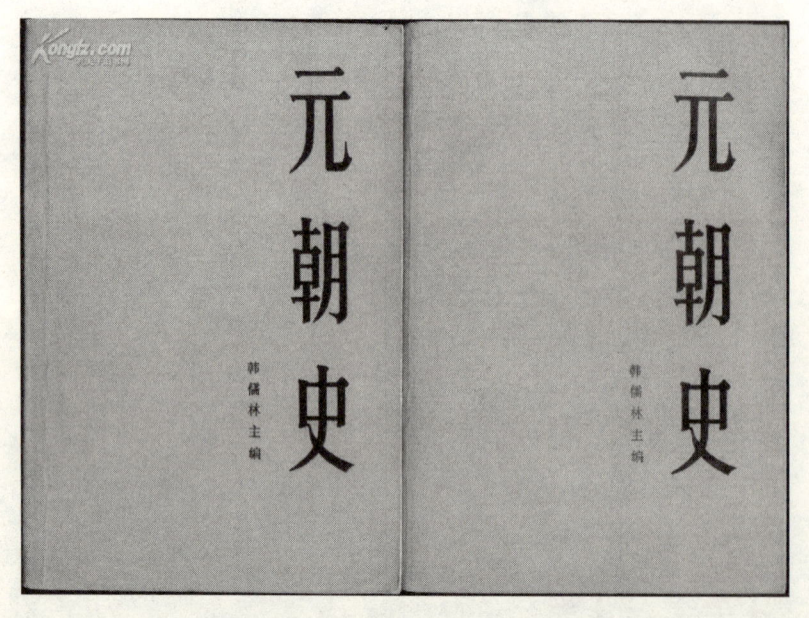

韩儒林先生主编《元朝史》书封

第一次见到韩师儒林先生，是在 1978 年南京大学研究生入学考试复试阶段的面试考场上。他给我出的口试题目，是要我谈谈成吉思汗身边有哪些大将，以及他们各自的主要经历。半个多小时面对面的口试，竟然没有在我的记忆中留下对韩先生的任何印象。主要原因大概有两点。一是当时的紧张心情像是一道网筛，把除去考试内容以外的其他临场细节几乎都过滤干净了。二是一起参加考试的其他考生的技艺让我深感吃惊。笔试结束时，偶然发现坐在我前面的一位考生正在做一张特殊的加试卷，卷面上的外文字母就像一行行排列整齐的"豆芽菜"。后来知道他是在翻译一段蒙元帝国时期的阿拉伯文史料。另一位考生则在与我一起离开考场时大谈藏缅语和壮侗语之间是否有"发生学"的关系。一种强烈的自惭形秽的感觉，可能也无形中抑制着我对那日情景的回忆。

幸运的是，我还是考上了韩先生的研究生。从云南到南京入学的第二天晚上，我去他的家里做礼节性的拜访。那时他已经从"文化大革命"时栖身的地下室搬回从前住的小粉桥五号那幢小楼。不过当时还只有底层的两个房间以及一间狭小低矮的三层阁归他家使用；二层楼仍然被另一位教师占用着。

盛暑虽已过去，南京依然闷热异常。我们就从这个话题谈起。韩先生说，夏天虽然又长又难过，但南京的秋天却让人非常喜欢。关于我的学业，他只是简单地说：不必急，等慢慢熟悉起来，大体上找到在蒙元史这个大领域里自己的兴趣究竟在哪些方面，再商量一个长远一点的计划。坐得不久，我便起身告辞。他把我送到楼前的小园子门口,站在那里看我离去,把胳膊抬到差不多与肩膀相平,不住地挥动手里的大蒲扇。

直到今天,我依旧清楚地记得在朦胧的夜色中逐渐淡去的他那熟悉的身影。他并不健谈,言行举止像他的文章一样朴实;提起韩师母,他略带河南口音地称她"我老伴儿",这时你甚至会觉得他有一点乡土味。他很平易,不过似乎又不那么容易与他接近。在跟着他读元史的随后五六年里,对韩师的了解越来越多,但是它始终没有改变我对他的最初印象中的这一层"底色"。

在研究生学习期间,听过很多老师的课,正式在课堂上听韩师讲课的机会却不多。他只是在由元史研究室的老师们集体开设的"元史研究专题"这门课程里为我们讲过两个题目,一个是元史研究的目录学,另一个是中国北方民族史研究中的审音与勘同问题。我们主要通过元史研究室内的自由讨论接受他耳提面命的指导。虽然学校不实行坐班制,但在我就读硕士研究生的三年中,韩师只要没有外出开会,几乎每天上午都会来元史研究室;研究室的其他老师也都如此。因此,在这个不大的集体里,差不多每天都有自然而然地形成的互相交流研究信息和新见解的讨论会。从国内外新近出版的著作或论文、各人正在酝酿的研究课题,到对某一个学术观点的辨证,甚至某一条史文的勘误,每一个话题都让我们这些初学者感觉新奇、有趣,又有点应接不暇。慢慢地,在老师们的鼓励下,我们也壮着胆加入到讨论中去。虽然所发表的意见可能大都还很粗浅,但是参与使我们的学习和理解都变得更有主动性,也更加有效率。在他逝世前的最后一年多,因为身体不好,韩师来研究室的次数减少了。

不过,上午的自由讨论作为研究室的一个不成文的制度还是被长期坚持下来。

从这些讨论会中,我学到的东西真是太多太多。它使我越来越真切地懂得,在论文中被作者完美、成熟地表达出来的那些一得之见,必须靠数量上巨大得多,但也许还不那么成熟和完善的见解或思考来撑持,才可能形成;就像浮出水面的那一角冰山由水面下比它大七八倍的冰块所支撑一样。自由讨论使我们有机会了解老师们心中正在形成和调整的那些看法,了解高水平的研究工作是如何在逐次逼近历史真相的认识过程中展开的。有些见解甚或猜想,虽然尚欠成熟,但还是会给我们非常有益的启发。当然,过分热衷于发表的写作活动,却又像漂浮在水面上的气球,难免轻薄无根的性格。韩师很欣赏"只问耕耘,不问收获"这句话;他强调慎于发表,对学问持敬畏之心。他的身教和言教,对后学是一笔可以从中终生受益的精神财富。

现在回忆起来,当年最令人怀念的事情,就是这些不拘形式的学术讨论会。韩先生往往到得比我们稍晚一些。听见熟悉的脚步声从门外的走廊传进来,我们总是习惯地从各人的座位上站起来,在紧靠墙边书橱的狭窄过道上为他让出一条路。他一边和大家打招呼,一边走向靠着南窗的他的写字台。在他稍稍翻检一下当天新收到的邮件后,讨论就很自然地由某人提出的一个问题开始了。即使是在这样的场合,韩先生的话也不算很多。但他总是说得很到位,指出有关本问题已有过哪些重要的研究成果,阻挡着我们进一步认识它的主要障碍又是什么。言谈之际,他经常会顺手从书架上抽出一本书,无论英文的、德文的、法文的、俄文的,或者是蒙文的、藏文的、波斯文的,熟练地翻到需要引证的地方,取下眼镜,把书凑到眼前,习惯性地伴着喃喃之声默读起来;接着,他就轻易地用相当流利的汉语将它口译出来,作为他的观点的依据。在这样的时候,有谁还能不从心底里钦佩他渊博的见闻与学识?在他身上,朴实无华和博学精思两者确实是十分自然、和谐地被融合于一体。

韩师又是一个性格含蓄的人。他的循循善诱,他的严厉与和蔼,都带着含蓄的色彩。

80年代初,历史人物的评价仍然是史学研究中一个颇受人关注的话题。有一个高年级的本科生跑到元史研究室来,问韩先生对历史人物评价有什么看法。韩先生在60年代也曾经写过评论成吉思汗、耶律楚材等历史人物的论文。虽然多少受到当日意识形态的影响,但他的论文主要还是力图透过这些个人的历史选择与独特经历去把握那个时代的一般特征和走向。它们应归属于从那个"火红的年代"留下来的少数至今仍具有学术价值的史学研究论著之中。尽管如此,韩师不大提倡轻易地将历史人物拿来做文章。他是怕初学者按八股式、"政审"式的腔调依葫芦画瓢,走歪了路子。不过他当时并没有把这个意见直截了当地说出来。他对那个学生说:"关于这个问题,古人老早就讲过很好的看法。"他叫他回去读一读《四库全书总目提要·史评类》的序说。他们的谈话结束后,我连忙按韩先生的指示去查阅原书。发现那段话说:"至于品骘旧闻,抨弹往迹,则才翻史略,即可成文,此是彼非,互滋簧鼓。故其书动至汗牛。"原文批评的,固然是史学评论中的浮泛之作,移用于教条式的历史人物评论,也是完全贴切的。儒林师的表达方式虽然委婉,他的意思却是再清楚不过了。

我没有见过韩先生发火,但你还是很容易从他脸上看出他的不高兴。有一次他走进研究室,一眼见到阅览桌上摊着一本无人阅读的书,如果记得不错,大概是谢再善的《蒙古秘史》汉译本。他径直走到桌边,将书本合拢,准备把它插回书架上去。当发现这本书残破不全的封面只有一小半与快散开的书脊相连的时候,韩先生的神情立刻严肃起来。他指着书问我们:"这本书是谁在看?封面都快要掉下来了。这个屋子里的书,我们用了一二十年。学校图书馆曾经派人来清点过几次,从来没有掉过一本、损坏过一本。这在学校图书馆都是出了名的。现在你们进来了。希望你们也懂得爱惜它们。因为在你们以后进来的人,还需要使用这些书。读书人应当知道爱书,这是最起码的。"说着,他顺手拿一张旧报纸,把那本书包起来,放到自己的办公桌上;临走时把它一起带走了。两天后,仍然是用那张旧报纸包着,他把这本书拿回研究室,并且一声不响地把它放回到书架上。后来我们发现,他已经用牛皮纸为这本书重糊了一个封面。

　　元史研究室藏书的基础,是当年为了替谭其骧先生主持编绘的《中国历史地图集》绘制古代蒙古地区历代图幅的需要,由韩先生带着他五六十年代的学生们,从学校图书馆里选调出来的宝贵资料。那时候,"杨图组"领受的是"毛主席交给的任务"。元史室扛着这根金字令箭,毫无困难地将学校图书馆内有关元史及北方民族史的汉文史料和研究书刊,以及原中央大学图书馆收藏的有关东方学的大批西文、俄文与日文书刊,几乎全部搬进了元史研究室。很多参观过元史室的学者都说,在这里做研究生,比在别处学习元史,起码可以节省一年到处搜访书刊资料的时间。我们是在韩师和其他老师的言传身教下,才逐渐懂得应当如何去珍惜这种优越条件的。

　　除了读书以外,韩先生似乎没有什么别的特殊的生活爱好。不过他时而也会关注到、甚至去参与对学生们来说正饶有兴趣的那些琐事。只有这时候,你才可能透过他一贯的矜持,辨认出他性格中那种深层的率真。当时我有一个漂亮的签名本,在有机会与那些著名学者接触时,总要请他们为我签名留念。有一次陪同韩师到上海参加中国历史地理学会的年会。我拿着这个本子到处找名人签字。看见我那副紧张的样子,韩先生说:"你不如把本子给我,由我在合适的场合代你请他们签名。"几天后,他把签名簿还给我,一面还笑着说:"还是我的效率高。你看,你点的那些名人已经被我一网打尽了。"替我签名的人中间,有个别人是我不太了解的。韩先生一听我还没有听说过他,马上认真地补充道:"这个人的学问可好了,明天我来介绍你认识他。"近二十年前在上海延安饭店的这一幕,是我对韩先生最为难忘的记忆之一。

　　30年代后期从欧洲游学归国,韩师进入天主教会学校辅仁大学教书。这所学校是当时日据北平城内的一个文化孤岛。韩先生后来回忆说,每天晚上,教授们经常不约自来,聚集到坐落在半地下室里的阅览室中,通过西方传媒了解中国和世界的时局。有人收听英美电台。陈垣先生则喜欢听人口译西文报刊上的最新消息和时评。有一次,张星琅先生喜滋滋地走进阅览室,压低了声音对在场的人说:"今天我去城里,听见卜卦先生说,日本人久不了了。"虽然没有人会认真对待算命先生的这个预言,那个晚上,大家毕竟还是因为聊觉欣慰而好过不少。

就是在这种气氛中,韩先生或许是把太多的对现实的愤慨带进了他讲授的匈奴史的课堂。这时他收到当时很著名的一位日本汉学家辗转递送到他手里的一张名片。大家都觉得此举隐含威胁恐吓的意义。这件事最终迫使韩先生下决心接受顾颉刚的邀约,举家迁离北平,转道前往昆明,又从昆明到重庆华西大学任教。

韩先生去世后,为了编写关于他的生平材料,我们从他家里借阅了他在解放后填报各种政治审查表格时留下来的底稿。50年代初,在回答他当年从北平远走西南"有何目的"的那一栏时,韩先生写的是"张个人地位"一句话。为什么他会这样回答?这个问题曾使我久惑而不得其解。

也许他觉得对那张名片所蕴含的信息已无法确凿举证,因而贸然以"受日寇威逼"来解释他为什么要离开辅仁,有点像往自己脸上贴金。但为了这个缘故而不惜贬损自己,毕竟还是不太符合常理。我以为他的苦衷,也许是为避免如实的回答便可能进一步招致的两个更难以说得清的问题:既然受到日本军国主义的威胁,为什么不与它坚决斗争而要逃离北平?既然要离开北平,为什么不是投奔抗日民主根据地,而要跑到国民党的大本营去?现在看来,提出这样的问题简直是荒谬的。可是在那个革命激情高涨的年代,人们对如此"追根刨底"式的质问绝不会感到不可思议。尤其关于后一个问题,在"蒋介石反动政权"的历史合法性完全丧失的政治背景下,"延安还是西安"的选择所反映的,是一丝容不得含糊的根本立场问题。与它相比,"个人思想意识"问题虽然也是缺点,但在性质上就远不如立场问题那么严重了。

在有关"社会关系"的个人材料底稿内,韩先生提到了法国著名学者伯希和。在"你与他的具体关系"一栏里,他写道:"他是我在法国学习时的老师。我治元史的这一套方法,就是从他那里学来的。"有趣的是,显然是写完这句话以后,韩先生在"方法"一词之前又加上"资产阶级玩古董的"一词,用一个圆括号和下划线将它插入原句中。韩师一生对他所驾轻就熟的东方学传统中的实证方法至为珍爱。"文化大革命"里,说他是"国民党特务"、"资产阶级走狗",他沉默以待。可是当他的一个学生当众打了他一记耳光,斥责他"有什么学问?只有假学问"的时候,他难过得当场流出了眼泪。当年这种自我批判的用词,似乎很难说就没有言不由衷的成分。

我这样说,丝毫不暗示自己对韩师有任何不敬重的意思。我们没有理由怀疑经历过 40 年代末糜烂性政治腐败和经济崩溃的一代人当初赞同和拥护新制度体系的真诚。参与和投入一个崭新时代的急切愿望,使他们自觉不自觉地力图"忽视"思想深层那些与这个制度体系及其意识形态并不和谐的观念、看法及其意义。这是一种真诚的妥协;通过妥协去认同新制度体系,同时也被新制度体系所认同。我们曾经一次次地为这样的真诚付出过太多太沉重的代价;但这一点并不能成为我们怀疑受害者们的真诚的理由。出于"为尊者讳",任凭中国当代思想史的这些宝贵资料散失,是不负责任的态度。而自以为据此就可以对前人非难讥诮,则适足暴露议论者本身的妄自尊大与完全缺乏历史感的轻薄而已。

从 1955 年起,他就兼任中国科学院社会科学部的学术委员。长期享有的崇高学术地位,好像一直在磨砺他谨慎、谦虚的作风。他每次讲课,总是要准备新的讲稿。韩师母曾经笑话他说,韩先生每次备课必定要直到"最后一刻";有时甚至出了房门又匆匆赶回来,为了重新查对一两条资料。在 1965 年奉调北行,去担任内蒙古大学副校长前,他写过一首诗。诗里说:"滥竽南大廿二年,诬枉岂止人三千。""北国此去期寡过,故人勿惜药石言。"语辞虽然夸张,还是反映出他对教书育人深怀敬畏、不敢稍有怠慢的真实心情。

他生前亲自编定的论文集《穹庐集》由上海人民出版社出版,共三十二万字。而他去世后由江苏古籍出版社出版的《韩儒林文集》则有六十三万多字。旧稿中被他自己删削的有将近一半。在《穹庐集》的出版过程中,韩先生的病已经很重,由我负责代他一遍一遍地看排印出来的小样。他不止一次叮嘱我:"年轻时鲁莽,不知天高地厚。对屠寄等人批评起来没有分寸。遇到这种地方,一定要改一改。"

对元史界比他低一两辈的学者,他都以朋友相待。有时他会用很特殊的方式表示对他们的赞赏。例如他曾经这样讲到原北京大学历史系教授张广达:"人要有学问,就要先被打成右派,像广达那样。叫你万念俱灰,只好埋头读书。"他主张我们多跑北京、内蒙,去向他们请教。他说:"清朝的读书人,要想有学问,就得做上一两任京官,在北京长见识、见世面。所以你们也要经常去做做'京官'。当然,学蒙古史,还得去内蒙学习。"

那些年里,为了修改《元朝史》,编撰《中国大百科全书》、《中国历史大词典》有关元史的词条,我有许多机会看到韩先生与这些比他年轻的优秀学者在一起讨论学问。在这样的场合,他们之间的师生辈分的差别好像真的消失了。互相间对不同的看法直言无讳,毫无保留。在他们中间,韩先生也变得年轻了。这是从乾嘉学派流传下来的有生命力的传统之一。中国元史学界长期保留着这个宝贵的传统,韩先生是有倡导之功的。

很少会有这样的导师:他让他的学生觉得时时在受着他的影响,同时又让他觉得他们之间的多年相处是那样纯粹恬淡,以至于想不起多少生动的事情可以回忆。韩师就是这样的一位导师。

这就是在我心中一辈子不会忘怀的韩先生。

(原载《百年》第 6 期,1999 年 11 月)

一个人的学问、信仰和作为
——埋在我心中的李何林先生

王得后

李何林(1904—1988),鲁迅博物馆馆长,鲁迅研究室主任,北京师范大学中国现代文学博士研究生导师。著有《鲁迅论》、《近二十年中国文艺思潮论》、《中国新文学史研究》、《关于中国现代文学》、《鲁迅的生平和杂文》等。

王得后,1934年生。著有《两地书研究》、《鲁迅心解》、《鲁迅与中国文化精神》、《鲁迅教我》、《鲁迅与孔子》,杂文集《人海语丝》、《世纪末杂言》等。

李何林先生

1988华11月22日上午,在北京八宝山革命公墓大礼堂举行的向李何林同志遗体告别仪式礼成之后,先生的长公子李豫、二公子李云以及张杰和我,护送先生遗体到火化堂。我最后一次这样亲近他,抬着他移放在火化车上。着意看看他的脸,看看他穿的中国式的新布鞋,以注目礼送他进入火化炉。下午三点,我们把先生的骨灰安放在八宝山革命公墓骨灰堂东七室。骨灰盒上覆盖着中国共产党党旗,盒前是周耘精心布置的花圈。

先生终于在这里安息了。

直到先生谢世,我才懂得,在中国,在现在,不但做人,就是做鬼,也还是一级一级制驭着。办丧事有那么多学问,那么多世故。要看那么一些人审核级别的眼光,要听那么一些人质询级别的电话,末了告诉你以什么什么名义送一个花圈,或者什么也不告诉你。我这时才感到惭愧,感到辜负了先生连花圈也不要的遗愿;也惭愧未能领会师母王振华先生的嘱咐。鲁迅的"赶快收敛,埋掉,拉倒"的遗嘱,又一次啮噬着我的心,而"不要做什么关于纪念的事情"的遗嘱,照例也还是做不到。

先生是埋在还活着的我的心里了。我可以不制挽联,不介入这传统的斗法场,可我不能不说到他,我不知道先生可曾想过,可愿意在他身后我来说他?虽然我们一直瞒着先生已经确诊他患的是转移性骶骨癌,他心里大概早已猜出来了。1987年7月,是先生自己要求再次住院的。而且入院不几天,就提出要自己写讣告,他怕别人不理解他,他怕别人写下过誉溢美之词。这,我是熟悉的,鲁迅说过:"文人的遭殃,不在生前的被攻击和被冷落,一瞑之后,言行两亡,于是无聊之徒,谬托知己,是非蜂起,既以自炫,又以卖钱,连死尸也成了他们的沽名获利之具,这倒是值得悲哀的。"(《忆韦素园君》)我还说什么呢?

他没有见过鲁迅。

他从来没有说过,他是鲁迅的朋友的好朋友。

当鲁迅被"围剿"的时候,他编了一本《鲁迅论》。这是我国研究鲁迅的第三本专书。

书一出版,鲁迅就注意到了。并且"舒愤懑",给川岛写了这样一封信:"现状是各种报上的用笔的攻击,而对于不佞独多,搜集起来,已可以成一小本。但一方面,则实于不佞无伤,北新正以'画影图形'的广告,在卖《鲁迅论》,十年以来,不佞无论如何,总于人们有益,岂不悲哉。"三年后,姚克翻译鲁迅的评传,问及一些资料的时候,他还记得这本书,回答说这书中恐怕会有一点。

但是鲁迅别有他的眼光,他的视角,他并不满意于这本书,认为"都是峨冠博带的礼堂上的阳面的大文,并不足以窥见全体"。他想"另外搜集也是'杂感'一流的作品,编成一本,谓这《围剿集》。如果和我的这一本(《三闲集》)对比起来,不但可以增加读者的趣味,也更能明白别一面的,即阴面的战法的五花八门"。鲁迅没有编成这本书。后人曾经编过,可删而又删,终于等于未编。今日80年代的青年,已确如鲁迅所预言,"到底莫名其妙"了。我知道,李先生对此曾感到暮年的寂寞。以至于在纪念鲁迅逝世五十周年的学术研讨会上,面对青年,保持沉默,这在他是罕见的。我也知道,在他沉疴不起,声音已失而神智尚清的日子里,每有同志、朋友、学生探视,必亢奋而泪流满颊,那是他的身体已容不下他的充实而胀痛的心了。

他只给鲁迅写过一封信,没有要求答复;说是可以回信告诉他的朋友曹靖华。鲁迅说这是一篇"文章"。在给曹靖华的信里说："有人寄提议汇印我的作品的文章到作家社来,谓回信可和兄说。一切书店,纵使口甜如蜜,但无不惟利是图。此事我本想自办,但目前又在不决,大约是未必印的,那篇文章也不发表,请转告。"这是1936年5月间的事。所说"本想自办",早在这一年2月致曹靖华信中谈过:"回忆《坟》的第一篇,是一九〇七年作,到今年足足三十年了,除翻译不算我,写作共有二百万字,颇想集中一部(约十本),印它几百部,以做纪念,且于欲得原版的人,也有便当之处。不过此事经费浩大,大约不过空想而已。"事实证明,这确不过一个空想,虽然鲁迅自己手订了两种目录,每种确实是十本,有一种还拟了三个耐人寻味的题目:"人海杂言","荆天丛笔","说林偶得"。

"心有灵犀一点通。"迄今有案可稽的,当时的中国,只有这么一个青年和鲁迅做着同一个梦。他想到,这是应该纪念的三十年。这是必然的。学问成了信仰。自从编辑《鲁迅论》以后,鲁迅已然是他生命的一部分了。只要让他教书,他就讲鲁迅。他一讲鲁迅,就得罪当局,就遭到解聘。他只好到焦作工学院,到太原国民师范,到太原师范,到济南高中,到北平中法大学,到处奔走到处流徙。可是一旦受聘,明知有饿饭的危险,他依然讲他的鲁迅,夫子之道,一以贯之。中国知识分子罕见的特操,就是这样的。他写这信或这文章的时候,正在济南高中。那时的一位学生,后来是中共安徽省顾问委员会副主任的兰干亭同志,1987年春得到李先生已患转移性骶骨癌的消息之后,"又惊又急,心绪难安!"4月初专程来北京探视。5日在北京肿瘤医院畅谈了近一个小时。辞别时一再躬身握手,劝李先生安心治疗,还说要再来探视。谁能想到,第二天却突发脑溢血,抢救无效,溘然长辞,先老师而去。他在动身来京前的信里说:"德厚同志,我自称李老的学生,一则,由于何林同志是我青年时候(十七至十八岁时)在中学念书,听过他两年的'国文'课,他是引导我开始接受马克思主义思想的真正启蒙老师,也是我参加'一二·九'学生运动的精神上的鼓舞者：我听他'讲课'时间不足两年，但我那时受到的文学的和社会科学的启发、影响，决定了我以后选择的革命道路，我当他学生时甚至同李师在课堂以外没有什么接触、交往，然而他给我留下了终生不忘的师德。"——李先生在他亲自写的讣告中说："六十多年来，为党为祖国培养了一大批中国现代文学和鲁迅研究人材。"事实是，何止限于做学问的小圈子呢？当一个人把自己研究的学问化作改造中国的信仰，并且身体力行的时候，无论大小，他也就像鲁迅心中的太炎先生那样："并非因为他是学者，却为了他是有学问的革命家，所以直到现在，先生的音容笑貌，还在目前，而所讲的《说文解字》，却一句也不记得了。"

鲁迅逝世以后，他活了整整五十年，半个世纪。他晚年在鲁迅研究室的会上抨击一些腐败现象时，不止一次冲口而出：有什么可怕的！我死都不怕，活够本了！

这是的确的。他一生保持着无所畏惧的作风和性格。事关鲁迅，与人论辩，旗帜鲜明，不顾个人利害，挺身而出，所指虽大报，教授，名公巨卿，顶头上司，几十年的老朋友，毫不宽假，而对于青年却几乎从不指名道姓地形诸文字。

请随便翻翻《鲁迅先生纪念集》。当鲁迅逝世，举国震悼，回忆、痛惜、赞誉的文字纷纷扬扬的时候，他却犀角烛怪，接连发出两篇反击论敌，为鲁迅辩护的文章，一是《叶公超教授对鲁迅的谩骂》，一是《为〈悼念鲁迅先生〉——对大公报"短评"记者及其侪辈的愤言》。这在全国，在当时，大约不是绝无仅有，也却是十分罕见的吧？

在《叶公超教授对鲁迅的谩骂》中，有一个重要的观念，是他尤其不能容忍"专一攻击"不能还手的"对象"，是他不能容忍对于死者的谩骂和污蔑！

在李先生，辩护鲁迅，就是辩护自己的信仰；捍卫鲁迅，就是捍卫自己行为的准则。鲁迅活着，有他自己如投枪如匕首的金不换，鲁迅死了,不能还手了,他自觉地、义不容辞地担起了这一分道义。而且五十年如一日,毫不懈怠。他晚年八十多岁高龄,一目失明,一目仅存零点一的视力,读完一部642页的长篇大作,依然一笔不苟、方方正正地写出《为鲁迅冯雪峰答辩》的万言书。

鲁迅曾经叹息:"中国一向就少有失败的英雄,少有韧性的反抗,少有敢单身鏖战的武人,少有敢抚哭叛徒的吊客;见胜兆则纷纷聚集,见败兆则纷纷逃亡。"李先生可以说是这样的少数中的一个。最可宝贵而启发后人的是,无论他自觉还是不自觉,有意识还是无意识,他事实上是在某种范围某种程度上冲击了在国共两党斗争的框架中认识鲁迅、评价鲁迅的一个老人。国民党统治时期,大报和教授攻击鲁迅,他起而辩护;共产党执政以后,党的要员、老党员出言不公,他依然起而辩护。他并不以某些人的"组织观念"统率他关于鲁迅的学问和信仰。他更遵循"共产党是为民族、为人民谋利益的政党,它本身决无私利可图"的准则。

曾经有过红头文件,禁止在报刊上发表有关鲁迅的几次论争的文章。这通知还特别送到了鲁迅研究室,送给了李何林同志。不知怎么一回事。一个名闻全国的大学,在这文件之后,在它的学报上发表有关文章了。李先生就在一次会议上问一位主管的副部长,他们发了文章了,我们也可以发吧?于是他也发他的了。李先生的一位几十年的前辈老朋友,在"浩劫"时期逢八十大寿,悄悄地办一次祝寿宴会,只一桌人,李先生是从天津到北京来祝寿的一个。粉碎"四人帮"以后,大概既有时代的预感,又有积久的气闷的抒发,又因高龄而有些事情记不清爽等诸多因素的综合,这位前辈老朋友又是发表答问,又是发表文章,一面谈研究鲁迅的原则,一面要"澄清"一些事实,颇为热闹。事有凑巧,正值《鲁迅研究资料》第4辑校样来了,照例要有几则《补白》。李先生竟然写了一则《鲁迅研究中也有"两个凡是"吗?》,并署上青年人多半不知道而老朋友一看就明白的在旧社会用过的"昨非"这名字。记得研究室的人见了还窃窃发笑:

李先生也写《补白》还用"笔名"！这在李先生是很认真的。后来编自己的《选集》，就把这则《补白》也选了进去。而许多做学问的长文倒割爱了。

最后就是那篇《为鲁迅冯雪峰答辩》了。五十年的开头是这样的答辩，五十年的结束还是这样的答辩。加上鲁迅在世的十年，一共六十年，恰好一个花甲。他告别这个人世时说："驳斥了鲁迅生前和死后一些人对鲁迅的歪曲和污蔑，保卫了鲁迅思想。"的确是这样过了一辈子。他的心地是坦诚的。他一生的作为表明他是一个勇者，一个鲁迅所赞颂所期望于中国的"勇者愤怒，抽刃向更强者"的勇者。他不随风使舵，不看人眼色，不怕说出人不乐闻的逆耳之言，不怕做出人为他安全利害担忧的行动。1976年春，他刚调任北京鲁迅博物馆馆长兼鲁迅研究室主任，就带我去北京师范大学看望还未平反的黄药眠、钟敬文教授；不久又带我去北医三院探视尚未解禁的胡风。他逝世了，诗人吕剑在唁函中附来一首作于1976年春的诗《故人（寄何林）》，说："当有人以睥睨的目光／投向我们的时候，／只有你；／当有人恨不得越远越好地／避开我们的时候，／只有你；／当有人为了邀功而对我们／落井下石的时候，／只有你；／当我们真正尝到了所谓／'世态炎凉'的时候，／只有你；／是的，只有你，／来叩我们的门，／走进我们窄而霉的屋子，／坐到我们的床沿上，／把温暖的手递给我们，／亲近我们幼小的一代，／并且饮上我们一杯开水。／是出于怜悯吗？／当然不是；／你也知道，若是怜悯，／我们也决不会接受。／而且，我们也并非不明白，／这要冒着各种多大的风险——／我们曾经是'罪人'，／中伤的流言，株连的恶运，会兜头罩落你一身，／但你却竟不放在心上。／人的感情，／有时眼泪也是无法表达的。／最大的信任才是爱，／却又用不着多费言辞。／不错，我读到了／你的正直和坦荡，／你的境界和情操。"平常我不喜欢个人的作品打着"我们"的旗号，读这首诗，我却感到这"我们"用得有多好。南开大学中文系的同志和李先生一道渡过"文革"浩劫，唁电中说他

"非常时期不改常态"。只有活在这风风雨雨的时代，守着虽覆能复的人们的人，才能估量李先生这心性的价值。只有看到李先生辩护鲁迅的文章，看到他对待非罪而遭冤的人们的态度，才了解他的"保卫鲁迅思想"的涵义。

李先生一生"保卫鲁迅思想"，尤其晚年，独立不倚，力抗潮流，人多以为他固执，甚至僵化。其实，他的思想始终是活泼的。在学术领域，他从不把自己的观点强加给人。对于青年学生的不同意于他的见解，不仅包涵，而且多予鼓励。他答复青年求教的信，他做学术报告，他串讲鲁迅作品，用得最多的一句话是：这是我的理解，不一定对，仅供参考。这不是作谦虚状，他是真心诚意。他以主编身份审定我们执笔的草稿，还要说明"草草看完，随手改了一些，不一定对；不对的可以再改回去，莫介意"。他的博士生王富仁同志的博士论文所突破的过去研究《呐喊》、《彷徨》的框架，无疑也包括李先生所熟悉和主张的在内，但是他全力支持通过这篇论文，并给予了高度评价。他并非如善意嘲谑那样，是因已经高龄八十多岁而糊涂了，被王富仁糊弄过去了；他正是看出了王富仁"不只是从社会政治意义上来评价"《呐喊》、《彷徨》，才"在鲁迅研究界开辟了一片新天地，是颇有创见的"。在"评语"最后，他还要特地声明："这是主要由于作者多年独立钻研业务和学习马列主义毛泽东思想的结果，导师的作用是很小的；这是实情，不是谦虚。"这样支持和鼓励引起巨大争议的博士论文的创见，能够出自一个固执的老人么？

没有想到，1983年3月李先生把一位作者写给他的信换了一个抬头发表在《鲁迅研究动态》第4期上，竟闯了一个不大不小的祸，和另一篇文章一起在"清除精神污染"的大潮突然袭来的时候，险些受到清除。问题闹到将刊物呈报上级审查判断不了了之而后止。这大概是因为正直的人都心里明白，李先生同精神污染是扯不到一起的。

这封作者来信之所以惹恼人,是批评了"有些人'靠'研究鲁迅成名成家,写文章,拿稿费,追名逐利,而实际为人,却与鲁迅走相反的路,无'人'气,无'骨'气"的所谓"'吃'鲁迅"的现象。

事发之后,我百思不得其解,这恼恨从何而来?李先生从1929年开始,以《鲁迅论》、《中国文艺论战》"成名成家",他读到这封信不仅不恼,而且拿来公开发表,可见他的潜意识里连一丝一毫"'吃'鲁迅"的念头都没有。

其实,提出"'吃'鲁迅"的问题并不算辱没了鲁迅研究者。我曾暗想,假如出一个题目,要我们搞鲁迅研究的人都写一篇关于鲁迅的《吃教》的文章,大概不会有人写驳论的吧?一定是这样的。鲁迅说:"耶稣教传入中国,教徒自以为信教,而教外的小百姓却都叫他们是'吃教'的。这两个字,真是提出了教徒的'精神'也可以包括大多数的儒释道教之流的信者,也可以移用于许多'吃革命饭'的老英雄。"我们都会认为鲁迅写得正确、深刻、犀利而精辟吧?来点杂文的美感,还会觉得"不亦快哉"呢!

鲁迅研究者是不信教的,耶稣教、儒释道教和我们不相干。"吃革命饭"相当普泛,盖自革命胜利以后,有几个人不自以为革命的?缩小一点范围,联系鲁迅在《对于左翼作家联盟的意见》中对于文学工作者"不要像前清做八股文的'敲门砖'似的办法"的劝告,就逼近于我们自身了。倘再直白一点,问一个"有没有'"吃"鲁迅'"的人的问题,我们谁敢写一个保证说"没有"?

事实上,"有"是正常的。这才是人间:一个"没有"反倒出奇得令人不能相信。鲁迅后来对于五四时期《新青年》的战友多有尖锐的批评,多次提出"敲门砖"的劝勉,不正因为他身历其境,感慨良多么?中国的知识分子常把自身看得太高,把庸众的力量看得太轻,把官僚看得太坏。其实,中国历史上官的出身不都是"士"么?今日的官也大多是昨天的知识分子。而庸众的言行不仅影响及于知识分子，不仅令许多知识分子追逐效法，并且有甘心情愿做他们的代言人的呵。鲁迅研究者正是知识分子中的一小部分。大河不干净，小河干净得了么？自然，小河都干净了，大河也终将干净。世事并非一无可为。

李先生一生幸逢五四文化革命，真诚地接受了洗礼。第一次国内革命战争兴起，投笔从戎，参加北伐战争，参加八一南昌起义，参加霍邱暴动；失利而后，转战文学战线，以研究鲁迅开始，以研究鲁迅终结。六十年间，两次险遭暗杀，奔波海峡两岸，南北东西几无宁日，但以鲁迅的是非为是非，以鲁迅的爱憎为爱憎；融学问与信仰于一身，夙兴夜寐，力行不衰。诚然，他心中的鲁迅形象，带着他个人的主观色彩，其中包括时代和社会潮流通过他所产生的折光，难免白圭之玷，出现失误和偏至。但这是每一个鲁迅研究者所难免的，也是一切历史科学人文科学的研究所难免的。可贵的倒是：一个人能把自己的生命投入有益于人我的工作，一个知识分子坚信自己的学问，化为信仰，用以待人接物，随手做点有益于社会的改革，不做"做戏的虚无党"。那么他无论大小，我以为都是伟大的。

1988年12月16日于安贞里

（原载王得后《垂死挣扎集》，中国文联出版社，2006年）

一片冰心在玉壶
——怀念潘景郑先生

沈 津

潘景郑(1907—2003),江苏吴县人。著有《说文古本再考》、《日知录补校》、《词律校导》、《词选笺注》、《图书金石题跋》、《寄沤剩稿》等。

沈津,1945年生,哈佛大学哈佛燕京图书馆工作,任善本室主任。现已退休。著有《书城挹翠录》、《美国哈佛大学哈佛燕京图书馆中文善本书志》、《翁方纲年谱》、《顾廷龙年谱》、《中国珍稀古籍善本书录》、《书韵悠悠一脉香》等。

潘景郑先生

潘景郑先生著《著砚楼书跋》书封 　　潘景郑先生校订《汲古阁书跋》书封

2007年是著名古籍版本目录学家潘景郑先生诞辰一百周年。回想30年来从学潘先生的往事,历历在目。2003年11月,我自美返沪探亲,在飞机上即在想,找个时间去探望胡道静先生和潘景郑先生。因为前一年的差不多时间,我也是在一个下午的雨天,先看胡先生,再去看潘先生的。他们两位都住在虹桥,所以顺道。可是,我到沪的次日清晨,在和上图旧日同事通话中,却意外地获悉胡先生已在一个多星期前仙逝,而潘先生也在两天前御鹤西归。这对我来说,实在是意想不到的事。对于潘先生,我自1990年离沪去港赴美后,每年返沪,都会去拜见他,有时还会打个越洋电话去问候致意。每次见到先生,大多是卧床,由于家都夫妇的精心照料,所以先生的饮食睡眠都算正常,毕竟是九十多岁的老人了,以静养为上。然而先生在9月15日却因一场感冒而入医院治疗,两个月后,又因肺部感染而衍发重症,医治无效,于11月15日溘然长逝,终年97岁。

潘先生追悼会前的一天,我约严佐之教授见面,在饭桌上,我们都对潘先生的去世表示惋惜。我说,潘先生这一走,就意味着30年代成名的中国版本目录学家凋零殆尽。因为在此之前,70年代王重民、王大隆先生,80年代赵万里、周叔弢、瞿凤起先生,90年代又有顾师廷龙先生,就连50年代成名的冀淑英先生也在潘先生之前走了。

光绪三十三年(1907)8月10日,潘先生生于苏州的一个书香门第中。潘家,其先于清初迁至苏州,乾隆时,始以科第贵显。高祖潘世恩,由翰林院修撰,官至太傅、武英殿大学士,赐谥文恭。曾祖潘曾玮,官兵刑两部郎中。祖父潘祖同,为钦赐进士、翰林院庶吉士、封光禄大夫、户部侍郎加三级。父亲潘亨谷,为光禄寺署正、附贡生。然而先生家世虽属簪缨,且一族中有35人金榜题名,既有一甲一名之状元公,也有一甲三名之探花郎,但潘先生的一生却行同寒素,早已忘其为仕宦之裔了。

潘景郑先生,原名承弼,字良甫,号景郑,又号盍斋,别署寄沤。幼承庭训,颖悟夙成,雅嗜图书,博通经史。谙音律,精词曲,长于鉴别、训诂、考证之学。他的学问除了自己的努力勤奋外,是有所师承的。老师就是国学大师章太炎、词坛宗师吴梅。潘先生尝说:"弱冠以还,略识为学之径途,余杭章师,诏示经史之绪;霜厓吴师,导游词曲之门。"

什么事情都得讲缘分,潘先生能成为章门弟子中的佼佼者也是有缘。1931年春,二十五六岁的潘先生为研究《说文解字》而校理沈涛之《说文古本考》,被同盟会的前辈李根源先生看见,极为赞赏,以为年轻学子能有如此业绩实属难得,即向太炎先生推荐。章回信说:"潘景郑年在弱冠,文章业已老成,来趣吾门,何幸有是!"从此,潘先生由太炎先生亲自"昭示经史之绪",又悉心精研,尽得其奥秘,学业大进。津曾读潘先生1931年的日记,内里详载拜太炎为师之经过及叩问学问之道等事。1934年,章氏在苏州创办章氏国学讲习会,潘先生被聘为讲师。讲习会的刊物《制言》,章虽挂名主编,但具体做事负责的则是潘先生、朱季海等人。章氏去世后,章夫人汤国梨女士即率诸门生在上海办太炎文学院,潘先生则仍任教其中,直至文学院被汪伪政府强行停办。先生曾与人合编有《章太炎先生著述目录》及《后编》。

太炎先生门下弟子众多,听其课者即在500人以上,但章却非常看重潘先生。1933年11月,章太炎致潘札有云:"东原以提倡绝业自任,门下若膺、怀祖、巽轩,可谓智过其师。仆岂敢妄希惠、戴,然所望于足下辈者,必不后于若膺等三子也。""明年定当南徙吴中,与诸子日相磨礲,若天假吾年,见弟辈大成而死,庶几于心无欲,于前修无负矣。"戴震门下的弟子段玉裁(若膺)、王念孙(怀祖)、孔广森(巽轩)都是乾嘉重要学者。章氏此札可以窥见其寄希望于潘先生将来在学术领域有所成就,并对于文献学、文字校勘学等方面有较大的贡献。

苏州,山温水软,绿畴绣野,灵秀所萃,人文蔚兴,自古即得天时地理之利,故人聪物华,士民俊秀,且历代都为文人墨客荟萃之地、仕宦退隐之乡,所遗撰著之多,雄冠东南。私家收藏图书,蔚然成一时风气,其中又有著名学者专家,所藏之书多与其读书治学密切结合,故学术著作于研究贡献甚大。潘先生是藏书家,也是当代中国具有精深造诣的版本目录学家之一,他和其兄潘承厚继承了祖业,也得到祖上竹山堂藏书,并在此基础上发扬光大。

先生于版本鉴定独具只眼,功力绝非一般。先生尝自云:"余生薄祜,十二丧父,上袭先祖余荫,有书四万卷。稍知人事,颇喜涉猎,自经史子集以逮百家杂说,辄复流览,贪多务得,每为塾师所非斥,而余怡然自乐,未尝以他嗜少分其好。弱冠以还,节衣缩食,穷搜坟典,于时求备而已。秘册精椠,不暇计及。先兄泥古善鉴,与有同嗜,力所未及,辄为援手,积累二十年,藏箧卅万卷,列架插签,虽不敢自比于通都豪富之藏,然以之考览优游,无阅肆借甀之苦。"(《陟冈楼丛刊》序)又云:"学艺而外,耽嗜图书金石。才十五六龄时,便节衣缩食,有志穷搜遐方绝域,尽天下古文奇字之志。自壬戌(1922)迄丙子(1936),十五年中积书三十万卷,石墨二万通,簿录甲乙,丹黄纷披,甘老是乡矣。"

先生弱冠起即购书,随着时间的推移,经眼之书也多,赏鉴能力也随之增强。20年代后期,先生即与苏州藏书家郑邦述、徐乃昌、宗舜年、丁初园等人结识,晨夕过从,获闻绪论,纵论今古,乐谈版刻,赏析奇书。甚至与老辈藏书家角逐于书林,偶见一奇帙,辄相争取,而书贾从中居奇,互相射覆。那时先生年方弱冠,而诸老皆皤然耆彦,引为忘年之交。也正是先生通过和多位老丈的沟通交流,而获得了书本上所没有的知识和经验。先生曾告诉我说:和老辈们在一起,听到的都是闻所未闻的事。他还说,那时买版本书也有鉴定错误,没有看准的,那就会请老辈们看,想怎么会上当的,然后总结教训,以求少犯错、不犯错。先生的版本鉴定学问全凭水滴石穿之苦功,非长年累月之积淀,决达不到此一境界。如此说,是因为此门学问无捷径可走,全凭所炼就的一双火眼金睛。

1937年,日寇侵华,苏州文物备极蹂躏,狼藉篋衍。藏书家老成凋谢后,遗笈飘零,流散市廛者不知凡几。丁初园、孙毓修小绿天、莫氏铜井文房、曹元忠笺经室、顾公鲁、徐氏积学斋、许氏怀辛斋藏书相继流散殆尽。沦陷区之不少文献故家,又以生活日渐艰困,所藏珍本古籍,无力世守,也纷纷流入市肆。在抗战正酣的那个年代,以个人的力量去大规模抢救古籍善本,保存传统文化是不可能的,先生尽管衣食困迫,无复购书余力,但仍以抢救传统文化为己任,访旧搜遗,择尤选萃,尽可能地去保存一些乡邦文献、故家遗物及明末史料。先生认为中华典籍文化乃前贤精力所萃,即使一般学人稿本也应保存。如诸仁勋《后汉书诸侯王世系考》一书,此稿经乱,由嵺城流徙沪肆,鲜有过问及之者,先生独惜其文字之湮灭无传而留之。

有些稿本流入市肆,估人莫审其撰者,一时无人问津,但先生识得手笔,急欲为故人存留纪念,如吴大澂《吴愙斋先生手校说文》、宗子岱《尔雅注》残稿等。先生还曾在市肆乱书堆中,发现劳权手抄《云山日记》,粘贴在兔园册子上,先生知道是焚燎之余,购下后觅工重装。又如像陈鱣手校本《五代史补》及《五代史阙文》,既无陈氏印记,又无署款,贾人不识,先生亟收诸篋笥。有的书流入印匠之手,破碎几罹覆瓿之厄,如《姚秋农说文摘录》稿本。先生尝叹云:"锋镝余生,情怀抑郁,重以衣食困顿之际,癖嗜未解,嗟嗟吾生,徒自苦耳。"那个时期,先生在苏州还协助郑振铎搜集明清总集及清人诗文集,曾代为购得罕见本多种。先生在保存古籍方面,功不可泯。

王佩诤《续藏书纪事诗》中有一首是咏潘先生的,诗云:"滂喜斋溯收藏富,金薤琳琅旧雅园。渊博当今刘子政,玄著超超七略存。"先生费尽辛苦,多方搜集,累藏珍本数万册,均藏于著砚楼中。"著砚"者,以藏宋代王著之砚也。先生很多藏书,都有函套,红红绿绿的颜色,我曾问过先生,为什么要用这种颜色。先生笑着说:那都是用被面做的,红白喜事时,亲朋好友们送的,太多了,又没有什么用处,所以就用来糊在马粪纸上做成书函套,这叫废物利用。先生藏书虽说未丰,但孤本秘籍往往而在,是犹千狐之白,所重者以精不以多。

书籍藏弆,鲜有百年长守之局,自古皆然。先生是过来人,兴废变迁看得实在太多。抗战胜利后,先生遄返检书,三十万卷所存已十不一二。1950年,先生在沪,又悉故乡所存之书为其侄论斤斥卖以尽。固知聚散飘忽,但及身而见,仍怆然之至。"第念三十年来,箧衍所存,一没于兵火,再罹于肤箧,其仅存者比悉论斤于犹子之手,历劫荡然,固不免恋恋怅怅。"(《著砚楼书跋》序)1956年在上海时,尚有宋元明刻本、抄校稿本千余种,但十余年中,生活困难,不能敷给,往往出以易米,其时,亦去十之四五。

先生深感守书不易,恐旦夕间往往所聚者容或失之,乃将所贮悉数捐赠图书馆保存。前几年我在写《顾廷龙年谱》时,就发现潘先生在40年代赠给"合众"不少书,也包括元刻本。先生跋《大阜潘氏支谱》云:"比岁旅食沪上,不暇顾及故居,家中长物悉被论斤称担,荡然无存。此书之成,与余齐年,环顾沧桑,冉冉将老,缅怀终岁饥驱,焉能长护斯籍耶?残岁检籍,亟捐藏合众图书馆,俾异日犹可踪迹焉。"

先生捐出的书很多,有些比较重要,如1947年将叶昌炽手稿本《缘督庐日记》捐给苏州图书馆。1949年末,将清人传记资料以及其他书籍约三百余种捐献合众图书馆,并编成《吴县潘氏宝山楼书目》。1950年,又将不少宋元刻本捐献北京图书馆。由于先生对保护传统文化有功,且捐献了不少稀有罕见的古籍善本给国家,1951年6月7日,文化部副部长郑振铎在上海设宴,宴请捐献文物图书给国家的人士,包括潘世兹、丁惠康、潘景郑、瞿凤起等人。

先生收藏中最可观的是金石拓本。弱冠时,先生思辑《苏州金石志》,搜拓石墨,即一县所得,已千余种。并曾鸠工编拓虎丘刻石,纤细靡遗。先生所辑《虎丘题名全拓》,较之《虎阜石刻仅存录》、《虎丘金石经眼录》又增益十数种,并装成大册捐赠"合众"。先生后来又从孙伯渊处购得刘氏聚学轩所藏七千种金石拓片,内含叶昌炽五百经幢馆拓本、拓片计3681种。叶藏以题名造像为多,分地放80余处。先生经20年之殚心搜罗,所聚逾17000种,也悉数化私为公,捐与"合众",而今珍藏于上海图书馆。

潘先生是从事图书馆工作的资深专家,早在1940年4月,合众图书馆总干事顾师廷龙先生即深盼潘先生能来相助。这也是叶景葵先生之意。据顾先生是年4月21日日记,"揆丈意,将来须主金石一部,则景郑尤为相宜,实为图书馆中难得之真才,与龙意见融洽,合力为之,必能薄具成绩,非为私也","但独木不能建大厦,然得人之难若登天"。潘先生自己也说,抗战时,叶景葵创办合众图书馆于沪上,"招余从事编校之役,先后逾十年,因得尽窥枕秘,纂录藏书提要十余册,并与校勘藏目之役"。由于潘的加盟,顾师如虎添翼,潘先生也是如鱼得水。从1940年8月1日在合众图书馆上班始,直至1988年从上海图书馆光荣退休止,共计48年之久。

原"合众"的藏书基础,首先是几位发起人所捐献的家藏,他们将数十年甚至毕生搜集的珍藏无条件献出,并各具特色。如张元济将数十年收藏的善本及旧嘉兴府著述、海盐先哲著作,李宣龚将近时人的诗文别集和师友手札,叶恭绰将收集的山水寺庙专志及亲朋手札悉数捐出,而潘先生捐赠的是清人传记、大宗金石拓片、清代科举考试硃卷约 10000 份，数量可观。"合众"的藏书目录大部分是潘先生所独立编竣，如 1946 年 10 月编的《海盐张氏涉园藏书目录》，1948 年 8 月编的《番禺叶氏遐庵藏书目录》，1951 年 5 月编的《胡朴安藏书目录》，1951 年 9 月编的《李宣龚藏书目录》、《周氏几礼居藏戏曲文献录存》，等等。

1958 年 10 月，上海市历史文献图书馆并入上海图书馆，自此先生就一直在上图善本组工作，一直到退休。他的工作主要就是为善本书编目、编辑《上海图书馆古籍善本书目》。上图那 14000 种善本书，包括宋元佳椠、明清善本、抄校稿本等等，就是在 1961 年至 1965 年时，由先生和瞿凤起先生编完的。

"文化大革命"，对于中国人来说是一场大灾难，潘先生理所当然地受到冲击，没有逃过此劫。1966 年夏，他即作为"封建地主阶级的孝子贤孙"，处境日艰，压力日甚。不久，上海图书馆又抄了先生的家，部分图书捆载而去，余下者全部封存在柜。先生 1975 年 3 月跋《敝帚存痕》云："七八年来，囊箧屡空，笔墨顿废，虽未皈心空门，视世间文字都如嚼蜡矣。"

之后，先生每日都在"牛棚"集中学习，并参加一些适当劳动，先生在这种困难处境下，从无怨言，乐天知命，忘怀得失。那种随遇而安、豁达从容、悠然自得的态势，使我感触到常人难以达到的境界。1968 年初，上海市文物图书清理小组要求上海图书馆上报在"文革"初期所接收的重要文物图书清单，那时上图有两批极为重要的图书，多宋元明刻本以及名家批校本。一即 1966 年夏，自刘洁敖教授家抄得其岳丈陈清华先生所藏善本；一即 1967 年春，自张子美先生所在单位中所得清末朱氏结一庐藏书。为将这两批善本书编目整理，并遴选出一、二级藏品，我和当时馆内某负责人商量后，请顾师、潘先生和瞿凤起先生在上图东大楼 307 室整理，这项工作大约两个月后才结束。三位老先生各自就所编目的一、二级藏品，亲笔用复写纸一式三份写了简单介绍，一份由我保存至今。先生 1971

年还参与清查盛宣怀档案中的钓鱼岛材料。

《中国古籍善本书目》是一部全面反映国内各图书馆、博物馆、文化馆所藏中文古籍善本的专目,它的编辑意义无须我再赘述。潘先生古稀之龄,毅然参与这项伟大而艰巨的工程。我还是挑几件重要的事来叙述吧。

1978年11月上旬,上海图书馆古籍组为配合《中国古籍善本书目》的准备工作,在顾师廷龙先生的提议、指导下,编辑了《善本书影》。从上图善本藏中选出宋元明清刻本和抄校稿本共三十种,略具简说,汇编书影,以应急需。挑选和简说主要是潘先生所为,我追随先生之后,获益亦多。这本书影从酝酿到见到样本只用了一个星期。

1979年,潘先生被中国古籍善本书目编辑委员会聘为顾问,当时被聘者还有赵万里先生,次年5月,周叔弢先生也受邀聘为顾问。这三位先生都是中国最重要的版本目录学家,对于古籍善本的搜集、鉴定、整理、出版都有卓越的贡献,他们应聘为顾问,实至名归。可是,没有多久,赵、周两先生先后辞世,这对编委会和版本目录学界是重大的损失。只有潘先生是长寿者,他在1978至1980年间,即开始校核上海图书馆藏善本卡片,回答编委会对一些善本书中的著录疑问的咨询。1981年4月,他又以75岁之高龄,与主编顾师廷龙先生前去南京,参加《中国古籍善本书目》主编工作会议,就如何复审、定稿而提出了不少好的建议。1983年8月,《中国古籍善本书目》的定稿工作在上海图书馆进行,先是经部,继而是史部卡片的复审工作,参与工作的有编委会主编顾师廷龙先生,副主编冀淑英先生、潘天祯先生,潘先生,还有沈燮元、任光亮和我(当中短期参与者有丁瑜、陈杏珍先生)。此项工作持续了好几年,而潘先生每天都到办公室审阅卡片。

《中国古籍善本书目》经部终于在1986年10月由上海古籍出版社出版,潘先生拿到样书后非常兴奋,按捺不住喜悦之情,专门写了一首《赞成功》，词云："百年大计，簿录新容，搜罗珍秘一编中。克成遗愿，群策群从，妙哉四库。遮莫喻隆，今日高会，看奏奇功。俊贤毕集兴怀浓，快披鸿裁，万紫千红。低首折服，寰宇皆同。一九八六年十月二十三日，潘景郑为中国古籍善本书目经部发行作。"从72岁到83岁，潘先生为这一国家重要的大型书目矻矻终日，克尽厥职，不辞劳瘁，奋力工作。而这一工程竣工出版后，他又功成不居，劳不矜功，这与当今学术界中某些好大喜功、沽名钓誉之人和事完全相反。

先生书法在学界有一定影响，但他从来不以"书法家"自居，他自己就说过：我不是书法家。但先生却是1961年4月成立的"上海中国书法篆刻研究会"首批87位会员中的一位，当年的成员有沈尹默、沙彦楷、潘伯鹰、朱东润、王个簃、顾廷龙等。潘先生书法笔取中锋，含蓄温润，清雅绝伦，自成一家，深得学者之喜爱。先生尤善行书，流畅圆润，秀逸平淡，从容而追求洒脱。学者书法能臻入此境者，实不多见，这完全是先生学识修养，通过笔毫而流于纸上，故内涵蕴厚，绝无矜持造作之态。明项穆《书法雅言》云："资分高下，学别浅深。资学兼具，神融笔畅，苟非交善，讵得从心？"所以"资贵聪颖，学尚浩渊"。也就是说学术成就高，人的境界也就高，笔下自有常人难及之韵律，地位及成就往往在职业书法家之上。先生不轻易为人作书，然人得其尺牍、诗文，即使是片纸只字，皆视如珙璧，珍若鸿宝，什袭而藏。广东重要收藏家王贵忱先生即将先生手札汇为一编，影印传世。

先生弱冠即亲文字之业，偶有采获，多寄情于笔墨之间，不光是写跋作词。据我所知，早在30年代，先生仅29岁，著名的江南词人谢玉岑即慕先生名，并函索先生填词书扇，以订缟纻之约。1983年2月15日，顾师为《中国古籍善本书目》工作汇报事致笔者函，云："专家无回音的，拟去函催询。你便中拟一稿，要情意追切，措词宛转。不知你以为何如？这种文笔，潘老优为之，你可一学。"顾师的文章,写就后多请潘先生润饰,如《跋徐光启墨迹刻石》、《章太炎篆书墨迹序》等,就有信嘱我送呈潘先生推敲教正。而我在 70 年代末和 80 年代所写的文章几乎全部都呈请潘先生修正,我尚珍藏的还有潘先生、顾师修改的《进瓜记》、《关于四库全书总目提要稿本的新发现》等文稿。

《明代版本图录初编》,是先生与顾师廷龙先生在上海成为"孤岛"后联袂编著的研究明代版本之必读物。自清末杨守敬编《留真谱》,至民国间公私藏家编撰的图录约十余种,然多宋元书影,明代版刻一直处于空白。顾、潘二师以为"惟朱明承先启后,继往昭来,传递之迹,有所踪寻,而其精粗高下,尤足以觇文献之盛衰"。有鉴于此,顾师"实综大纲,发凡起例",潘先生"摄影撰说,历时两年",克服了搜辑不易、瓻借维艰等困难后,终于得成。以往各种图录之编纂,虽多出专家学者之手,但并无特色。《初编》类别十二,影逾丽叶,不仅存一代雕椠之程式,且每种皆有略说,以藉明原委,每类前之文字概括简明,图文相辅,纲举目张。张元济先生在审阅《明代版本图录》原稿后,即有信致顾师,云:"大著《明代版本图录》捧读一过,琳琅溢目,信为必传,自惭谫陋,不能赞一辞。"而徐森玉先生则告蒋复璁先生,顾、潘所编之"《明代版本图录》乃为研究所得,非一般收藏家之书影"。此实为有真知灼见之语。编图录易,撰解说难,如若没有坚实的版本学根柢,断难肩荷这样的工作。近几十年来国内所编各种善本图录,惟此书及《中国版刻图录》最具学术价值,其他图录虽然在印制装帧上华丽非凡,但在学术上却没有一本能望此二种之项背。

潘先生是一位极重感情的人,对于章太炎、吴梅先生的遗著,他在书肆是见到必收。如太炎先生稿本《广论语骈枝》一卷,1938 年经乱散在吴市,因斥重值购置。在百物腾贵的年月里,又节衣缩食出资印了他们的好几本集子。1940 年,为吴梅刻印《霜厓词录》时,因北平文楷斋所刻工劣,未遑传布。先生又于 1943 年 6 月,重写一本授诸墨版,以告慰其师在天之灵。1985年,潘先生将珍藏的太炎先生手写底本《訄书》,交上海古籍出版社出版,并在跋文后附词《凄凉犯》,云:"师门暗忆人天远,星霜卅载递隔。迷离旧梦,乡魂久绕,寸怀翅翼。江干旅食,风雨流光暗掷。早琳琅,成散席,片羽作珍泽。追念名山业,訄迫留痕,立言盈策,景星阅世。渺初槃,莫寻鸿迹。蒲柳惊心,待长护,淹迟旦夕。乞垂芬,化影千编慰欲臆。"

1988年初,我非常想做的几件事中有一件是想为顾师廷龙先生、潘师景郑先生做录音,那是1986年我在美国哥伦比亚大学访问时,了解到唐德刚教授曾为李宗仁先生、胡适先生完成口述历史工作,对我有很多启示。我也想记录顾、潘二师过去的工作,如潘先生如何追随章太炎、吴梅学习文字学、词曲的过程,20至40年代与耆宿遗老交往之轶事,其时沪苏两地书肆情况等等。遗憾的是,当我提出此项计划后,领导却以没有经费购置录音设备及人力支持而否决。

潘先生是我在上海图书馆杖随三十年的老师之一,我永远也不会忘记他对我业务上的指导和提携。四十多年前,我在辑录清代乾嘉年间学者翁方纲的资料,准备编写《翁方纲年谱》。那时的我,只是一个初涉版本目录领域的年轻人,什么都不懂,但这项工作,时时得到潘先生的帮助,潘先生将他在40年代钞录的不见于《复初斋文集》及《集外文》的题跋等,大约有数十种,都交给我,让我补入。他还将年轻时买到的抄本《覃溪碎墨》(未见著录,有容庚、潘先生跋)送给我。1988年,我见到了台北文海出版社出版的《清代稿本百种汇刊》,里面收有翁方纲的《复初斋文稿》20卷、《诗稿》67卷、《笔记稿》15卷、《札记稿》不分卷,总共138册(缩印为28册),是"中央图书馆"的珍藏之一。然而这部价值极高的手稿本,却因书中之字大都是行草书,台北学者无法阅读。我虽熟悉翁氏的书法,经眼也多,但还是有不少字辨认困难。我将晚上识不了的字用小纸条夹着,次日上班前请教潘先生。而潘先生就从字里行间辨识,对照语句,最终也就冰解雾释了。后来,《翁方纲题跋手札集录》的稿子全部请先生通读一过。不然的话,这本书是难以面世的。

尺牍中的字,有不少是行草书写,那是书写者率性所为,收信人如相熟,大致知道所言之事,那就不难理解。反之,则要花工夫,视文义猜测。潘先生的认字功夫十分了得,如没有深厚的学术底蕴,以及早年在书法上的临池所得,那就根本无法释读。1961年间,上图请来早年任职商务印书馆的文书高乐赓、项平甫先生抄写《汪康年师友手札》,《手札》六十巨册,七百余人,三千余通,对研究中国近代政治史、文化史、经济史都有重要参考价值。这批手札多为行书,间有草书,有些字不易辨认,高、项二人都临帖数十年,基础虽好,但有些字也无法识得,必须请益潘先生方得冰释。

我的著作中最早出版的是《书城挹翠录》,潘先生专门作了一首词以代序。后来所辑录的《翁方纲题跋手札集录》,则是潘先生作的序。如今我珍藏先生的手书,除翰札外,尚有先生赠我的三首词,第一首是77岁时所作的《赞成功》,词云:"盛年奋志,点检琳琅。书城长护作梯航。廿龄精业,明眼丹黄。几多锦字,纷留篇章。徙倚图府,晨夕相商,多君才智证高翔。苏斋碎墨,收拾珍囊,摩挲老眼,欣看腾芳。"那是先生为鼓励我完成《翁方纲年谱》及《翁方纲题跋手札集录》而写的。

第二首是79岁时所作的《西地锦》,词云:"甘载同舟图府,更几多风雨。琳琅点检,丹黄共理,勤奋堪数。壮志鹏程,高步万里登云路。期君放眼归来,日展经纶芳杜。"那是1986年初,我将赴美任访问学者,离沪前先生书此以志别。

第三首是84岁时所作的《减字木兰花》,词云:"清才高艺,壮志凌云称拔萃。流略精治,海外名扬树一帜。同舟卅载,图府论文深契在。振翅重飞,离别情怀盼后期。""沈津大兄远志港行,骊车在迩,赋以赠别。"那是1990年4月,我要移居香港时所写。

如今展对先生手书,摩挲遗泽,能无山阳邻笛之感?能无山颓之痛！

先生所写题跋有千篇之多，六七十年来，所至官私库藏，列肆冷摊，靡不恣意览阅，耳目闻见，籍记于册。50年代出版的《著砚楼书跋》，仅收先生所写跋文403篇，那是捃30年藏见所记，掇拾丛残，十存二三。而前几年出版的《著砚楼读书记》，在《书跋》的基础上略加补充，虽可以视为潘先生的历年所写文章之总集，但这只是先生著作的一部分，还有不少文章都没有被收入，如《章门问业记略》等。津在先生去世后之次年，曾应潘家都之约去了虹桥潘寓，细细看了存放先生文翰的六七个纸箱，并将先生历年的日记、题跋、诗词，以及小笔记本、杂件等做了区分，我曾将十多本先生手书题跋和《读书记》稍作比对，发现不载之跋甚多，或俟之将来，再加订补。

先生人格的纯洁几乎是有口皆碑的。这位恂恂儒雅、敦厚和蔼的长者学问深厚，但不张扬，他从来没有恃才傲物、顾盼自雄之态。他的床头上挂着一幅金山高吹万（燮）先生写的"无事此静坐，有福方读书"对联，这是他最喜欢的联句，淡泊而有味，令人遐思无穷。是啊，如今淡泊名利、视富贵若浮云的名士又有多少呢？我的记忆中，先生似乎从来就没有胖过，也从没有穿过什么新衣服，他是那么的朴实无华，那么的平凡，没有人推崇他的所作所为，但他的学谊行谊，皆可窥见学术精微，实足为后世所楷则。我时时想起先生那精神矍铄、面容清癯的形象，他手夹着最廉价的工字牌雪茄，那一口轻侬细软的吴语似乎还在向我诉说着什么。有时还会浮现出60年代初，先生教授我和吴织及二位修补组的青年同事古文和吟唱唐诗的情景。想得多了，真觉得先生须眉馨欬，一一如在目前。回忆当日追随顾师廷龙、潘师景郑、瞿师凤起三公杖履，获承教益，赏析之乐，恍在目前。

潘先生退休后没两年即卧病在床，此后就再也没有起来。每年我返沪探亲，必定要去探望先生，问候饮食起居，拍几张照片。潘先生走了，听潘家都说，老人走的时候很安然，没有什么痛苦。潘先生长眠了,他去了一个很远很远的地方。对于这样一位温润敦厚、知识渊博、学贯九流才一艺的老人,现代最先进的医疗条件也无法留住他。先生是当代重要图书馆文献学家、目录版本学大家中最长寿者,王重民、王大隆、赵万里、瞿凤起、周叔弢、顾廷龙、冀淑英都走在潘先生之前。而今,像潘先生这样广纳百川、触类旁通,既渊博而又精深的版本目录学家恐怕最近这数十年之间不一定再会出现。

潘先生枕耽典籍,和书相伴一生,他走完了极其平凡又极其有意义的一生。他无愧于自己,无愧于他所热爱的事业,也无愧于这个社会。

(原载沈津《老蠹鱼读书随笔》,广西师范大学出版社,2009年)

秋风行戒悲落叶
——忆师长

陆谷孙

杨岂深(1909—1996)，安徽怀宁人。曾任复旦大学外文系主任、修订版《辞海》编委及外国文学分册主编等职。

徐燕谋(1906—1986)，江苏昆山人。复旦大学英语教授。曾编注《现代英文选》、《现代英国名家文选》等，并为商务印书馆注释萧伯纳、高尔斯华绥及马克·吐温的作品多部。

葛传槼(1906—1992)，中国研究英语惯用法之先驱，著有《英汉四用词典》、《新英汉词典》(主要编纂者之一)，以及《英语惯用法词典》。

林同济(1906—1980)，福建福州人，"战国策派"主要代表人物。先后在天津南开大学、西南联大和复旦大学任教。代表译作有《哈姆雷特》。

刘德中(？—1966)，复旦大学外文系教师，教授英语专业课程，并翻译出版过德文作品。

杨必(1922—1968)，女。祖籍无锡。复旦大学外文系副教授，著名翻译家。代表译作有《名利场》。

陆谷孙，1940年生。复旦大学外国语言文学学院教授。主编《新英汉词典》，著有《余墨集》、《余墨二集》等。

林同济先生

忘记是哪一位大家(昆德拉?)说过,夕阳的余晖使一切显出醇美。年时何速,一不留神,老已冉冉近矣,自己不但满了一个花甲,更成了复旦外文系现职教员中最年长的一位。夕阳的余晖下,重存往会,怀想亲爱,不时有一幅幅师长的影像游走脑际,寤寐无忘!

20世纪50年代初,内地的高等院系经历过一次大规模的改组调整。政治上向着苏联的"一边倒"导致俄语畸形行俏,而被贬作"帝国主义语言"的英语则迭遭砍伐,直到全国之大只剩下七八个高校英语专业为止。复旦大学的外文系英语专业是当时硕果仅存的"七零八落"之一,更因为调入了原先分别供职于几家教会大学、私立大学和复旦以外其他国立大学多位有经验的英语教师,一时颇有群贤毕至之盛,成为院系调整的"得益大户"。复旦外文系虽也有调出支援外校者,如冒效鲁先生之调往安徽大学,方重先生之调往上海外语学院,林疑今先生之调往厦门大学,朱复、索天章等先生之调往军队外语学院(后陆续调回),然与调入者相比,毕竟是少数。

那时,作为学生,仰望复旦外文系各位师长,真可谓芒焰熠熠,大才槃槃;居心向学之士,只要善从诸儒不同的学养和专长,博采并学,必可大有长进。

Big Thtee 之一:杨岂深

先从当年被学生戏称为 the Big Three(三巨头)的杨岂深、徐燕谋、葛传椝说起。杨是继全增嘏、孙大雨之后出任外文系主任的，"在位"有年，人称"杨老令公"，"岂深"二字据说是他本人入世之初改用的名字，意在自谦；而"老令公"其实不老，比之今日的我还年轻好几岁呢，只是他体弱多病（或自觉体弱多病），作派比较接近老者，说话喘悸少气，声音幽幽，往往未及一半便戛然而止，一手已摁脉去也（英谚云：The creaking door hangs the longest on hinges——扉虽危却长不倒。"三巨头"中杨寿最高，足征此语）。识书识人是杨岂深先生对复旦外文系最大的贡献，无他人可比。复旦外文系一度图书资料丰足，曾是兄弟院系羡慕的对象。例如后来被称为20世纪50—60年代美国反叛青年"圣经"的 The Catcher in the Rye（《麦田守望者》），书出版不久，外文系资料室已经购得，有位学者专程从北方来，竟把全书摘抄了去。"文革"爆发，大字报攻击杨岂深独霸订书大权，而且新书一到照例要送他先读，被他垄断多时，殊不知倘若没有这样一位读书多、涉猎广、信息灵的系主任早早重视图书资源的积累，复旦外文系就不会有今天这样一点"家底"。杨又知人善任，且有前瞻目光，早在中苏公开交恶之前，他已抽调俄语教师改行去学法语和世界语，还曾拟议派人去学作为西方文明源头一部分的拉丁语，以免"绝后"（出于种种原因，此计未成，幸有杨烈先生在耄耋之年，义务为系里的有志青年讲授一点拉丁入门，致未完全断种）。我虽不才，当时还算年富力强。是杨岂深先生在我本科毕业后的第二年，本人犹在攻读研究生的同时，把我推上最高年级英五英美报刊选读新课的讲台，逼我奋发努力。事后想来，杨可能看到了我这人不肯轻易言败的好胜心和比较强烈的表达欲，这才把我往高处推去，看看能挖掘出多少潜力来，而正因为起点较高，自己一点不敢怠慢，日后的进步也才更快一些。毋庸讳言，作为党员系主任，杨在当年是不能不紧跟政治形势的，在历次运动中误伤同仁也是难免。一位嗜读克里斯蒂疑案小说的老教师曾对我说，她要写一篇某英语系发生教师连环被杀的故事，侦探结果发现"凶手"竟是那貌似弱不禁风的系主任,虽是无稽笑谈,与杨芥蒂之深可见一斑!杨早在"反右"之后便声称要以"forget and forgive"(忘却并宽恕)的态度对待同事之间的恩怨纠葛,而在"文革"之后,在他的晚年,老人似更经历了一番大彻大悟。

Big Three 之二:徐燕谋

"三巨头"之二是英语教研室主任、我的导师徐燕谋先生。从英五精读为我班授课(1961)始,到 1986 年 3 月 26 日遽归道山止,徐老夫子于我有二十五年的师恩,而自从我在 1965 年 5 月丧父之后,师恩中更融入了在我感觉中类乎父爱的感情。长江三月上刀鱼之际,夫子大人必令师母邀宴赐饭,"阿霁"(小女陆霁)享受徐家孙辈待遇,频繁出现于徐老夫子诗中,凡此种种,都是明证。徐师是"文革"前高教部统编专业英语教材系列中程度最高两册(七—八册,与北外许国璋一—四册、北大俞大䌹五—六册配套)的编者,但从穿戴到举止可说是外文系最没有一点儿"洋"气的人。徐䔍一头板寸发,脚踏黑布鞋,爱吃肉做诗,似更像一位中文教员。在他主讲的英国散文课上,他也确实会不时引用汉语的劄记、小品名篇,以为对比映照,或在滔滔不绝的英语讲课过程中夹杂着"性灵"、"机趣"、"兴会"、"气韵"等难以译成贴切外文的汉语文评术语,而到了研究生阶段,在他布置的课业中更有刘勰、钟嵘、司空图等的文论、诗论。按他的说法,中文根底单薄,洋文修养也好不到哪里去,后来王佐良先生曾对我说,他欣赏徐老夫子的话:"植木无根,生意无从发端矣!"徐还常以他的"同学如弟"钱锺书先生为榜样,激励弟子们凌绝顶而览众山,甚至向钱推荐过学生,但与此同时又告诫我们不可株守先儒,以附骥尾。徐燕谋先生上课,总是早早来到教室,踱着步吸烟"热身",讲课时也不喜居高临下站定在讲台,而是好在学生座席间的过道中穿行,讲论大义,侃侃无倦。哪位学生要是"参与意识"特别强,抬头与他四目对视,或做出会意的表情,他便驻足与这名学生"对话"一番,讲到得意处还会朝学生的肩部猛击一掌,然后扬声笑着去寻找下一个"目标"。一度,徐燕谋爽朗的笑声几乎可算外文系英语教研室的一块"招牌",每周五下午来系办公室参加分组政治学习,循徐式 giggle 找英语教研室,绝不会走错门户。这笑声到了"文革"忽归哑寂。原来,徐是敬老慈幼之人,家中长上和子辈在运动中罹祸蒙冤,这比之他本人在外文系所受的冲击,是更为难熬的精神折磨,于是十年浩劫期间,徐在公众场合基本不再说话,兼之长年失眠的顽疾,就此种下了极度的抑郁。

  徐老夫子有几个得意门生,说我是其中之一大概不算夸诞,但我几乎从未听他称赞过一句(对他人说陆某孺子可教,甚至对葛传槼先生说陆诗偶有"义山风韵",则是另一回事,辗转听得这类评语之后我常乐不可支),多的倒是批评和警策。如果说 1961 年师生初次相识的第一堂课上我被徐师连珠炮似的问题(依稀记得问题涉及普列汉诺夫、高尔基等的文艺观)问倒,多少还算是一顿"杀威棒"的话,那么在以后的日子里挨剋听训就是家常便饭了。我好练笔,但发还的作文卷上多处写着"勿无病呻吟"、"力戒藻绘"、"谈虚语玄,和者必寡"、"不脱依傍,何论登峰造极?"、"格律是紧身衣,不宜学做旧体诗"之类评语,其中儆戒的基调甚至延续到改革开放后我去国外发表论文时。1983 年 3 月,我在华盛顿参加一次关于欧洲文艺复兴的国际会议,并接受了《华盛顿邮报》记者 James Lardner 的专访。采访记在该报发表后,我不无得意地给徐老夫子寄去一份,不料因此招来严厉批评,要我重温《汉姆雷特》剧中波洛涅斯给儿子莱阿提斯的"家训":"Give every man thy ear but few thy voice"(多听少说),复又毫不客气地告诫:"Still waters run deep"(静水深流)。回顾平生,言行所守,似尚无大缺,除家教外,徐老夫子的诫勉影响至巨!

Big Three 之三：葛传槼

"三巨头"之三葛传槼先生是自学成材的教授和词典编纂家。系里流传的佳话是葛早年辍学,靠着电报局和商务印书馆的实际工作锻炼养成了敏锐的英语意识,曾致信 Henry W. Fowler,专就此公兄弟二人的成名作《简明牛津英语词典》质疑指谬,F 君旋写来回信,对英国之外竟有人如此熟知英语惯用法,大表赞赏,葛从此名声大振,时被沪上的英国文化委员会邀去向公众做英语演讲,并更加专注地钻研起英语惯用法来,渐渐成为这方面的专家。学生戏称葛有三大法宝,即断定名词是可数或不可数,前面应加定冠词还是不定冠词,动词是及物还是不及物。遇到这三方面的困难,去向他请教,据说无疑不解。葛在英语惯用法方面的权威地位直到改革开放之初始受到挑战,据说当时有某位英籍专家在北外演说,要学生把葛氏《英语惯用法词典》扔出窗去——倘若他们真要学好英语的话。葛对此是颇耿耿于怀的,曾由他学生俞亢咏先生与那洋人几度鱼雁往返,后来据说对方也改变了自己的极端看法。葛传槼先生最大的爱好是词语,思想方法最为与众不同的是极端的形式主义。譬如说他把语言和文学截然分隔,把搞文学的老师,如伍蠡甫、戚叔含、孙大雨、林同济,一律称为"楼上派"(当年的文学教研室适设于二楼),而包括他本人在内的教语言的教师则属于"楼下派";读书可以忽略内容,只顾语言,因此从头至尾顺读和从尾到头倒读,对他来说,并无两样;他向我班讲完著名的汉姆雷特独白"To be, or not to be"之后紧接着自问自答如下:"Be 还是不 be,想到头还是 be,你们看有多大意思,我看没啥意思。"葛还反对任何形式的翻译,称翻译必生误解,我曾因此戏称他与翻译"不共戴天",他反唇相讥,称我"戴天先生",又简化作"戴先生",年长日久其孙竟忘我真名,每以"戴先生来访"通报！葛爱玩弄词语，给人起一些并无恶意的绰号。上文说过徐燕谋先生"文革"缄口，葛从此称徐"金先生"（从英谚 Silence is golden 化出）；某公语速多顿，插入无数"这个"、"这个"，葛将此译作 this，一度称他 Mr. This，兴犹未尽，遂把 this 以中文的近似音化作"集思"，复将二字扩成"集思广益"，干脆称某公为"广益先生"。从 Mr. This 到"广益先生"很容易看出葛传槼这位字迷先生曲折的思想轨迹。"文革"中学习极"左"理论，工宣队诱导知识分子们提出问题，从中掌握思想动向。葛受不了"钓鱼"式的骚扰，思索良久，终于问道："帝修反若用英语代词指代，该用 it 还是 they？"引得满堂哄笑。英语娴熟到一定程度，常会有在熟人中间说上几句"洋泾浜"开开玩笑的诱惑。葛先生这方面的发明在外文系是尽人皆知的，诸如"old three old four"（老三老四），"pasty"（沪语"搭浆"的硬译，指不牢固，不出色），等等。

可能是师门不同的缘故，我感到葛先生最初对我并不友善，在我研究生第二年一次类乎今日里的 qualifying test 中，"现代英语"一门由葛命题，受试者仅我一人。由于出题缺少分寸感，我在封闭的屋子里从上午八点考到下午五点，权充午餐的面包和冰砖还是由某位学兄从铁栅栏外递将进来的。"文革"中期，葛与我一起被"发配"去编《新英汉词典》；再往后，特别是当他听说改革开放后补拟《新英汉词典》编写人员名单时是我竭力促成由葛领衔之后，师生关系渐次密切起来。葛晚年寂寞，师母大去之后常过街来我处"吹牛"，见我在徐燕谋先生死后发表在报上的悼念文章，曾喃喃自问他的身后不知有谁会作文纪念。我笑他生死之事也讲"未雨绸缪"，并表示区区虽非葛门嫡出，师恩隆重，哭丧也是本分。1992 年 7 月 29 日，葛传槼先生在上海逝世，时我正客居香港，践诺写回一文，正好在大殓之日见报，当年说笑竟一语成谶！葛先生生时来访之频，有时令我应接不暇，尤其是杂事蝟集之际，故亦曾令小女以外出诳语挡驾。对师长如此不忠不孝，今日想来，愧悔自责不迭！

"蛋头"教授林同济

　　学者型的教授中还必须写到林同济先生。林是闽人，个头比较矮小，长一颗标准的知识分子"蛋头"(egghead)，春秋时节穿一件铁灰大衣，很有风度。我们入校之初，林尚未划作右派，记得苏联第一颗人造卫星上天，林还在全系大会上朗诵他本人创作的十四行诗以表祝贺。我曾特别注意林朗诵时口唇的伸缩张合，那动态确乎异于常人，一个个音素从舌尖滚出，使人联想到莎士比亚"trippingly on the tongue"的说法。不旋踵间，反右的第二波（匪夷所思的是亦称反右"补课"）把林同济卷了进去，使他从外文系讲台上消失了相当时日。我大四那年，在政策转寰期间，林被甄别，摘帽，允许重上讲台。林本人尚未进入课堂，各种轶闻已先他而至，不胫而走：北京某鸿儒曾盛赞林的 parliamentary English（议会式雄辩英语），又称中国之大真正精通英文的其实仅一个半人，鸿儒本人算一个，剩下半个就是长江以南的林同济了；又有人说林首先是个政治学者、历史学者和文化学者，抗战期间曾在大西南编过《战国策》杂志，鼓吹强人统治，宣传尼采哲学；林已与美籍妻子离异，独在沪侍奉寡母，晨昏不怠；等等等等。果然，林同济走上讲台，"金口"一开，立即赢得学生一片叫好；非他任教的小班还上书系领导，要"争夺"林同济。林上课十分注意选材，专拣他本人最有发挥余地的内容详讲。记得他把毛泽东诗词的各种译法引入课堂讨论，雄辩地证明，比之已经出版的官方译法，林译确在许多方面胜出（林译后来以其胞妹名义在海外出版）。林译毛诗如此投入，足见对毛的崇拜——虽则这种崇拜可能更多集中在毛的巨人品格和文字魅力方面。后来，我在英国的莎翁故乡和美国的伯克莱，结识一些寻常从不谬夸他人的英美著名学者，如 Stanley Wells 和 Cyril Birch，谈起林同济，都称他是一位"伟大的爱国者"。如此崇毛爱国之人,同胞手足全在海外,唯他一人"孤悬"上海,却被划归右派行列,讽刺之极,莫过于此!出于不难理解的原因,林在1949年以后逐渐中止了政治学和文化史方面的研究,兴趣转向莎士比亚戏剧,提出并实践了以散韵迻译莎剧素体诗的方法,又在给研究生开设的"英国戏剧"课上精讲几个当时尚不太受评家重视的剧目,如 Coriolanus,开创了复旦外文系强调文本一手阅读的莎剧教学传统。林讲莎剧往往融入文明史其他方面的内容,诱发学生对民俗、典故等的兴趣,扩大审美内涵。我对古罗马史的迷恋(写此文时正读 Colleen McCullough 女士的又一部罗马历史小说《罗马第一人》),部分地就是透过莎剧由林同济先生启发出来的。

不会写自己中文名字的女教师

由于从半殖民地半封建社会脱颖而出不久,有的教师知识结构比较畸形,上文所说中文不行外文也好不到哪里去的规律对这样的老师并不适用。如某女士从小接受教会学校教育,未笄即去国外生活,结果连自己的中文名字都写不全,但就英语表达的流利和自然而论,整个外文系可能无出其右者,连反右斗争等历次政治运动的思想小结也只能用英文写成。这位老师自称"杂食动物"(omnivore),读书快而多,但从不拘于经典名著,宁读侦探、疑案、《读者文摘》的小故事,或从《纽约客》、《笨拙》之类杂志中寻找幽默;在来校的公共汽车上常见她专注地做着填字游戏;在教研室政治学习的小组会上,在不得不人人表态的场合,她的发言时常显得别致。譬如别人都说要认真学习毛主席著作,她却冷不丁来上一句"study Chairman Mao's works religiously",同仁被她那"religiously"(带着宗教式虔诚)一词逗笑之余,也不得不佩服唯有这位貌似不问政治的女士才准确把握了林彪当时捧毛的真实意图。这位女士不善伪装，往往不经意间道出心声。例如某次与人谈论戒烟，女士又忍不住打起了比方："那痛苦是慢慢、慢慢的，就像思想改造一样。"心口如一至此，透明至此，真也不多见呢。

"金童"刘德中

那时上课特别叫座的教师不但都有深厚的学问功底，在表达方式、幽默感、感染力、语速甚至台风等方面也必有过人之处。虽说比喻偏俗，刘德中和杨必两位先生是外文系的"金童玉女"则是业内人所共知的。刘德中是混血儿，因其妻在外省改造，多时独居，特别欢迎学生周末去访，或谈天说地，兴致来时还给来客看看手相，或拉开小几打上几盘桥牌。我的毕业论文（相当于今天的学士论文）由他指导，为研究美国作家杰克·伦敦的世界观蒙他借我尼采英文版的《查拉修斯特拉如是说》，见我读后不甚了了，更蒙他在休息日将我召去耐心讲解。刘上课最有条理性，讲到萧伯纳等人的剧本时，总要先在黑板上画出一张舞台草图，把何人从何处登场，操哪条路线与何人交流等交代得一清二楚，俨然是位称职的导演。"文革"前最后一个暑期，高教部委托复旦在莫干山开办培训班，向来自全国各地的教师示范精读课教学的各个环节，主讲教师就是刘德中先生，可惜这已是他教学生涯中的"天鹅之歌"了。"文革"祸起，时已被解除劳教从外地返回上海的刘妻在里弄受到残酷迫害和人身侮辱，夫妇俩决定以死抗争。那日傍晚还有学生去江苏路刘宅访师。据这名学生日后对我说，她发现师母在里屋蒙头大睡，刘本人答非所问，神志恍惚；学生匆匆辞出之际，瞥见门边有新买的绳子，正发着白森森的寒光……几天后邻居不见刘家下楼取牛奶，心知有异，报警后破门而入，只见夫妇俩身穿华服，距离不及半尺，双双面对面悬梁，气绝已多日。屋角残灯如豆,光圈照射处有本洋文书,其中有两行文字以红笔勾勒,大意是悲问上苍:人间冷酷,何处始可觅得温暖?!外文系是"文革"中复旦这片"重灾区"的"重中之重",自杀师生达十数人之多,其中给人灵魂震撼最大的还是刘氏夫妇之死,那种典型的悲剧式终结。

"玉女"杨必

　　杨必先生是公认的才女,精通英、法两种文字,此外又雅好译事。她给研究生开的"英国小说"课放在今天可以算是复旦外文系的"招牌"课了。杨平时穿着大方,举止端庄,沉默而好深湛之思,给人孤高的印象,但上课一进入"角色",谈笑风生,滔滔不绝,吐字清晰,台风活泼,像是换了个人,有时还边讲边演——她模仿《雾都孤儿》中老贼费金的走路姿势至今仍历历在目。我们那个时代尚无时下学界的这种理论痴迷,她布置的课业都是可读性较强的"琐屑之言"(鲁迅称小说语?),一本本读来实际得很。她显然对中国的小说也深有研究,所以讲着讲着就会引申到《红楼梦》和《儒林外史》等作品上去。当时杨必先生翻译的《名利场》刚出版不久,名声尚不如今日之隆,但据说已有勤学者对照着原文逐字逐句学习杨译了,并称译笔所至,英蕤窈窕,元气淋漓,非文字功力出众、小说文学修养精湛者不可为。传统这东西虽然看不见,摸不着,却是延绵不绝,相嬗于无穷的。我本人当上教师以后,业余亦好翻译,而由于杨必先生和其他师长的言传身教,我也特别看重文字的修养和经验的积累,尝向学生进言:不译满一百万字勿轻言译事。"文革"前最后一年,杨必先生受命向某位系里重点培养的青年教师讲授法文,我不请自来,敬陪末座旁听,可惜这种一师教二生的优渥待遇才享受了两三次,法文未及入门,文化就被革命了。

可久可大，莫过乎学。我在复旦外文系求学八年（本科五年，研究生三年），受过二十多位老师的教导，一篇文章自不能骤穷诸位业师的风貌，但当年师资的"豪华"阵容，想来已勾勒出一个大概。

回忆既让我享受"夕阳余晖下的醇美"，也自然激起几许伤感，"秋风行戒悲落叶"，凋零之后，何日再见欹欤盛哉的繁茂？但愿少壮俊彦，皆骎骎有后来居上之势，使我作此文缅顾衰老而终有益于今之少年高明也。

2001 年 11 月

（原载陆谷孙《余墨集》，复旦大学出版社，2004 年）

燕南园 62 号
——记恩师林庚

袁行霈

林庚(1910—2006),字静希。北京大学教授。著有《春夜与窗》、《问路集》、《空间的驰想》等六部诗集及学术专著《中国文学史》、《天问论笺》、《唐诗综论》、《新诗格律与语言的诗化》等。

袁行霈,1936生,北京大学中文系教授。著有《陶渊明集笺注》、《中国诗歌艺术研究》等。

林庚先生

燕南园62号是一个中式的小庭院,庭院中央有一棵高大的柿子树,右手数竿竹子掩映着几扇窗户,窗棂雕了花,那就是静希师住房的东窗,窗边就是他经常出入的东门。走进东门穿过走廊是一间客厅,客厅南窗外有一段廊子,所以客厅里的光线不很强,有一种舒缓从容的氛围。从客厅一角的门出去,右转,再打开一扇门便是他的书房,那里东、南、西三面都是窗子。冬季的白天只要天晴,总有灿烂的阳光照进来陪伴着老师。这正应了他的两句诗:"青天有路,阳光满屋。"

静希师刚到燕京大学任教时,住在燕南园一座独立的小楼里。但他喜欢平房,更喜欢有属于自己的大些的庭院,便换到62号来。他在院子里种了一畦畦的花,春天,鲜花布满整个院子,他享受着田园诗般的乐趣。

静希师从50年代末期就买了电视机,那是一台苏联制造的黑白电视机。他喜欢体育,常看的是体育节目。那时候电视机还是稀罕物,第26届世乒赛期间,系里的年轻教师们每天都到他家观看比赛的实况转播,他的家成了演播厅。客厅里临时凑了全家所有的椅子和凳子,摆成一排排的。大家坐在那里一边观看比赛,一边发出赞叹声和欢呼声,夹杂着各种各样的评论。没有转播的时候,那些座位也不撤掉,等待着另外一场观众。就在这次比赛结束以后不久,老师买了一张乒乓球台,放在院子靠近南墙一片宽敞的地方,系里的青年教师常去那里跟老师打球,我也是其中的一个。老师的眼神好,对球的感觉敏锐,处理球的手法细腻,会突然抖腕发力,改变球的方向，使我招架不住。他还喜欢唱歌，原来只见他有一台相当讲究的电唱机，以及若干老的声乐唱片。后来才知道他本人就会美声唱法，能唱到高音 C。大概是得益于唱歌，他原先的哮喘病，进入老年以后竟然痊愈了。他曾热心地教我发声的方法，还画过一幅头腔图，告诉我源自丹田的气如何经后脑绕过头顶，灌向鼻腔和口腔，以发挥头腔的共鸣作用。

我在北大求学和工作的五十一年间，不知多少次进出这庭院，进出这客厅，在那里向老师求教，一起谈论学问和人生。其实我之留校任教，也是林先生亲自选定的，正是他对我一生的道路起了决定性的作用。当我毕业后不久第一次登上讲台讲课时，静希师还有锺芸师、一新师兄都去听课，课后便到林先生的客厅里小坐，他们给了我许多鼓励和指点。有时候老师让我进入他的书房，我们隔一张写字台面对面坐着，写字台中央有一方砚台，一个玉雕的水盂，还有一个方形的笔筒，瓷的。在书房里，我们距离更近，谈话也更亲切。我们谈话的内容很广泛，当然多的还是学问，屈原、李白、《西游记》、《红楼梦》，以及外国的文学，不管甚么话题，老师都有独到的见解。有一次谈到孙悟空，他说孙悟空身上有知识分子怀才不遇的愤慨情绪和叛逆精神。有一次谈到水分，他说如果没有水分，干巴巴的东西有甚么意思？《红楼梦》里写贾母把鸳鸯调理得像"水葱"似的，这"水"字就很好！1962 年静希师开始主编《中国历代诗歌选》上部，为了培养我的学术能力，让我负责初盛唐部分的初选和注释的初稿。那年我才 26 岁，对老师的信任格外感激。在选注过程中，他常常提出一些我意想不到而又令我十分佩服的看法。他告诉我杜甫的《新安吏》一定要选，其中"肥男有母送，瘦男独伶俜。白水暮东流，青山犹哭声。莫自使眼枯，收汝泪纵横。眼枯即见骨，天地终无情。"这几句写得特别好。特别是"眼枯即见骨"，很有震撼力。我仔细体会，老师的艺术感受力确实非同寻常。他还告诉我，李白的《独漉篇》，别人都不选，我们要选。这首诗我原来没有留意，经老师指点，细细读了几遍，才明白它很能代表李白独特的风格，末尾四句："罗帏舒卷，似有人开。明月直入，无心可猜。"这样奇特的想象和构思，这样明快而新鲜的语言，非李白写不出的。又如，他说杜甫的那句"即从巴峡穿巫峡"，过去的解释不妥。三峡中的巴峡在下，巫峡在上，杜甫出川怎能从巴峡穿过巫峡呢？他引证古籍中的材料，证明这首诗中的"巴峡"乃是巫水流向长江的那一段山峡，因为在巫山中间，所以又称巫峡。经老师这样一讲，诗的意思就豁然贯通了。

回想起来，在我追随老师的这么多年里，他固然教给我许许多多的知识，但使我受益更深的是他给了我一种眼光，一种鉴别的眼光；还教给我一种方法，一种直透文学本质的方法。搜寻我的记忆，他从未对我耳提面命、厉言疾色，而总是在启发我鼓励我。他对我所做出的学术成绩，从不当面夸奖。当我出版了新书恭恭敬敬地送到他的面前，他也从不说些别人在这情况下通常会说的客套话。但我请他为我的《中国诗歌艺术研究》撰序的时候，他却十分痛快地答应了，而且很快就写完给我。在短短的篇幅内，叙述了我们师生的情谊和学术的交往，并对我书中的内容，提要钩玄略加评论。其论述之精当，语言之隽永，口吻之亲切，气度之潇洒，置之于晚明小品的名篇中也是上乘之作。

静希师一生提倡少年精神，他常说：人在青年时代最富有创造力。当我还年轻的时候，他鼓励我抓紧时间做出突破性的成绩，可惜我未能做到。后来他仍不断鼓励我在学术上要胆子大一些，要追求突破，只要是经过自己认真研究得出的结论就要坚持，不必顾忌别人一时的看法。这使我想起他对自己所提倡的"盛唐气象"的坚持，当这个见解刚发表的时候，遭到强烈的反对，但他从未放弃，后来终于得到学术界的承认。

他常常把自己新写的诗读给我听，并让我评论。我特别喜欢他51岁时写的那首《新秋之歌》，诗的开头说：

> 我多么爱那澄蓝的天
> 那是浸透着阳光的海
> 年轻的一代需要飞翔
> 把一切时光变成现在

这首诗里洋溢着对年轻人的爱和期望。他鼓励年轻人飞翔,希望他们把握现在创造未来。诗的结尾是这样的:

> 金色的网织成太阳
> 银色的网织成月亮
> 谁织成那蓝色的天
> 落在我那幼年心上
> 谁织成那蓝色的网
> 从摇篮就与人作伴
> 让生活的大海洋上
> 一滴露水也来歌唱

这样铿锵的韵律,这样富有启发性的意象,这样新鲜的感受和语言,四十年后读起来还觉得好像是旦晚才脱笔砚的。80年代前期,我曾热衷于写旧诗词,他也把自己年轻时写的旧诗词给我看,都是些很有境界的作品,但他并不看重这些,他要用现代的语言,创造新的境界、新的格律、新的诗行。有一天他忽然对我说:"你真该学习写新诗!"言外之意是把精力放到写旧诗上有点可惜了。我于是也跟着他写了一些新诗,可是总也写不出那样新鲜的句子来,这才知道新诗的不易。

几十年近距离的接触,我越来越感到静希师首先是一位诗人,是一位追求超越的诗人,超越平庸以达到精神的自由和美的极致。他有博大的胸怀和兼容的气度,我从未听他背后说过别人的坏话;

他有童心，毫不世故；他对宇宙和人生有深邃的思考，所以他总能把握住自己人生的方向。他九十岁出版的诗集《空间的驰想》，是诗性和哲理巧妙融合的结晶。在这本书里，他推崇人的精神，歌颂精神的创造力，他希望人类不要被物质的"灰烬"埋葬，而失去了人生的真正目标。他用物理学家的眼光思考时间和空间，呼唤人类对空间的突破。正是这种深刻的思考、博大的胸襟，以及始终不衰的少年精神，支持他度过了九十五年的人生路程，依然如此健康而又才思敏捷。

　　静希师的学问和他的新诗创作紧密联系在一起。用一般文学史家的标准来衡量他，他的学术成就无疑是高超的。他的《中国文学史》，每一版都引起学术界很大的反响，其特色和价值，越来越受到文学史家的重视，香港有学者在一本评论中国文学史著作的专著中，对静希师的《中国文学史》用了很大篇幅详加论述并给予高度的评价。静希师关于屈原生平的考证，关于《天问》是楚国诗史的阐释；关于唐诗的多角度的论述，特别是关于"盛唐气象"的精彩发挥，以及关于李白"布衣感"的揭示；关于《西游记》文化内涵的新解，以及其他许多见解，在提出的当时都令人耳目一新，至今仍然给我们许多启发。但仅仅讲这些还是难以看出他可贵的独特之处。他可贵的独特之处，或者说别人难以企及之处，乃在于他是以诗人之心从事研究，是带着新诗创作的问题和困惑来研究古典文学的，同时将自己的研究成果用来指导自己的创作实践。他对《楚辞》的研究解决了如何从散文语言中创造诗歌语言这样一个重要的、从未被人注意过的问题；他对"建安风骨"和"盛唐气象"的提倡，既符合建安和盛唐诗歌的实际，也启示着新诗创作的一种突破的方向。他作为一位卓有成就的文学史家早已得到公认，但他在新诗创作上探索的成绩还没有引起应有的重视，他也许会感到一点寂寞，但仍处之泰然，这是需要时间和实践来检验的。我相信他的新诗创作，他对新诗格律的创造性探讨，必将越来越受到重视，并在今后新诗创作道路的探索中发挥作用。

　　静希师在燕南园62号这栋住宅里生活将近六十年了。虽然院子大门的油漆已经剥落，室内也已多年没有装修而显得有些破旧，但住在这里的年近百龄的主人精神依旧！有时趁着好天气我陪他在燕园散步，他不要我搀扶，自己昂首向前，步履安详，真不像是年逾九旬的老人。

　　他曾告诉我，走路一定要昂起头来。他一辈子都昂着头，而昂着头的人，精神是不老的！

2004年9月25日

（原载《化雨集》，人民文学出版社，2005年）

明暗之间
——记石承先生

汪 晖

章石承(1910—1990),扬州师范学院中文系教授,从事鲁迅研究。论文有《鲁迅作品中一些问题的初探》、《必须还〈从百草园到三味书屋〉以本来面目》等,编注有《扬州诗词》等。

汪晖,1959年生,1996年至2007年担任《读书》杂志主编。现任清华大学中文系教授。主要著作有《反抗绝望:鲁迅及其文学世界》、《无地彷徨:"五四"及其回声》、《现代中国思想的兴起》等。

章石承先生选注《扬州诗词》书封

白天还在北欧的夜空挣扎,不肯退入黑暗。我知道很快又是黎明。斯德哥尔摩的夏日,天长夜短,其实并没有真正的夜,不过是明暗之间。这景象让我想起鲁迅的谶语,我最喜欢的句子:"我不过一个影,要别你而沉没在黑暗里了。然而黑暗又会吞并我,然而光明又会使我消失。"

　　我于是想到那些曾经在"明暗之间"彷徨的老人,那些早已退入黑暗的影子的故事。

　　得到章石承先生的死讯是 1990 年夏天,那时我正在秦岭深处的商洛山"了解国情"。也在那一年春天,我的另一位导师唐先生病重住院,没有再清醒过来,一年多以后病殁于北京。我的硕士导师和博士导师先后辞世。我在这个世界上继续流浪,过着没有导师的生活。

　　石承先生是江苏海安人,1910 年生,原名章柱,号澄心词客。我在少年时代就知道他工于填词,因为我们是邻居,都住在扬州师院新北门宿舍的大院里,他和我的母亲同在扬州师范学院中文系教书。我上小学的时候,正是"文革"时代,那时知道他是"历史反革命",又不甚严重,究竟为的是什么,并不确切,我也从未问过他。虽然历经各种政治运动,但他的风度依然。听我母亲说,章先生年轻时曾在东京帝国大学留学,我于是觉得他那种谦恭的姿态得自他的留洋经历:躬身、颔首、一丝不苟。"文革"之后自然没有问题,我的印象中,即使是在"文革"期间,他也总是风度翩翩,他的夫人夏云璧女士总说,石承先生像个外交官。

我在1982年成为他的硕士研究生,专业是中国现代文学和鲁迅研究。那时他72岁,头脑尚清楚,只是记忆力已经不甚好。即使如此,看起来也仍然鹤发童颜,带着金丝眼镜,穿藏青色哔叽中山装,走路的姿势有力而端正。老人爱说过去的事,我于是知道他早年就读上海暨南大学外文系,却又在中文系选修中国古典文学的课程。30年代在东京时,学过外国文学和电影,也是中国诗词的研究生。1937年抗战爆发,他为了抗议日本的侵略,辍学回国。他慨叹说,那时没想到这一走竟再无缘日本,可惜的是许多书托给了房东,终于如泥牛入海。章先生的藏书在扬州是有名的,我每次到他的书房,看着四边堆积的书,一天天压迫起来,最终先生的书桌仅剩一小块可以写作的地方。也是在那时,我知道他在30年代开始发表新诗和旧诗,出版过《石承的诗》、《藕香馆词》和一些抗战小说,与石灵等诗人相熟。上海"孤岛"时期,他离开上海,回到他的家乡海安曲塘,创办成达中学,从事文学和文化活动,许多从上海逃出来的文化人就在他的中学里教书,我所知的有周煦良(外国文学学者,扬州"小盘谷"主人)、孙石麟(即诗人石灵)、许逸民(历史学者,后任教扬州师院,"文革"中冤死于狱中)等人。那时他的学校的位置在国、共和日本人三方地盘的交界处,所谓明暗之间,国、共两方面与他都有联系。我记得他说起过当时"联抗"的领导人如彭柏山、黄逸峰,他们有秘密的交往和公开的合作。比如他曾与彭柏山将军("联抗"政委)合作编辑文学刊物《文学者》,与黄逸峰将军("联抗"司令)的叔岳李俊民(后任上海古籍出版社社长)共事,担任教育委员会副主任(李为主任)。可能因为这样的经历,他在50年代初期曾任镇江《大众日报》社社长,兼镇江文联主席。不过,我猜想,也因此,自那以后,特别是"文革"期间,他颇受疑忌。我曾读过他的一首《声声慢》,是50年代末重回当年学校旧址时的情景:斜阳衰柳,冷落鸥盟;数椽茅屋,遍长苍苔;全没有旧时豪情,多的是袖染淄尘,平添双鬓的慨叹。最后是:"倾浊酒,且浇愁,沉醉未醒。"

石承先生是现代文学专业的导师,我也读过他写的《鲁迅作品中若干问题的初探》,但他自己更喜好的是古典诗词。除了故世后才刊行的《扬州诗词》(与夫人夏云璧女士合作)外,他还著有《李清照年谱》、《陆游诗选》等,但迄未刊行于世。他不单诗词写得好,而且与学生谈话,也总爱说些"寒鸦数点,流水绕孤村","叶上初阳干宿雨,水面清圆——一风荷举"之类的意境,念起来抑扬顿挫。他也特别喜欢中国的女作家的作品,古代的如李清照,现代的如萧红,也许这些女性的身世之感让他感动罢。他喜欢的多是婉约一派,也合乎他温文尔雅的气质。记得任二北先生到扬州师院任教时,石承先生告诉我,他幼年时曾得到过吴梅先生的指导,大概是给他改过诗。我当然知道任二北、唐圭璋、万云俊先生等诗词学巨子都是吴梅先生的高足,吴先生在中国近代词学方面的造诣,几乎无人比肩。我又知道他与章太炎先生有点远房本家或是别的渊源(他在外文系的老师陈麟瑞是柳亚子的女婿,与太炎先生熟悉)。我见过他收藏的太炎先生的一横幅,上录《荀子·荣辱》一章曰:"泄者,人之殃也;恭俭者,屏五兵也。虽有戈矛之刺,不如恭俭之利也。"意思是,戒骄慢,事恭俭,律己待人,以远耻辱。我有时想,石承先生颔首鞠躬的姿态,多少得自太炎先生的教诲。恭肃而俭约,也是在动荡而崩坏的时代里,保护自己,以远耻辱的唯一法门罢。那幅字一笔不苟,篆书,太炎先生真是古文家法。

　　石承先生的真正的老师其实既不是太炎先生,也不是吴梅先生,而是龙榆生先生。龙先生也是词学大师,他早年参与编辑的《词学季刊》是近代词学研究的重要刊物。他的《唐宋词选注》是我大学时最喜欢的读本之一。但不知为什么,石承先生一直没有说起这段师生缘,直到1983年我北上京城访学,才知道他在暨南念书时,是龙榆生和卢冀野(曲学专家,著有《饮虹五种》等)两先生的得意门生,且时有诗词唱和。因诗词深得老师的赏识,竟以外文系学生的身份,而在中文系给冀野先生代课。临行前,他说有事要交代,让我去他家。我敲门进屋,先生端坐在客厅,显然是在等我。我问他有些什么要交代。他说要我先到镇江,找退休在家的蒋逸雪先生,请他写信给时任鲁迅博物馆馆长的王士菁,因为蒋先生是王的私塾老师,而且曾经资助过王念书。这样可以通过王的关系查阅鲁迅的藏书。而后又说,有件事相托,但不要对别人说起,是私事。我颇有点惊奇,章先生竟有私事托我,而且如此正式。这私事说来简单,后来我才觉得不寻常。章先生说,他是龙榆生先生的学生,但40年代以后两相睽隔,而今龙先生已经不在人世。他颇想到北京扫墓,但身体如此,只能拜托我到墓上鞠躬致敬。他特别叮嘱说,要鞠三个躬。可是,章先生并不确切知道龙先生葬在哪里,于是又要我到北京图书馆去找龙先生的女儿龙顺宜,从她那里打听龙先生的墓的地点。

我依次而行。先坐船到镇江,找到病卧在床的蒋逸雪先生,请他写信。蒋先生旧学功底极好,除了出版过《刘鹗年谱》外,他对经学,特别是扬州学派深有研究。可惜那时研究经学几无可能,又因为扬州地方小,关系复杂,他一气之下自愿退休,回到距离镇江不远的一处乡间度日。深秋荒郊,蒋先生的家在一个稍高的土坡上,有绿树掩映。我找到那儿,进到屋里,昏暗的房子里躺着蒋先生夫妇,都在病中。我说明来意,转达章先生和我母亲的问候,蒋先生在床上草就给王士菁的信。我告别出来的时候已经是黄昏,登上破旧的公共汽车,看着车后扬起的尘土,心里有些沉重。因了蒋先生的信,加之王得后先生的帮忙,我顺利地查阅了鲁迅博物馆的鲁迅藏书。似乎不久之后,我也就得到蒋逸雪先生的死讯,据说是洗澡时无人照管、不慎落入烫水中烫伤后身亡。

在北京除了查阅鲁迅博物馆的藏书外,就是到北京图书馆找资料,我也就便在那里打听龙顺宜的下落,却遍访不得。后来见到一位老馆员,他告诉我说,龙顺宜早已退休,这里的工作人员多是年轻人,自然不知道。从他那里,我得到龙顺宜的地址。我已经记不得在哪一条街了,反正是一处北京寻常巷子里的大杂院,周围有许多人家,室内昏暗,那时已是年底,屋子里烧着炉子,仍觉得冷。龙顺宜和她的丈夫都在家里,听说我是石承先生的弟子既觉惊奇又觉感叹,因为时空暌隔,一晃几十年,当年章先生做龙先生的弟子时,龙顺宜还是个姑娘。那天的谈话,我至今仍然记得很清楚。龙女士先问我学的是什么专业,我说是现代文学;她有些诧异,说,章先生是学词学的,怎么带的是现代文学研究生?又问:你对周作人怎么看?那时学界对周作人在五四时期的贡献开始重新评价,至于汉奸一节,虽然在十年之后也未能翻案。我自然也如是说。记得他们夫妇听罢长叹一声,说:老一代快死完了,年轻的一代就更不能理解了。我知道我的回答让他们感到悲哀,可也无话可说,因为我并不知道他们想得到的是什么答案,又为什么感到悲哀。但那叹息的声音我一直不能忘怀,总觉得自己少不更事,伤了老人的心,是不该的。

直到1990年我在商洛山中读钱理群先生的《周作人传》,这才略知龙家与周作人的渊源。写到战后周作人被关押一节时,钱理群在注释中引了龙顺宜在香港《明报月刊》1985年3月号上的文章《知堂老人在南京》。1946年6月,周作人被押解至南京老虎桥监狱后,周作人的儿媳张炎芳给龙顺宜写信,托她照管周作人。此后龙氏姐弟每月或每十天便给周作人送些肉食、饼干、糕点之类,有时手头实在拮据,时间也会隔得长些。每年的冬天,龙顺宜为周作人拆洗棉衣、棉被。以后废名曾寄给周作人百元,也由龙顺宜转交。周作人在狱中翻译的英国劳斯的《希腊神与英雄与人》就是龙顺宜姐弟帮忙弄来的,自然还有其他的书。想必龙顺宜也读过周作人在狱中所写的那些诗歌,其中许多是托古自况。虽然说是"大声叫荒野,私语埋土穴",但他吟咏"忍耻逾十载,遂尔破强吴"的范蠡,"吁嗟七十叟,投身饲酷儒"的李贽,再加上"'投身饲饿虎,事奇情更真'"的自辩,对于龙氏姐弟而言,大概"了解之同情"是一定会有的。这些事使我知道龙家与周家的瓜葛,也使我知道为什么他们问起周作人的评价问题。使我隐约觉得,龙女士的问题背后还有些别的隐忧,是什么呢?

龙榆生先生的墓在西山的万安公墓,那时没有公共汽车通那里,需要坐车到一处,而后步行走过去。那时已是12月,天色灰冷。我找到那里时,离公墓关门的时间大约还有两个小时。万安公墓面积很大,一片片坟场。龙顺宜大概说了个方向,但并不确切。天色渐晚,我沿着一块块墓地慢慢地辨认。绝望之际,在一块极小墓碑上意外地看到一行小字,上面写着"江西九江龙七之墓",再无别的标记。我记得章先生说过龙先生排行老七,又是江西人,这定是龙先生的墓无疑了。不写出墓主的名字,大概是因了某种历史因由,"文革"时代这类事很多,我也见怪不怪。暮色中,北风里,我站直了,面对凄清的墓碑,向我从未谋面,也不知究里的墓中人,鞠躬凡三次。其时衰草瑟瑟,坟场无边,一片沉寂。那年我23岁。

回到扬州后,我去石承先生处报告,特别说到去龙先生墓上的经历。我记得先生的面色平静,什么也没说。对于龙先生的生平行述,我至今不是很清楚。不过,渐渐知道龙榆生与汪精卫是至交诗友,时有唱和。上海"孤岛"时期,如同周作人没有逃离北平一样,他没有离开"孤岛",后来竟应召去了南京,就任博物馆馆长。他虽曾拒绝出卖文物,但这点个人的清高,掩不住大节有污,在那样的历史情境中,不可能成为获得原谅的理由。他以汉奸罪入狱,先关在南京,后来迁至苏州。获释后,在上海音乐学院教书。当年石承先生在曲塘创办成达中学时,曾潜至上海邀请文化人去沪赴苏北任教,其中就有他的榆师,却没想到龙先生已离沪赴宁。我终于知道石承先生不愿多说的原因。怎样叙述这样的历史,对于极重师道,又明白大义所在的先生,当然是艰难的。我记得曾经与唐先生谈起"孤岛"时期的上海,那时他为了不给日本人做事,辞去了工作,贫病交加之下,一年间他失去了妻子、孩子和母亲等四位亲人。唐先生是位善解人意的人,性情也温厚,提及那段历史,语调仍是愤激的。那样的历史氛围,不可能提供理解其他选择的语境。而今一切已远。

一个普通的文人,生当乱世,即是不幸。是非由历史决断,个人行为的后果却不能以无奈了结。时间的流逝并未改变是非的存在,但在这之外,也许还有对于飘摇的个人命运的悲悯?对于曾想恳请龙先生离开"孤岛"的石承先生而言,大义与私谊在历史之中如此相悖,心绪之迷乱是可想的。他有一首词,题为《燕山亭·寄怀榆师》,先说"秋老霜枫,凝赤乱霞,衬染悲凉天气",又叙写"凭记当日追随,望云树苍苍,遣愁无计",最后是"满眼兵戈,星尽散、旧游词辈。憔悴。常盼取、平安相寄"。感时挂念,无以相寄,只能遥祝平安,不过是难以言说中的人之常情。石承先生并非不知大义,但"指引,记娓娓长谈,夜深更灯晕"的师弟情谊,又如何安置?他所能解释的,也许就是用所谓时代的悲剧含蓄地诉说个人的无奈,在这无奈中还存有的个人品德的另一面:"叹浪翻波滚,溅白璧,岂损冰清玉润。……"(《丁香结·悼榆师》)我偶然悬想石承先生苍颜白发,引颈北望,念远伤怀,而又无缘展墓的情景,心中不能忘怀的正是他的人之常情。暌隔四十年后,他嘱我在龙先生的墓前为他鞠躬,那礼仪中蕴藏的,是一位后辈对自己的恩师的怀念之情,而我也在糊里糊涂中尽了一个弟子对老师的责任。

石承先生的晚年是悲凉的。在我毕业之前,他的脑子已经开始糊涂,后来发展到老年性痴呆。发病的初期,人们并不把他当做病人看待。我的故乡那时关系复杂,近乎冷酷,石承先生起初是记忆力大坏,但还勉力支撑,不过得不到体谅。我从北京回家探望父母时,也去看他,他虽然认得我,却迟迟叫不出我的名字。此后又因早年离异的婚姻而弄得家庭破裂,即使在老年痴呆的状态中也未得安宁。听说有一次他手提雨伞,作长征状走失,据见过他的一位孩子回忆,石承先生一脸严峻,给了他一个橘子后说,要留心坏人。后来许多邻居出动,终于在远郊找到他:他依然手提雨伞,如同持枪的战士,埋头行路,面色凄苦。此后石承先生一病不起,终至残红褪尽,至死没有摆脱人生的是是非非。先生长我半个世纪,一生行述,不是我这样的学生所能判断,但我的心里总觉得章先生是善良的,在一个变化剧烈的时代里,像他这样敏感、自尊而又软弱的书生,能够闯过这样多的生活的裂缝,能够保留着那样的人之常情,已经是非常不易的事。他面对别人时,即使是自己的学生,也总是面带微笑,谦恭有加,颔首鞠躬,现在想起来,除了习惯之外,也是一种对人、对己的敬畏罢。这样的敬畏之情,而今的世界里确乎是越来越少了。

　　白天在夜中奔驰,照拂着明暗之间的人们。对于石承先生,所能记起的也多是匆匆的人影,我觉得我似乎从未真正进入他的内心。也许明暗之间的人,也就是些影子罢。但究竟是什么力量,使这样的文人,终至成为影子的呢?

(原载《读书》1996 年第 1 期)

跟随王先生念书

邓小南

王永兴(1914—2008),北京大学历史学教授。著有《隋唐五代经济史料汇编校注》(第一编上下)、《唐勾检制研究》、《陈门问学丛稿》、《唐代前期西北军事研究》、《敦煌经济文书导论》、《唐代前期军事史略论稿》、《唐代后期军事史略论稿》等。

邓小南,1950年生,北京大学中国古代史研究中心教授。著有《宋代文官选任制度诸层面》、《祖宗之法——北宋前期政治述略》、《朗润学史丛稿》等。

王永兴先生著《唐代前期军事史略论稿》书封

2008年秋,我在台湾成功大学任教,9月里的一个晚上,突然得知王永兴先生去世的消息。当天夜里,辗转反侧难以入睡,当年王先生教我们"念书"的片段场景,一幕幕回放在眼前。

30年前,我从生活9年的北大荒回到北京,考入北京大学历史系。我所在的中国史78级,是日后颇为老师们称道的一个班;但当我们入学之际,至少我本人,其实是懵懵懂懂的。上到二年级,刚调入北大不久的王先生和张广达先生合作讲授敦煌学研究课程,我们有些低年级的本科生也跟着研究生们去上。从那时起,就开始了先生们手把手教我们"念书"的过程。

先生们课堂上讲授的研究背景,提到的语汇、书名、人名、地名,对我们来说都十分陌生。为了便于指导,弥补我们的"先天"不足,王先生要求我们把课堂笔记交上去,逐一批改纠正,有时还会找学生去面谈。大到研究脉络,小到笔记字迹,先生都亲自过问指点。在这种严肃学术精神的感召下,学生们也协同尽力。记得有一次去先生宿舍的路上,为了先校正自己的错字,有同学边商议边俯身在路灯下修改。记不清有多少次,在健斋王先生的宿舍里,听先生讲学问、谈人生,看先生批改我们的习作。那时已近30岁的我,真有重做小学生的感觉,也深切体悟到什么是学术道路,感受到内心中强烈涌动的"再生"感。

当时我们在先生的指示下,编为不同的学习小组,有时利用晚上的时间集体阅读讨论。读到敦煌文书西魏大统十三年计帐户籍残卷,我们几个同学左右查考,反复讨论。天色已经很黑了,王先生来到 21 楼我们的宿舍,听罢大家的发言,脸上露出了欣慰的淡淡笑容。后来班里的男生曾经说,有次天下大雪,王先生顶着满身雪花,意外地出现在他们面前,参加了他们在宿舍中的讨论。

王先生对于国家、民族,对于学术事业的责任感,给学生们留下难以磨灭的印象。在他心中,一直有寅恪先生的精神风范,有振兴华夏文化的期盼;他说过在山西几乎走上绝路的苦痛,他挣扎下来是为了未竟的义务。为建设中国的敦煌学,先生研究不辍、诲人不倦,竭尽全力;为成立北大的中古史研究中心,建立学术研究的基地,先生以古稀之年上下奔波。在讲台上,先生总是从为人讲到治学;在课堂外,先生也引导我们学习阅读。念书时,一个个术语、一段段文章,如何理解到位,字斟句酌,从不含混。为培养学术队伍、播布学术种子,先生在当时的条件下做了自己能做的一切。

正是在王永兴先生和张广达先生的悉心指导下,我们这些本科二年级的学生写出了自己的第一篇学术论文;在当年的课堂上,也走出了一批今日唐史学界、敦煌学界的学术中坚。

就我个人的经历而言,没有当年的王先生,也就没有我的今天。在我的第一本小书《宋代文官选任制度诸层面》出版时,先父邓广铭曾经写过这样一段话:

> 在真肯使用四把钥匙治学的青年学子当中,邓小南竟也是厕身其中的一人。照实说,她并不是在我的指引之下,而是在陈寅恪先生的及门弟子王永兴教授的加意指引之下而掌握了这一治学途径的。王永兴教授所开课程是隋唐五代史,隋唐的职官制度、隋唐职官制度中的铨选制度,属于王教授的重点讲授内容之一,使听课者均深受其益,而小南则又把她所传承于王先生者推衍到宋代职官制度和铨选制度的研究,终甘居于寂寞之滨,孜孜矻矻地乐此不疲。

书出版后，我捧给王先生，先生读到这段文字，感到兴奋而宽慰。先父勉励我"甘居于寂寞之滨，孜孜矻矻地乐此不疲"，这种精神，也是从许许多多前辈学者身上传承而来。

对于我，王先生是有所偏爱的。每当想起这一切，心情就很难平静下来。我感觉到这偏爱，主要不是在30年前的课堂上，而是当我毕业之后。自从先生搬出朗润园，平日里很少见面，相互间似乎离得远了。但在晚年的先生心中，却从未忘记我这个学生。偶尔在校园中遇到先生，我总是陪伴走上一程；若逢先生离校，就送出西门去帮忙打车。先生每次见到我，总会握着我的手，谆谆询问的也总是同一句话："小南啊，最近在念什么书？"许多时候，我竟一时语塞。自己经常忙于杂冗之事，难得专心念书，面对这殷切的期望与关心，真觉得愧对先生。

先生对我们这些后辈的情感，体现于时时处处。数年前我们中国古代史研究中心为先生做九十寿，我们在门口迎候，搀扶先生走进院落。那时先生已经认不出我，但在他的发言中，却数次提到"小南"。今年初春我从台湾回来，锦绣告诉我说，王先生去世前，一直挂念着我，在病榻上还反复念叨"小南"。话音未落，我已经满脸是泪。我知道，我们这些学生牵动着王先生初到北大时期的深切记忆，也联系着他对于学术事业薪火相传的期待。

跟随王先生念书的日子，是我们学术生涯的起步阶段，也是人生中充实美好的时光。逝去的光阴不会再来，但先生耳提面命的教诲、志在学术的追求，将永远深藏在我们心中。

2009年春追念先生于德国维尔兹堡

（原载《通向义宁之学：王永兴先生纪念文集》，中华书局，2010年）

此声真合静中听
——怀念陈则光先生

陈平原

陈则光(1917—1992),湖南南县人。中山大学中文系教授,著有《中国近代文学史》(上册)等。

陈平原,1954年生。北京大学中文系教授、系主任,香港中文大学中文系讲座教授。著有《中国小说叙事模式的转变》、《千古文人侠客梦》、《中国现代学术之建立》、《中国散文小说史》、《触摸历史与进入五四》、《大学何为》、《北京记忆与记忆北京》、《左图右史与西学东渐》等。

陈则光先生著《中国近代文学史》(上册)书封

学界一般只知道陈则光先生是现代文学史家和鲁迅研究专家，可陈先生心目中的名山事业，却是其《中国近代文学史》。之所以产生这种错觉，一方面是陈先生在前两个领域确有引人注目的成就，另一方面则是其《中国近代文学史》没能真正完成。"千古文章未尽才"，这是悼念文章的套语，可用在陈先生身上却十分合适，尤其是指其没能完成思考、纠缠几十载的这一研究课题。

　　去年1月，我路过广州，到医院探望陈先生。呼唤了好几声，他才睁开眼睛，一见是我，眼泪直往下淌。临别时，只听他长叹一声："可惜我的书没能写完。"5月份我从香港回来，陈先生已经回到中大家中静养。尽管说话不大方便，陈先生还是希望谈谈他的《中国近代文学史》。那时我安慰他等病好了再考虑这些问题，他说躺在床上干着急，想的都是这部书。今年年初，陈先生病情好转，春节期间师友学生过访，据说谈的还是这部书；谁知才过两天，先生就一病不起。这部凝聚先生一辈子心血的《中国近代文学史》也就永远只有上册了。

　　1987年春夏之际，陈先生寄赠他所撰写的《中国近代文学史》上册（中山大学出版社），并表示感谢我的"再三催促"。从1982年我正式师从陈先生，到1992年他不幸仙逝，这十年间我们师生讨论最多的就是这部书稿。对书稿的写作，我没能插上一句嘴，也没能帮上一点忙，只是不断地"催"——希望先生不要过分矜持，让书稿早日杀青。大概先生悬得过高，加上我离开广州后催促不力，书稿还是没有最后完成。80年代初，近代文学研究刚刚复苏，一个偶然的机会,我发现了先生写于50年代的近代文学论文,而且学术质量相当高,这才知道先生不只研究鲁迅。先生称,他是研究近代文学"起家"的,而且至今还存有整份当年的讲稿。于是,我们师兄弟不时劝说先生赶快"转向",重理近代文学。每当这个时候,先生总笑眯眯地说,不急不急。其实先生心里还是有点急的,只不过不愿草率从事而已。尤其是1985年初遭车祸后,先生元气大伤,更时时有写不完此书的担忧。即便如此,先生还是不愿开快车、搞速成。就在遭车祸前几天,先生给我来过一信,谈他的研究计划:

"我对近代文学在57年摸了一下,以后就没搞了,可谓浅尝辄止。最近又重操旧业,因年龄的关系,而对着书山学海,时感精力的不够,未免兴叹。然而这些东西,还是深深地吸引着我的。"

此后,先生便全力以赴地投入《中国近代文学史》的写作。当初我们劝先生用两年时间,先把书稿整理出版,以后再慢慢修订;先生执意不肯,非全部推倒重来不可,说是要不心里不踏实。听到先生去世的消息,我第一感觉是,先生病危时一定为此书的没能写完而撕心裂肺。作为一种研究策略,我们的建议或许不无道理;可作为治学态度,我还是欣赏先生的认真和持重。我到北京求学后,先生不止一次来信,谈及近代文学研究,称:"这是一项极艰巨的工作,因为艰巨,得出来的成果道人所未道,才有意义有价值。"正因为理解其"艰巨性",治学时才如临深渊、如履薄冰,不敢放言空论。当初年轻气盛不大能理解先生治学的苦心,反而埋怨先生过分谨慎;如今想来,惭愧不已。

先生治学,一贯以"平实"取胜,从没有惊世骇俗的高论,可有理有据,立论大都站得住脚。已出版的《中国近代文学史》上册,颇能体现先生这一治学特点。"绪论"一章是根据50年代末的《中国近代文学的社会基础及其特征》一文改写的,还是强调社会——文化——文学三者的互动,但具体的论述更为详实可信。先生不以理论思辨见长,大的框架没有多少突破,具体的论述则新意迭现。对桐城派的中兴，以及对弹词在晚清文坛的意义，先生都有自己独特的见解。尤其是关于15世纪下半叶小说的研究，更见先生的功力。大的研究思路仍是沿袭鲁迅的《中国小说史略》，用狭邪小说、侠义小说和谴责小说来把握小说界革命前的中国文坛。可描述每一种小说类型的演讲时，先生都特别注意文学思潮与具体作品的历史联系。而突出西湖散人之《万花楼》开始体现"侠义小说与公案小说合流的倾向"，或者将蒙族作家尹湛纳希的《一层楼》和满族作家文康的《儿女英雄传》作为近代少数民族作家"对《红楼梦》反响的两种趋向"，更是"道人所未道"。

先生对具体作家作品的解读相当精细，对文学与政治的关系比较关注，对通俗文化有很高的热情，这些都是他们那一代文学史家的共同特性；只不过因为先生治学严谨认真，不时能突破原有理论框架的限制。先生学有根底，却并非一味守旧，颇能欣赏与之不同的学术思路。1999年8月，北京大学召开"20世纪中国小说史国际学术讨论会"，先生在提交给会议的论文中，既高度评价了我撰写的《二十世纪中国小说史》第一卷，又坚持他注重社会思潮和强调作家作品整体把握的一贯主张，对此书有所批评。会后师生在未名湖畔漫步，先生一本正经地说，每代人都有自己的路，我提意见只是表明我的态度，并没有要求你照改。你还是继续走你的路，不过讲话注意点分寸就是了。

先生治学风格平实，除了"有实事求是之意，无哗众取宠之心"外，更得益于其"分寸感"的把握。刚师从先生时，每次听完我的研究报告，先生总不忘叮嘱"论述时要注意分寸"。开始不免逞才使气，被敲打几次后也就老实多了；慢慢体会到治学中掌握"分寸感"的必要和艰难。我在中大师从吴宏聪、陈则光两位先生和在北京师从王瑶先生，除了具体知识外，最重要的收获莫过于对学问的敬畏之心以及对分寸感的掌握。只是直到今天，落笔为文，仍嫌火气太大锋芒太露，无法真正做到平正通达。

先生是湖南人,但不吃辣椒,或许是久居岭南的缘故,反正显得温和、宽厚。在中山大学师从先生攻读硕士学位那两年半时间里,有几件事件我印象特别深,自认很能体现先生的为人为学。

我刚上研究生那阵子,略有狂态。第一篇交上去的读书报告专论五四白话文运动,洋洋洒洒写了一万多字;报告发下来时把我吓了一跳,先生的批注密密麻麻,和我文章的字数不相上下,有商榷论点的,有校对史料的,也有改正标点符号和错别字的。不在乎观点异同,单是这种治学态度就把我慑服了。读书事,如鱼饮水,冷暖自知,自觉平生治学不太敢偷懒,这与我前后师从的几位先生,不管学术成就高低,但都以严谨著称有关。

1983年初,我在《中山大学研究生学刊》上发表了《论西方异化文学》一文。在随后而来的清除精神污染运动中,有人到处告状,指责此文为宣传精神污染,大有置之死地而后快的意思。是先生挺身而出,主动承担责任,向校方表示此文经他审阅,没有政治性错误。事件平息后,先生又屡屡告诫我:"讲话要有分寸。"我自然明白,这时所说的"分寸",指的是别老闯红灯。先生对此事颇为自得,平生以鲁迅为榜样关键时刻能为学生撑一把腰,还有比这更值得骄傲的吗?我至今仍清楚记得,当他向我介绍整个事件经过以及他自己的表现时,顺带提及鲁迅先生对待青年的态度。鲁迅先生的人格魅力,使得许多研究者也都习惯于像他那样肩住黑暗的闸门,放年轻一代到光明的地方去。这也是在中国,鲁迅研究界虽也鱼龙混杂,但总的来说骨头较硬,更讲人格和气节的原因。

当我第一次向先生表示,希望到北京大学继续求学时,先生明显不悦。本来计划让我毕业后留在中大任教,可我却想跑出"康乐村",这大概有点让他伤心。好在他和我的另一位导师吴宏聪先生都很推崇王瑶先生,相约让我提前毕业,并联合推荐我北上报考王瑶先生的博士研究生。说是考上放行,考不上不准改换门庭。我临上北京就学的前一天,先生在家设便宴为我送行,酒后吐真言,说是

"其实我年轻时也很想上北京"。我也觉得以先生的性格志趣,更适合于北方生活,只是不好意思问当初为何没能成行。此后好几次见面,先生总不忘感叹:你当初决意北上求学是对的。至于为什么是对的,先生从不解释。在南方众多学者中,先生治学风格和趣味更接近于"京派",不知道是不是因为这个原因,促使他发此感叹?

先生为人为学均极为认真,平时不苟言笑,学生们背后称他"陈老夫子"。每次上课,拿着厚厚一本讲稿,几乎照着念,很少有即兴发挥。同学们尽管钦佩他备课认真、治学严谨,可还是不大习惯这种沉闷的讲课方式。只是在若干年后,当初手舞足蹈因而大受欢迎的课程烟消云散,而先生认真扎实的讲授反而凸现,大家这才承认"照念讲稿"也是另具一格。

课堂上不苟言笑的先生,在家里却显得十分随和。接触多了,甚至发现表面迂执的先生,其实也不乏文人趣味。我北上念书后,先生曾录旧作寄赠:"月沉柳岸隐吹笙,何处朱楼酒未醒。莫道缘窗人寂寞,此声真合静中听。"不知诗后有无"本事",也不想为此强作解人。只是隐约觉得先生晚年重录少作,有相当深沉的感慨。

(原载《中国现代文学研究丛刊》1992 年第 4 期)

教泽与启迪:怀念先师赵俪生教授

秦 晖

赵俪生(1917—2007),山东安丘人。兰州大学历史系教授。著有《赵俪生文集》(六卷)。

秦晖,1953年生。现为清华大学历史系教授。主要著作有《田园诗与狂想曲:关中模式与前近代社会的再认识》、《实践自由》等。

赵俪生先生与弟子。前排中为赵俪生先生，左二为本文作者秦晖

一

我的导师赵俪生先生去世了。

回想1978年,我们这些"文革"后第一届研究生进校时尽管都是动乱年代坚持读书的人,毕竟刚经历了"文化断层",对传统用语不熟悉。一位师兄在文章中写道"先师赵俪生"如何如何,他大概是觉得"先师"是类同于"先生"而更为尊敬的一种称呼。结果赵先生读了哈哈大笑:"我还活得好好的,怎么成'先师'了?"

而今音容宛在,哲人已逝,赵先生走完了他坎坷、传奇的91个春秋,真的成了我们的先师了。

先生对于我是有殊恩的。我1966年刚进中学就碰上"文革"停课,接着广西发生惨烈程度冠于全国的"武斗"——其实就是枪林弹雨的内战,战火甫熄,我就在不到16岁时"初中毕业"下乡插队了。此后是9年多的"早稻田大学"生涯,直到1978年我成为赵先生的研究生。所以除了"文革"前的6年小学,我真正的杏坛受业生涯就是在赵先生门下那一段。当年我虽然考得很好,但"早稻田大学"的出身不免于成见。尤其是我那"先天性青光眼,右眼失明,左眼视神经萎缩,裸视力0.2,矫正视力也仅0.7"的体检表,令人印象强烈。因此后来听说录取我的阻力颇大。是赵先生力排众议,我才得以跨入校门。据说当时先生曾言:如不招秦晖,我就一个也不招了。还说:秦晖就是失明,也可以成为又一个陈寅恪。

近30年过去了,我并未失明,愧对师恩的是也没有成为"陈寅恪"。但赵先生对我的知遇之恩,实迥然别于一般师生。人生道路靠努力,也靠机遇。我想我一生最大的机遇就是能够师从赵先生。是他把我带入学术殿堂,而且我至今研究的农民问题也是缘起于先生当年对土地制度史、农民战争史的"拓荒"。如果不是遇见了赵先生,我的人生道路很可能完全是另一个样子。

但作为学者,赵先生所给予我的又岂止于"机遇"而已。先生之学博大精深,对我的启迪难以估量。虽然我和先生是两代人,知识领域不可能重叠,时代赋予我们的"问题意识"不可能一样,治学之路不可能雷同,甚至对许多问题的看法也不一样,但即便就是在那些"不一样"之处,也有来自先生给我的启发。在缅怀先生的此刻回顾这些思想路程,是对先生的最好纪念。赵先生自己是个独立思考者,他也这样要求我们。因此我相信先生的在天之灵,会高兴地看我写下这段文字。

赵先生在1958年被打成"右派",并因此差点死在夹边沟。但在1949年前他却是典型的左派学者。他不仅全程参加了"一二·九运动",参加了中共领导的山西新军并曾任营指导员之职,而且后来"卸甲读书"后也仍然以左派思想、尤其是马克思主义作为治学所依的主要思想资源。先生自谓"平生不喜饾饤之学",重视宏观研究和理论分析。尽管后来许多"主义者"由于赵先生被整肃而不承认,但在1949年前后形成的马克思主义新史学体系中,他实属于贡献最大者之一。与他同时被打成"右派"的另一史学大师向达先生曾不无讽刺地称当时的新史学为"五朵金花",即主要讨论古史分期、农民战争、土地制度、民族关系与民族融合、资本主义萌芽这五大问题。而赵先生对其中三朵"金花"都有很大贡献:对农民战争史他有公认的筚路蓝缕之功,土地制度史他建立了自己的研究体系,第三朵即"古史分期"和社会性质讨论他也是其中"魏晋封建论"一派的重要学者之一。但是赵先生出名的并不在于对"魏晋封建"的具体论证,而在于他对此说的理论基础,即马克思关于"古代东方"和"亚细亚生产方式"的思想所做的阐释和发挥。

马克思的"亚细亚国家"理论与"共同体"概念密切相关。在19世纪,古代或"传统"社会以身份性、强制性和依附性的"整体"为特征,而近(现)代化意味着个性与个人权利的觉醒和自由人的契约联合,这是启蒙时代以来各种"进步"思想的共同观点。举凡卢梭、黑格尔、梅恩、密尔、滕尼斯、迪尔凯姆乃至马克思、拉法格、考茨基和普列汉诺夫,都是这么看的。马克思认为:"我们越往前追溯历史,个人就越表现为不独立,从属于一个较大的整体。"这些"整体"的演变过程是:最初是"完全自然的家庭",然后由家庭"扩大成为氏族",又由"氏族间的冲突和融合"形成各种更大的共同体。或者说是:"自然形成的共同体"包括:由家庭"扩大成为部落",然后是"部落的联合"。由这些"自然形成的"组织再合成"凌驾于所有一切小共同体之上的总合的统一体",即"亚细亚国家"。在这些压抑个性的"共同体"或"统一体"中,个人只是"狭隘人群的附属物",个人本身就是"共同体的财产"。由所有个人对共同体的依附产生出共同体成员对"共同体之父"的依附。而这,就是"亚细亚专制"之源。

在当时实证资料有限的情况下,上述见解实际上是从那些学者对自由的价值追求中逻辑地推出的。所谓"亚细亚国家"就是这样一个与其说是事实判断、不如说是价值判断的概念。马克思当时说的"亚细亚",有如下基本特征:它是社会的第一个发展阶段;那时没有私有制,而是"土地国有"、"农村公社",在此基础上建立了严酷的专制主义和"普遍奴隶制"。

但是这种描述到了后来的"五种社会形态"说中,就面临严重的解释困难。根据斯大林时代的理解,"专制国家"和"奴隶制"只是"私有制"的产物。而"无私有"的,或者一切皆为"公社"的状态则被涂上了"平等"的玫瑰色:或者是未来理想的"共产主义",或者是据说为人类本初状态的"原始社会",而后者除了物质贫乏、"生产力很低"外,在道义上似乎很美好:那是个"无阶级"、"无剥削压迫"的"原始民主"、"原始共产主义"状态。而马克思的"亚细亚"却把"无私有"、"共同体"、"公社"和骇人的"专制国家"、"普遍奴隶制"挂上钩。这在"五形态"中往哪儿摆呢?你说它是"原始社会"吧,它又充满"剥削压迫",你说它是"奴隶社会"吧,它又没有"私有制",而且马克思明明是把它摆在初始位置,而不是继"原始社会"之后的"第二阶段"。

于是后来的苏联就出现了"两种类型"说和"两个阶段"说的长期论战。前者认为"亚细亚"只是东方"水利灌溉"地区的特殊社会类型,不适合于欧洲与其他非"水利灌溉"地区。后者承认"亚细亚方式"不仅亚洲有,但说它是介乎"原始社会"和"奴隶社会"之间的过渡阶段,"无私有"是原始特征,"专制国家"是奴隶社会特征,因此它似乎应该是"早期奴隶制"或曰"不发达奴隶制",与后来的"典型奴隶制"或"发达奴隶制"共同构成"奴隶社会"的两个阶段。但是,这两种说法在实证上与逻辑上都有大量的破绽。

而且更重要的是:那种无"私有"却有"专制"和奴隶状态的说法容易引起现实的联想。事实上,当年普列汉诺夫那一代马克思主义者在俄国进行反专制斗争时,的确运用了这种说法来抨击当时的沙皇专制"公社国家",他们斥责沙皇"用刺刀和鞭子强迫农民'共耕'",指出"俄国农民分裂成两个阶级:剥削者的公社和被剥削的个人",疾呼"农村公社对农民的危害越来越大了",还把支持独立农民、实现退社自由列为无产阶级政党第一个土地纲领的"唯一内容"。他们同样抨击当时的民粹派美化农村公社、抵制资本主义的主张是为"亚细亚专制"张目,是反动的"警察民粹主义",是追求"古代中国或秘鲁式的共产主义基础上革新了的皇帝专制"。那时"亚细亚专制"之说在现实中既有如此作用,学术上又还没有与当时并不存在的"五形态"官定模式发生冲突,所以它曾经是反专制的马克思主义者手中的锐利武器。从普列汉诺夫、早期列宁直到俄国马克思主义史学开山祖波克罗夫斯基,都娴于此道。

然而到苏联时代形势大变,布尔什维克自己搞起了更严厉的"公社国家",同时确立了"五形态"的官方史学,"私有制"被判定为"剥削压迫"的唯一根源,退社自由成了大逆不道,民粹派的罪过也从维护"专制公社"变成了鼓吹"小农自由"。于是关于"亚细亚方式"的讨论就变得非常敏感以至危险。苏联时期为此曾屡兴大狱,很多人为此掉了脑袋。

在我国,民国年间的社会史论战中"亚细亚方式"说就被判定为"托派理论",1949年后很多人也为此遭厄运。加上与认同欧洲的俄国人不同,身处东方和亚洲的国人对贬义浓厚的"亚细亚方式"理论还容易产生另一层反感情绪:这个理论除了"托派异端",似乎还有"殖民主义的西方偏见"之嫌(尽管在马克思那里"亚细亚"是个普遍性概念,并无专指亚洲之意)。于是在我国,"亚细亚方式"理论更是长期成为学术禁区,直到1990年后还发生过一场对它的"大批判"。

偏偏赵先生这个"不识时务"的天真左派很执著于这个理论,在1949年后的几次讨论中他都是"亚细亚生产方式"理论最热情的弘扬者(甚至不用说"之一")。早在我尚未正式成为先生弟子的研究生复试期间,他就赠给我一本日知译的早期繁体字版《前资本主义生产形态》,这篇关于"亚细亚方式"最详尽的叙述是马克思1857—1858年手稿中的一节,而日知译本是流传很少的非正式译本。后来该手稿有刘潇然译本和中央编译局的《全集》第46卷本,但在1978年,这两个版本都尚未问世。老实说,刚刚从大山中走出的我当时读得是一头雾水,这不仅因为该文作为手稿本身就写得艰涩,日知又只译出其中一节,没有上下文实难理解,而且这种早年译文与后来我们熟悉的表达方式也有不小差异。当时我不明白研究中国史何以要必读这样一本书,后来我渐渐理解了:当年争取自由民主的左派青年在反对国民党专制时读到"亚细亚方式"理论时的心态,与沙俄专制的反对派普列汉诺夫们应当说是非常相似的。与其说他们是在对古史实证资料(1940年代人们知道的古史资料与今天相比,不可同日而语)充分掌握后觉得与马克思的叙述恰好契合,不如说他们对现实生活的感受使其在价值判断上倾向于这种解释。事实上,赵先生后来被打成"右派"虽另有直接原因,但从当年批判"大右派赵俪生"的文字中可见,他理解的马克思主义具有"不合时宜"的异端色彩,也是一个潜在因素。而当时的"古史分期"讨论中,赵先生他们主张的"魏晋封建说"之所以一直不是主流并屡被压制,也并非因为此说在实证上不如正统的"战国封建论",而是由于此说在"古史分期"诸说中受"亚细亚方式"理论影响最大,言必称"共同体",不如把"土地私有自由买卖"当做头号"封建"标志的郭沫若一派更合乎"时宜"罢了。

今天我们论史,早已不必纠缠于"古史分期"的意识形态外壳。而从思想史上看,走下神坛的马克思对早期社会的看法演变也完全可以理解。马克思当年把"共同体"看做"人的依附性"之源,这本是从启蒙时代继承来的自由思想所致,很难说是纯粹的史学论断。后来马克思的变化,主要是晚年受摩尔根的影响,明确区分了"部落"与"氏族",并放弃了由家庭"扩大成为"氏族或部落的观点,转而认为"氏族解体"产生家庭。

但是这一点究竟能引申出什么,看来直到最后也并不清晰,我们只知道马克思晚年大量阅读人类学著作,试图有所总结。他死后,恩格斯根据自己对摩尔根的理解(马克思是否同意这种理解,人们已无从判断)写成《家庭、私有制与国家的起源》一书,这才完成了对人类原初状态的描述从"亚细亚专制"到"原始平等"的变化:原来由家庭(当时人们理解的父权制家庭)—氏族(族长制宗族)—国家(专制帝国)同构的共同体观念使马克思这时设想的最早共同体虽无"私产",但极端专制。而后来摩尔根的"氏族瓦解为家庭"观点则引申出"父权(专制)源于私产"、"原始公社"却对应于"原始民主"、"原始平等"的说法。后人不察此变,以大加宣传的"原始公社"为马克思的终身主张,于是遂有"亚细亚"是"原始社会"还是"奴隶社会"的无谓争论。

而更重要的是:原来无论马克思还是恩格斯都有一种"公(初民共同体)——私(个人自由财产)——公(未来的自由人联合体)"的三段论宏观历史假设。但是,不仅第一个"公"在马克思那里是"亚细亚专制",比在恩格斯那里的"原始平等"更具负面色彩,而且中间那个"私"的定位也发生了微妙的变化:在马克思那里它只指"市民社会"(即今天被称为"资本主义"的近代社会),此前的全部历程(包括后来所谓的奴隶社会与封建社会等"前资本主义"时期)都是"以共同体为基础的"社会,其"进步"的方向(包括"民主革命"的经济内涵)是从"共同体的躯壳"中解放私产、实现财产自由。只有到"市民社会"发达后才谈得上向自由人联合体过渡。而到恩格斯那里,"私"却成了"原始社会"之后所有"阶级社会"(包括"前资本主义"的"封建社会")的共同特征,于是"反封建"的"民主革命"似乎反而具有了摧毁财产自由的性质。当然,即便在恩格斯那里,"家庭、私有制与国家"本是一丘之貉,取代"私有制"的也应当是自由人联合体而不是什么"国有制"。然而到俄国人那里,崇尚不受制约的强大国家、把"私有制"变成"国有制"就成了新的教条,无怪乎那种贬斥"土地国有制"的"亚细亚生产方式"理论要遭厄运了。

今天看来,我们不必把马克思当年推论的"亚细亚"当做实证的历史学命题。但摩尔根的"原始平等"也受到后来的人类学实证的挑战。"原始"的等级权威不仅在初民社会,而且甚至在动物世界中也能观察到;许多文明,包括希腊罗马文明均来自"王政时代"而非来自"原始平等",表明初民的共同体虽无"私有制",但的确不乏奴役色彩。

而更重要的是:并非实证史学概念,但作为一种价值取向的"亚细亚生产方式"理论作为一种批判专制、倾向自由民主的思想资源今天并非没有它的价值。在这方面,后来的魏特夫把它曲解成一种以"治水"为起因的地理决定论概念,并用来专指"东方大河流域灌溉农业区",这是不能成立的。尽管马克思也有关于水利灌溉的片言只语,但在逻辑上他明确地把"交换不发达"导致共同体对个人的控制这一点作为"亚细亚方式"的基本形成机制,并把它视为普遍存在的人类早期现象。俄国这个并无灌溉农业传统的地方经常被当时的马克思主义者视为"亚细亚式国家"就是旁证。即便在接受摩尔根影响后,前后期马克思,甚至到恩格斯,关于从共同体的人到个性化的人的基本历史哲学理念仍然是一以贯之。直到"前斯托雷平时代"的俄国社会民主党人,还以此作为马克思主义与民粹主义的分界,普列汉诺夫关于"剥削者的公社与被剥削者的个人"的名言即为明证。应当说,追求作为普世价值的自由,这种精神遗产的确不仅仅来自"右"边。至少,经赵先生传承于我的"亚细亚方式"批判理念对于我后来思想的形成,的确有很大影响。

二

　　土地制度史是赵先生学术成就的更重要的领域,在这一领域他耕耘了约 20 年。在我看来,这既是先生"社会形态"研究的实证化,也是他农民问题研究的深化。"古史分期"脱开意识形态外衣实际上是社会经济史问题,赵先生在 1950 年代讨论时主要是讲理论,但那时起他就关心"食货"之学。被打成"右派"前,赵先生致力于研究农民战争史。遭厄运后发表文章困难了,反而使先生的研究向纵深发展。按赵先生用他那个时代话语的说法:"从研究爆发时期的阶级斗争深入到研究一般时期阶级关系的演变。"
　　我国传统食货之学从朝廷财政偏好出发注意田制(朝廷的土地

管理)、赋役问题,而现代的"阶级斗争史观"喜欢强调民间的租佃、雇佣、奴隶等关系。从大范畴讲,赵先生无疑属于后者,但前面提到的那种现实感与理论爱好,使他实际上更重视"超经济"关系而非民间的经济往来。因此他谈租佃、雇佣较少,而谈"田制"更多,在时间上则偏重于"田制"作用更大的宋以前,而略于宋以后。然而赵先生谈"田制"自然不同于传统的食货之学。他自谓:"我从事这个项目(按即土地制度史),也有我自己的特点。我是从中国古代土地公有和集体所有解体的不利落,土地私有制中夹杂着公社残余和国家权力的干预,来展开研究的。一句话,就是从亚细亚生产方式的角度来研究问题。"可见马克思的"亚细亚方式"理论对先生的土地制度史研究也影响不小。

但在我看来,赵先生的观点与本来的"亚细亚方式"理论已有不小差别。本来马克思讲的"亚细亚"是把"土地国有"和"农村公社"看做一回事的,一种说法认为,"农村公社"就是"亚细亚专制国家"的基层组织。而当年俄国马克思主义者以"亚细亚方式"理论抨击沙俄体制时也认为,俄国传统的农村公社"米尔"是专制国家的工具。这样的判断甚至影响到现实:苏俄早期与我国都曾把国家编制起来的农民组织叫做"公社"或"人民公社"。另外,马克思早先讲"亚细亚"时通常是含糊地谈论"公社"、"氏族"和"部落"等"共同体",其间并无严格区分。但是后来受摩尔根、科瓦列夫斯基等人类学家影响,后期马克思乃至恩格斯开始区分"母系氏族公社"、"父系氏族公社"和"农村公社",而恩格斯尤其强调血缘组织"氏族公社"与地缘组织"农村公社"的区分,并认为由血缘到地缘是一大进步。当年苏联讨论"基辅罗斯社会形态"时,就为古罗斯的公社是血缘的还是地缘的(即氏族公社还是农村公社)激烈争论十多年。

而中国三代社会有明显的血缘族群色彩,按上述定义是很难说"农村公社"的,但如果说那是血缘性的氏族公社,三代似乎就成了"原始社会",又与论者想强调的"阶级斗争"无法契合。当时以郭沫若为代表的主流学派为此干脆就不谈"公社",只谈"国家"。通常都说三代是"奴隶主国家所有制"(有时又说"实质上是奴隶主私有制"),商鞅变法后则变成"地主私有制"。赵先生因此批评道:"公社(Commune)这件事物,在先秦史和井田制中,是躲闪不开的,但郭老却说不能讲公社,讲公社就没有了奴隶社会;在北魏史和均田制中,公社已经不是躲闪不开的问题了,但唐长孺先生却说公社是均田农民之父,等等。这时,郭、唐是上古史、中古史的最高权威,我抖起胆来跟他们争辩。"在这里,先生所说的"公社"已经回避了"血缘"还是"地缘"的问题。而他认为井田制是"公社"而非"国有制",则已经不同于把"土地国有"和"农村公社"视为二位一体的"亚细亚"理论。

显然,赵先生重视理论但并不拘泥于理论。而我们由先生的研究可以引申出一些极重要的道理:

无论中外,在古人聚落中血缘地缘关系通常兼而有之,强分轩轾可能不切实际。血缘认同基于人性,古今中外都存在,近代只不过是人们的认同形式随社会交往的发达而日益多样化,血缘地缘而外,教缘(同信仰形成教会等)、业缘(同职业形成行业公会等)、利缘(利益联系而形成企业等)、政缘(同政见形成政党等)等各种认同也发展起来,血缘认同因而自然淡化。但不能说血缘认同就比地缘认同"落后",地缘认同又比其他认同"落后"。那种以政治强权打击血缘认同、提倡"爹亲娘亲不如权势亲"的行为不是什么现代化,而是"暴秦"法家古已有之的倒行逆施。旧式父权族权今天应该否定,那是因为它以强权剥夺了人的自由,而不是因为它保留了血缘亲情。自由的宗亲同姓联谊与结社在任何现代社会都是正常的。这正如旧时的神权与异端审判应该否定,但信仰自由的现代社会仍会有教会;欺行霸市的中世纪行会应该否定,但公平竞争的现代仍会有同业公会;束缚人身的村社和采邑应该否定,但迁徙自由的现代仍会有社区;"贼船好上不好下"的帮派会党应该否定,但宪政民主的现代仍会有政党;奴隶庄园应该否定,但市场经济的现代仍会有企业一样。总之,旧式"共同体"的"落后"性不在于它认同于什么"缘",而在于它的强权性即对人们自由的剥夺。

19世纪以来,国际上许多学者用于分析传统社会的"共同体"概念通常不分什么"缘",但都强调它的整体性(对个性的约束)和依附性(不可摆脱),即马克思说的:"我们越往前追溯历史,个人就越表现为不独立,从属于一个较大的整体。"在这个意义上,现代公民的各种自由社团与联合,不管是政缘的党派、利缘的企业、业缘的公会、教缘的教会,还是地缘的社区、血缘的宗亲团体都不是"共同体"。例如,滕尼斯的 gemeinschaft(共同体)一词主要是与近代"社会"相对而言的。尽管该词作为一般语词并无"小"的意思,像德语中大西洋联盟(atlantische Gemeinschaft)、欧洲共同体(europaische Gemeinschaft)、基督教世界(Gemeinschaft der Glaubigen)等词组中该词都表示一种庞大联合。但滕尼斯在社会学意义上使用该词时,是把它定义为一种类似于"熟人圈子"那样的小群体(相对于"民族(nation)"范围的"社会"而言)的。但是,滕尼斯在区别"共同体"与"社会"时主要强调的并不是群体的规模大小,而是两者的性质即群体的建构机制不同。在滕尼斯看来,"共同体"区别于现代公民社会中的小型组织(社区、企业、学会等等)的本质之处,在于共同体的整体性即其成员的依附性和人格不独立——相对于近代公民"社会"以其成员的独立人格为基础而言。

比滕尼斯更早,马克思青年时代在哲学著述中频繁使用的"共同体"(主要是 gemeinwesen,有时也用 gemeinschaft 一词)概念也是比较泛化的(他提到古代的共同体,也提到"市民社会是共同体",家庭、村社、等级是共同体,国家也是"政治共同体",以及"人的实质是人的真正的共同体"等等),并没有特定的社会史含意。但后来(尤其在政治经济学和社会历史著作中)则赋予了这个词以类似于滕尼斯的社会学意义,即指人类在古代或不发达状态下形成的人身依附性群体。他所谓由"共同体"到"市民社会"的提法,也具有与滕尼斯由"共同体"到"社会"之说类似的历史进步论含意。

不同的是,马克思除了对这种进步给出一种唯物主义的和决定论的解释外,他对"共同体"的定义也远比滕尼斯的为广。在1857年手稿中,他列举的"较大的整体"中就包括了从"家庭"、"氏族"、"部落"、"部落的联合"直到"亚细亚国家"。可以说马克思与滕尼斯的共同体理论,在揭示共同体的人身依附性质方面是一脉相承的。但是滕尼斯讲的是小的(以直接的人际交往与口耳相传的地方性知识为半径的)、"自然形成的"(一般主要是血缘、地缘性的)共同体。而马克思讲的则是"自然形成的和政治性的"共同体乃至"总合统一体":从家族直到"亚细亚式的国家",从原始的家长制直到中世纪封建制。

但是今天看来,同样是束缚性的、不同于近代自由社团的那些传统"共同体",其功能还是差别很大。而最明显的差别还不是在血缘、地缘等诸"缘"之间,而是在那种其内部有直接的人际交往的"熟人共同体"与更大范围的"陌生人共同体"之间。滕尼斯讲的共同体基本上就是前者,而马克思讲的"部落的联合"、"亚细亚国家"属于后者。我们也可以更简单地把两者分别叫做"小共同体"和"大共同体"。

小共同体虽然也不是近代自由社团,也有人身依附与个性压抑问题,但作为稳定的熟人乃至亲族群体,它有温情纽带,有"信息对称"与"多次博弈"基础上的信任机制,因此可以更多地依靠伦理维系。国外农民学中斯科特等人所谓的"农民道德经济"就是这样产生的。而大共同体的陌生人间没有这种纽带,它的维系就要更多地依赖理性化的强制机制。必须指出:大共同体为了管理方便常形成科层结构,如郡、县、乡、里等,其中的末梢组织也是小单位,成员常常也互相认识。但这些大共同体的基层末梢与"小共同体"仍有性质的不同,因为前者的运作主要靠上层指令,而不是靠伦理。甚至于有时为了防止小共同体认同导致对大共同体的离心,还人为地破坏伦理。我国古代法家之鼓励"告亲",刘邦这种乡里不齿的痞子(司马迁说是"无赖")被用做基层干部(亭长),乃至后来的回避制和以科举取代"乡举里选",就是这样来的。在大共同体强大的条件下"道德经济"很难发达,但这未必就会造就"理性小农"。国外农民学围绕后两者的讨论,对于中国的实际显然很隔膜。

显然,传统小共同体不同于近代自由社团,正如大共同体有别于近代公民国家。而生活中的种种小单位在这一分析框架下可以分成三种类型:小共同体("道德经济")、大共同体的科层末梢("编户齐民")和近代社团社区("理性小农")。我认为这样的区分比血缘、地缘什么的更重要。形成这样的认识,也是得益于先生谈论共同体的启发。

近代以来国际学界谈论小共同体比较多,除马里奥特、列菲尔德等人写过关于"小共同体"的书外,各国乡村史提到的各种传统公社,如日耳曼的马克、俄罗斯的米尔、南斯拉夫的扎德鲁加乃至日本的町,也都是这种伦理型的熟人共同体,滕尼斯的共同体和斯科特的道德经济实际上也讲的是这种东西。只有马克思的共同体概念是涵盖了"部落的联合"、"亚细亚国家"之类的"总合统一体",这种说法强调了大小共同体的共性(传统性或前近代性,即对个性的压抑),突出了近代化过程的本质(摆脱共同体束缚的个性解放,从身份到契约的过程,即自由结社取代小共同体,公民国家取代大共同体),是很有意义的。

但是马克思对大小共同体的差异不加分辨,尤其是对伦理型小共同体与行政型大共同体科层末梢不加区别,把"农村公社"看成"亚细亚专制国家"的基层组织,这就是明显的局限。事实上,无论马克、扎德鲁加还是町都不可能成为"亚细亚专制"的基础,因为对小共同体的伦理认同如果很发达,其实是不利于专制的"大一统"的。甚至俄罗斯的米尔虽然行政性较强(有学者称之为"政社合一"),对沙俄帝国有支撑作用,但这样的帝国极权程度也有限。以至于后来斯大林以国家强制力量推行"全盘集体化"时,就受到村社凝聚力较强的俄国农民的强烈抵抗,反而是"一小二私"的中国农民很容易就被"一大二公"了。

因此,极权帝国通常都喜欢发展科层组织,而不喜欢小共同体——如同政治上喜欢官僚制,不喜欢贵族制。赵先生批评唐长孺先生把北魏隋唐均田制说成是农村公社,的确极有见地。隋唐农村如果是像日耳曼马克那样的村社共同体,大帝国恐怕就崩解成中世纪日耳曼那种状态了。而"封建"时代的西周,"天子"行政不出"千亩"王畿,怎会有"国有制";"帅其宗氏辑其分族"的状态下又怎会有"私有制"。所以"井田"的实质的确是"公社"——宗族共同体,后来法家正是一方面强化国家垄断,一方面推行反宗法的"伪个人主义"政策,才实现了"周秦之变"而建成极权帝国的。这以后"国有"和"私有"才在小共同体的废墟上并行不悖地(也就是说,并非"私有"取代"国有")发展起来。一方面国家对土地的控制比西周时大大强化,另一方面原来的宗族公社瓦解成"借父耰鉏虑有德色,母取箕帚立而啐语"的状态,当然,这种"私有"尽管可以发展到几乎六亲不认的地步,在官府面前却软弱无比,实际是"伪私有"而已。从这样的视野不仅可以重新认识农民史,对"农民中国"的宏观历史走向与现代化道路也会有更深刻的理解。

三

人们常说赵先生是新中国史学中农民战争史这个领域的"拓荒者"。我国传统史学过去有过对某次"民变"的研究,例如李文治的《晚明民变》及罗尔纲等人关于太平天国的著作。至于系统性的农民战争史,虽然早在 1933 年中国就曾出现过托派学者薛农山与蔡雪村的两部农民战争史专著,但以后竟成绝响。以农民革命起家的中共主流,其早期史学家如郭沫若、范文澜、尚钺、侯外庐等先生都奇怪地对中国农民战争史不怎么感兴趣。1950年代初,赵先生在山东大学最早开出"农民战争史"课程,1954年出版了新中国第一部农民战争史研究专著《中国农民战争史论文集》(与夫人高昭一先生合著),在此前后还发表了许多论文与小册子。这一时期赵先生形成的中国农民战争史研究范式,直到1980年代仍主导该领域。而后来农民战争史论争中有代表性的几位大家,如孙达人、孙祚民等,虽为论战对手,却同出自先生门下。直到先生在"反右"中蒙难,农战史研究被迫中断。后来他一直深以为憾,晚年还说:"农民战争史这个课题大有可为,……但时令不好,风雪来得骤,也像敦煌卷子《寡妇赋》中的两个名句,'雹碎春红,霜凋夏绿',一场农民战争史(研究)发展的美梦,就此烟消云散了。"

"农民战争"在欧洲本来并非马克思主义史学专有的提法,英国的瓦特·泰勒事件,传统上就称之为"农民暴动"(Peasants' Revolt),德国宗教改革时期的农民武装抗争更历来有"大农民战争"(Grosse Bauernkrieg)之称。中世纪西欧处于"小共同体本位"状态,领主林立,"国家"似有似无;农民普遍隶属于特定的贵族,而与"朝廷"没有多少关系。即便并非农奴的所谓自由农,也与中国式的"编户齐民"有异:他们对贵族有义务(只是比农奴轻),贵族对国王有义务,农民对国王却没有直接的义务,也没有所谓"皇粮国税"问题。于是矛盾与冲突多在农民与贵族两大"阶级"之间,国王反而往往处于调停人地位。因此他们的"农民战争"主要是反贵族,并非冲着"朝廷"来,规模小而分散,从来没有导致改朝换代的。这样的冲突的确可以说是"农民"的"阶级斗争"。

俄国传统上比西欧专制,18世纪前后有过几次比西欧更大(但还是比中国的"农民战争"小得多)规模的武装民变,如斯捷潘·拉辛、普加乔夫等。其特点是"反'假皇上',但不反当今皇朝",他们声称现统治者是"假沙皇",而罗曼诺夫王朝的真沙皇流亡在民变队伍中,他们要拥戴其复位。但这些民变从没有反抗罗曼诺夫王朝、要求改朝换代的。耐人寻味的是:这几次民变都并非一般农民(即贵族治下的农奴或国家控制的"国有农")的运动,而是边疆地区的哥萨克(类似中国所谓的"盲流")运动,即逃到边地、向往"自由自在"的人们反抗官府控制的斗争。苏联时期虽按阶级斗争理论、同时套用西欧的提法也谓之"农民战争",但一直有人质疑这种"自由哥萨克运动"与西欧农民反抗贵族的"阶级斗争"能否算一回事。

中国自秦以来就是帝国官僚制而非贵族制,其专制大一统比俄国更典型。农民多是"编户齐民",直接受官府、而不是贵族领主管辖。传统民间社会存在着租佃、雇佣等"生产关系",当然也存在这类关系中的主佃、主雇间利益冲突或曰"阶级斗争"。而且与小共同体本位的中世纪欧洲相比,在大共同体专制的传统中国,小共同体认同较弱,"道德经济"色彩较淡,对村社、领主的依附不强,民间(而非官民之间)"理性自利"的"经济人"行为早熟,老百姓之间很早就习惯于"自由"与契约关系,温情脉脉的东西比西方中世纪更少,而绝不是更多。所以与今天许多人渲染的"传统乡村和谐"相反,在传统中国,业佃纠纷、主雇纠纷乃至主奴纠纷比欧洲中世纪的农民—贵族纠纷要更容易发生。

但是传统中国的"佃变"、"奴变"虽然较多,却与欧洲的农民—贵族冲突一样并非针对朝廷。佃变通常"不反贪官,更不反皇帝"。如清初江南缙绅反清,而佃变大多亲清。如宜兴"国家受天命,豪强皆失势,……(佃户)起而乘之"。著名的嘉定、江阴缙绅反清起义以及太湖缙绅吴易的抗清"义兵",都受到佃变、奴变的打击。而朝廷对待民间主佃关系和主佃纠纷,总是从维护"家天下"出发,而不是从维护主佃任何一方利益出发,采取实用主义的态度。一方面打击"豪强",另一方面佃变如果闹大,官府也会出面镇压。但因佃变本意不在抗官,因此多反抗乏力,极少有发展为"民变"者。

而佃户如主动参与抗官,往往倒是在其地主的带动下,我们在《水浒》中就可以看到许多"庄主带领庄客造反"的故事。但这就不是佃变,而是民变中的所谓"土寇"了。

中国历史上从陈胜吴广到太平天国这些以往被称为"农民战争"的大规模民变,其实与"佃变",也与西欧的农民战争性质完全不同。"民变"主要是"官逼民反"。它们或是由朝廷滥用民力(如秦末、隋末、元末)、横征加派(如明末)引起;或由朝廷严厉的国家垄断、经济统制(榷茶、博买、海禁、矿禁等)绝民生路而激变;或因官府严厉的户口控制与流民潮发生冲突,包括官府强制迁徙或强制阻迁(封禁、遣返、追逃等)均可激起民变;或由于吏治腐败、法外敲诈而激成民变(常与以上三因素叠加)。在"民"的一方,则与民间组织资源(族姓组织、宗教组织、行帮组织)是否发达相关。非社会因素,如天灾与"外患"等也会激发民变。

但是,这些民变与民间的租佃、雇佣关系,乃至与过去经常被大加渲染的"土地兼并",尤其是以所谓"土地私有自由买卖"为动因的经济型"兼并"可以说没什么关系。历史上的民变,尤其是导致改朝换代的大规模民变,没有一次是由"佃变"蔓延扩大而来的,它们既不反映租佃制度的发达与否,也不反映主佃关系的好坏,与民间地权的集中与分散也看不出多少相关性。

"官逼民反"在性质上就是冲着朝廷的。我国的传统官僚不是欧洲的贵族,他们没有自己的领地与附庸,作为"朝廷命官"他们就是皇帝的代表。因此中国平民抗官的性质与西欧农民反抗贵族是全然不同的。过去常有人把"只反贪官不反皇帝"作为农民"觉悟"不够的体现。其实民变"不反皇帝"往往只是由于实力不够,实力足够就"杀到东京夺了鸟位",这并不需要什么"阶级觉悟"。相反,"不反皇帝"的佃变倒更多地出自佃农对抗业主的"阶级"自觉。大规模民变按统治者的贬称通常有"土寇"与"流寇"两种类型。"土寇"往往由地方豪强率领依附人口就地抗官,佃农("庄客")作为依附人口也常常卷入这种造反。但这种抗官不但不是什么"农民反抗地主"的斗争,恰恰相反,只有主佃较和谐而官民尖锐对立,才会发生这种"庄客追随庄主造官家的反"的事。主佃对立、佃变频仍的地方是不可能出现这种"土寇"的。

而"流寇"更多的是穷人与官府冲突。即便有精英挑头,这精英也多为商人、军官、教主等等,一般不会是大土地所有者。因为土地无法带走,地主造反一般都是"守土不流"的,这与是否反对"流寇主义"、有无"根据地"意识毫无关系。但组成"流寇"的穷人通常也不是佃农,因为与承担朝廷赋役的自耕农乃至平民地主相比,佃农较少与官府打交道。他们或许会与业主冲突而发生"佃变",会因追随业主而加入"土寇",但说他们因为地主收租就会去与衙门、与朝廷较劲儿,未免匪夷所思。

事实上,导致大规模"流寇"的社会危机,往往并不表现为很多农民无法获得土地,而是相反:朝廷聚敛造成的沉重负担、恶劣的吏治以及种种天灾人祸使农民有地不种、弃地而逃,成为所谓"破产农民"(确切地说应该是破产自耕农)。所谓"福字从田"变成了"累字从田"、"受田者与田为仇"、"村野愚懦之民以有田为祸","至欲以地白付人而莫可推","地之价贱者亩不过一两钱,其无价送人而不受者大半"。正因为如此,大规模"流寇"主要爆发在自耕农为主、租佃率较低的地区。如明末的陕西、华北。而河南、山东租佃率居中,主佃关系不坏,那里就出了许多"土寇"。在租佃率最高、业佃关系也最紧张的地方,即江南,反而土寇流寇都没有,只有一些"佃变"。

也正因为同样的道理,大规模"农民战争"中经常出现抗役抗粮的诉求,如"无向辽东浪死"、"不纳粮"、"三年免征"之类,其号召对象也主要是自耕农乃至平民地主。因为中国历史上前期佃客不服役,后期佃农不纳粮,上述口号与他们关系不大。而免租减租之类的佃农诉求从不曾在所谓的"农民战争"中出现,倒是元明清三代的统治者曾多次诏令地主减租,甚至说出"兼并之徒多占田以为己业而转令贫民佃种者,罪之!"从陈胜到洪秀全,历代"农民领袖"哪个曾对"地主阶级"作过如此明确的谴责?

总之,过去很长时间以"租佃关系决定论"、"土地兼并危机论"和"农民—地主斗争论"为核心的"农民战争史"研究,是很成问题的。今天我们应该看到:传统中国社会危机的根源,不在于"土地私有制"导致的矛盾,而在于大共同体本位的专制制度造成的"官逼民反"。与西欧"农民战争"性质近似的"佃变"现象虽然存在,但大规模民变,无论是"土寇"还是"流寇",都与我国集权制官僚帝国的专制制度下难解的官民矛盾极度相关而与民间社会内部矛盾之相关度极小。

但是,近年来事情已经走向反面:进入1990年代后"农民战争史"研究迅速萧条,成为被遗忘的角落。而与此同时有关农民的各种现实问题却变得越来越尖锐。甚至出现了"农民真苦,农村真穷,农业真危险"的议论。改革前的史学歌颂造反,史书中但凡有"盗"、"贼"都被说成是"农民起义"。而如今歌颂皇帝又成大潮,尤其是清史,自努尔哈赤以至乾隆,几乎有帝皆圣、无君不贤。农村方面更是一片玫瑰色:"国权不下县,县下唯宗族,宗族皆自治,自治靠伦理,伦理出乡绅",似乎数千年来农村就是"和谐社会"了。政治既非专制,经济又最发达(据说直到鸦片战争前夕 GDP 还占世界 36%,比今天的美国还牛),伦理道德更是世界第一。晚清国人居然众口一词地要学西方,岂不是犯傻!

然而只要正视历史,看看两千多年来大规模、超大规模的"社会爆炸"一再发生,近乎周期性地发生,而且动辄吞噬大半人口,甚至80%以上的人口,其残酷、惨烈、血腥、疯狂的程度,为任何其他民族的内战所无,这是怎么回事?过去我们说"传统"很糟糕,因此对这些动乱有一套解释,但这种解释并不成功。现在我们不能改说"传统"很优秀了,就根本不解释,好像那些动乱没有发生过。或者搬出些非社会原因,如说明清之际的那场浩劫是因为地球处于小冰河时期。或许这一次是如此,但从陈胜吴广到太平天国的一次次"爆炸"都能归因于"小冰河"?惟独中国历史上每隔两百年就出现一次小冰河,而在其他国家则不曾有。这可能吗?

可见,认识中国历史,甚至认识中国现实,"农民战争"史是绕不过去的关键。例如,今天一提到农民地权问题,许多人还是翻出过去的说法,什么"土地私有和买卖"是大乱之源,只有官府控制土地才是正道。因此重新认识这个问题非常重要。

事实上过去的"新史学"注意这个问题并不错。梁启超先生曾说:"二十四史非史也,二十四姓之家谱也。"今天倡导"国学"的人也许会觉得这话太尖刻,但旧史的确有太浓的帝王气应该是无疑的。现代史学提倡"总体的历史"、"普通人的历史",这并非哪个意识形态专有的特点。至于"普通人的历史"在现代左派史学中又被特别强调成了"造反者的历史",这就当然有先入为主的问题。但是在左派并未大权在握唯我独尊的情况下,这种视角作为一种批判学派也有重要的价值。而赵先生在农民战争这个新史学领域是有开创之功的。后来新史学变成"官史学",只讲"金花"不讲其他,讲"金花"又只用意识形态来图解。甚至"革命吞噬它的儿女"也体现于史学,新史学的功臣赵先生到1957年竟被官史学用以燔祭,良可浩叹。赵先生当年研究农民战争史,是在当时的时代氛围下,使用了当时的话语,他本人也真诚地相信当时的理论。但是今天应该指出:这套话语并不始于赵先生。如前所述,实际上1930年代托派(托派并非"托匪",它也是马克思主义后学的一支,而且距离马克思的原意并不比斯大林更远——这在今天应该已是常识)史学的两本农民战争史专著已经奠定了这套话语。而今天我们说赵先生是"农民战争史领域的拓荒者",自然含有托派沉寂多年后赵先生他们重新开始这项研究之意,但更重要的是赵先生当时的研究已经不限于"农民地主阶级斗争"这个话题。他提出农民战争史研究中的"四个专题"是：

其一是农民的身份，即不同时代中农民身份的差异；

其二是起义和国家机器的关系；

其三是农民起义和民族关系间的关系；

其四是宗教在起义中的作用。

显然，这是过去的人们未曾提出的。

赵先生蒙难后，研究被迫中断，上述专题未能深入下去。但此后几十年间这些话题又不断地引起讨论。1980年代先生复出史坛后，其研究方向主要转向土地制度史等。但他一直关注农民战争史研究的动态，不满这个领域的萧条，希望看到新的突破。1990年代我关于关中土改的一些研究发表后，先生曾来信极表鼓励。继承新史学的创新精神，实事求是，继续推进对"民变"现象这个认识中国历史的关键性问题的研究，仍是我们作为后学的责任。

四

赵先生属于五四以后的新史学家，但与那个时代许多人文底蕴深厚的学者一样有着扎实的国学功底。他以重视理论著称，但对于史料也非常认真。他在1940年代开始治史学时是从做《王山史年谱》起步的，初期以明清之际诸学者的事迹与学术思想考证为主，曾经得到过胡适、傅斯年的好评。当初他作为一个自学者（先生在清华读的是外语系，而且未毕业就投身革命与抗战，并非历史学科班出身）被河南大学聘为副教授，就是胡傅二先生推荐的。晚年的赵先生又回到了学术思想史和文化史领域。只看赵先生书的人或许不会想到，赵先生当年给我们开的头一节课，讲的是张之洞的《书目答问》与章太炎的《自述学术次第》，后来他还给我们讲过《汉书·艺文志》和《隋书·经籍志》。在许多领域赵先生不仅有整理史实、解释因由、归纳演绎的功夫,而且还是不少关键性史料的首次发掘者。例如赵先生的桑梓先贤明清之际的丁耀亢所著《出劫纪略》一书,当初海内仅有数抄本,极罕见,连晚明文献专家谢国桢先生的《晚明史籍考》在1964年增订前也未著录。1950年代赵先生根据其家藏抄本公布了其中记载李自成政权在当地处理财产的关键记载,后来成为言明末农战者必引的首要文献。但是在1980年代该书铅印出版前其实没什么人见过原书,大家都是辗转相沿自赵先生,但当时却都不注转引。

赵先生对"旧学"有看法,他常说他既不喜欢汉学的琐屑,也不喜欢宋学的空疏。但是如果换个角度,我们把"汉学重考据、宋学重义理"作广义的引申的话,我觉得先生的风格可以说是个"具有汉学功底的宋学家"。

赵先生平生之学涉猎极广,用他自己的说法是"打一枪换一个地方"。有人对此不以为然,有人则认为是"百科全书式的学者"。其实在我看来,赵先生平生治学一出于"爱智求真"的纯粹兴趣,二出于某种理想主义热情与责任感,至于要在某特定领域成为"名家"的目标,他是不在乎的。这样治学当然是有得有失。不过我认为,在信息爆炸的今天没人能成为所谓百科全书式的学者,但是以有限的精力有限的信息处理量治同样严谨的学问,还是可以有不同做法。事实上不要说"百科",今天一个学科内的上百分支乃至"二级""三级"分支,也不是那个学科的某专家能全面掌握的。仅以中国史的断代分支论,明清史专家未必懂魏晋,甚至明清政治史专家未必懂明清经济,就是搞明清经济,研究农业的未必懂工商业,研究江南经济的未必懂辽东。一个学者其实一生不过能够研究若干"问题"而已。但是如果永远只在一个问题上钻牛角尖,虽然也能出成果,毕竟眼界狭窄,难成大器。所以事实上成大家者往往都关注过许多"问题"。区别只在于有些人研究的这许多问题集中在一个学科乃至一个分支,有些人的"问题"则分散在各处。但不管是聚是散,就单个问题而言都有严谨与否之分,甚至很难讲怎样做更有信息集中的优势。一个研究明清政治问题的人可能对明清美术无甚兴趣,但却对其他朝代乃至其他国家的政治问题有兴趣,而这样做的局限也并不见得就比在明清范围内既注意政治也注意美术更大——只是从功利的角度讲,人们会说后者是"明清史专家",而前者就说不清是什么"家",于是有人或许就会妄自褒贬而已。

其实赵先生不是不知道这些。他就曾说过:"兴趣不可过多,多所骛则少有成。一个主兴趣,配几个副兴趣,一辈子也就够了。例如,主兴趣油画,副兴趣国画和漫画。……总要求其互相邻近,以免浪费精力,且可配套成龙,一艺多技。主兴趣是最要害的。人一辈子成就大小,关键在此。除非万不得已,不可轻易'跳槽'。"但他自己却不是这样。众所周知,赵先生一生多次大幅度改变学问方向。他早年就读清华外语系,青年时代热心文学创作与翻译,后来治史,也是先以考据法治明清学术史,后转农民战争史(基本是通史),再转土地史(侧重晚唐以前),以及思想文化史(又侧重明清),期间还研究过西北史地之学与先秦子学等等。赵先生的天分、精力与信息处理能力都是出众的。但我以为更重要的是他的认真。生当一个特殊历史时代,具有丰富的社会关怀和求知欲,赵先生关注的"问题"就很分散。但这不难理解,他既然当年能够投笔从戎,又能卸甲读书,如此大的人生转折他可以拿得起、放得下,又何怪他一旦认为某个新"问题"对于时代、社会具有重大意义而自己又有条件研究时,会打破畛域,迸发新的研究兴趣。虽然在这些"问题"所在的各大学科他也未必都被看成一流专家。但重要的是对这些"问题"本身他都有研究的激情,而且很认真,因此他对这些"问题"的研究同样是一流的。赵先生未必是整个思想史领域的权威,但他无疑是顾炎武研究的权威;他未必是马克思主义理论的权威,但无疑是"亚细亚生产方式"理论的权威。加上他对土地制度、农民战争这些重点领域的较全面的把握,为学而能如此,成就应该说是很大了。

赵先生对晚辈和学生的治学倾向持十分开明的态度,从不要求他们在风格上领域上更不用说观点上追随自己。即便同样治史学的先生的一子一女一孙,其学与先生也完全不同。我自己在1990年后也关注过不同领域的许多"问题",有人因此说这是受赵先生的影响,但其实从1978年我师从赵先生直到1989年,我做的基本上是"钻牛角尖"的学问。后来的变化是时代风云与个人选择的结果,与先生并无直接关系。但先生的求知欲、责任感和认真态度,是我愿终身师法的。当年我"钻牛角尖"于明清鼎革之际,赵先生对此是鼓励的。但他也曾担心我的眼界太窄,他曾对我说:每个人的兴趣不同,研究的"问题"有大有小,但有志的研究者"大问题要越做越小,小问题要越做越大"。他自己是这样做的,他对我们这些后学的影响,也将垂于久远。

(原载《南方周末》"《往事》"版,2007年12月20日)

把意境深远的话说得风韵疏淡
——忆张芝联先生

罗志田

张芝联(1918—2008),浙江鄞县人。北京大学历史系教授。著有《张芝联讲演精选(1979—1999)》、《中国面向世界》、《我的学术道路》、《法国史论集》等,主编《法国通史》等。

罗志田,1952年生。普林斯顿大学博士毕业。现为北京大学历史系教授。著有《再造文明之梦——胡适传》、《权势转移:近代中国的思想、社会与学术》、《二十世纪的中国思想与学术掠影》、《乱世潜流:民族主义与民国政治》、《国家与学术:清季民初关于"国学"的思想论争》、《裂变中的传承:20世纪前期的中国文化与学术》等。

张芝联先生

张芝联先生主编《法国通史》书封 　　张芝联先生著《二十年来演讲录》书

人过中年,告别的情景就多起来。过去的两年,尤其是个告别的年代。

张芝联先生,是北大历史系太老师一辈中我唯一熟悉的一位。前年驾归道山,屈指算来,没几天就是两周年了。

现在特别后悔的是,到北京这些年,尚未拜谒过芝联先生。这也不全是不懂事,而是事出有因。我是"非典"出现那年的年初到北大的,如果不是消息知道得滞后,或许就不会到京工作了(川大是我的母校,待我极厚。当初因公事上与校领导产生歧异,不得不引咎辞职。若知"非典"在北京肆虐,自然不会马上动身。而不久校领导就换届了,新"领导班子"对学术的态度与前不同,很可能就没有走的必要了)。我到京没几天,公众对于"非典"就从不知情到知情。消息一公布,人与人的当面交往乃成为忌讳,所以从父执到长辈到朋友,全都未敢打扰。

好几个月后,禁忌解除了,事情也多起来。迁徙之初,谒长辈拜师友乃人之常情,一般人多会将此排入日程。时过境迁,渐入常规工作程序,拜客便从常事转变为非常之事了。如今我这年龄层的人,始终很忙,总是在赶做已经逾期的事。有人曾说我手快,其实也多靠积累。即使这样,经常还是赶工不及。结果,连在北大及附近的父执,均未曾请安。失礼之至!其余老师亲友等,大部分也都只是电话问候而已。有些很敬重的前辈,以前恐怕找机会也要去请益,如今所居近在咫尺,竟也未曾拜谒请教。

以芝联先生的年辈,本是到北大应当最先拜谒请安的,自然也因"非典"而延后。事情一拖,往往就会再拖;总以为还有机会,终于淡化到没有机会。这一点,要经历了才能明白,能不深感遗憾!而之所以会拖,也因为芝联先生身体太好,对他的弃世,全无思想准备。"非典"的危险解禁不久,我到历史系办事出来,忽见一长者骑自行车翩然而至,见面径呼:萝卜丝,你来了怎不来看我!我和芝联先生第一次见面是在上世纪90年代中期,那时"博士"似乎还是尊称,所以有人以罗博士之名衔把我介绍给他。我对先生景仰已久,彼此一见如故,从此先生就以萝卜丝称我。

那时芝联先生似已年过八旬,骑自行车的车速可不低,所以人人都以为他定能成为百岁寿星。正因他体健如中年,此后也曾多次想去拜谒(我曾想为他做口述史,因先生出自世家,知道各方面的事情真多),又总是因事推延;反倒是先生请人来讲学,还命我去陪宴。偶尔碰见高毅兄,也从他那里得知一些先生的近况。后来知道先生已不能骑车了,身体却没什么特别不好的征兆。然而……竟然……

从小学开始,在我的受学和成长经历中,遇到很多非常好的老师,总觉得比其他人更为幸运。后来自己也教书多年,深知师生是一种难得的缘分,自以为尊师内存于心,外则或更体现在重道;至于日常的请安趋奉,向来做得很不够。过去从芝联先生的言谈和论著中,获益良多。虽无拜入先生门下的荣幸,心里一直以师视先生,然而却未曾做到以师事先生。现在回想,甚感愧疚!我知道先生是相当洒脱的人,或不以为不敬。也常常这样安慰自己,稍释心头的遗憾。但在自己这一面,做得不好就是不好,是不可推卸的。也只有增强修养,继续朝着善的方向努力吧。

以今日世俗标准看,芝联先生生前,是颇有些名衔的。然以先生的资质、学养和境遇看,他的一生不能说很顺遂,恐怕还常有不如意之事。在与先生次数不多的见面中,先生却总是乐呵呵的。据说先生常以孟子"无恒产而有恒心者,唯士为能"一语勉励年轻人,这大概也是他自勉的箴言。若说对待生活境遇,则先生似常以仁者乐山、智者乐水的态度处之,真正做到了人不知而不愠,总能乐而忘忧。

我的感觉,芝联先生的重要性,可能尚未得到学界和他执教处所的足够重视。20世纪50年代的大学,在组织安排下从事世界史教学研究的,好多都是改行(我们所谓世界史,其实就是外国史,那"世界"并不包括中国,故改行也真彻底),颇不乏学贯中西者。即使非改行者,好多人的中学修养也常远过于今日中国史的专家。不仅张先生那一辈,再年轻些的,如大学本科时教我最多的顾学稼师和稍后启迪我甚多的罗荣渠师,都被认为是当行的外国史专家,然其中国文化和学术的基本功,并不让同辈的中国史专家。

不过,放眼古今中外,本是从清季开始形成的学风。其间虽以尊西趋新为时尚,早年那些提倡不读中国书的尊西者,自身的中学根柢实深;而被视为文化保守之人,又常常显示其西学修养不差(盖不如是则不足以言保守)。到20世纪30到40年代,眼界开放逐渐蔚为风气,造就出一批目光四射的学人。他们那种上下左右的全局眼光,与今日目不斜视的学风,真是大相径庭。如果不是世事坎坷,那一两辈人中,是很应当出一些学术大师的。

对眼界真正开阔者而言,改行本不甚难,也并非全无好处。不过转换领域之后,要能出口成章,也还有一个适应和积累的过程。愈是治学严谨之人,这一过程愈不会短。人生精力是个常数,用于此即少于彼,所以50年代那批从中国史转入"世界史"的,著述都相对较少。

以今日讲究数量的标准,芝联先生或也近于述而不作一类。然而先生每一论著,不论长短,常常看似随意,却无不透出长时段远距离的睿见。在很长的时间里,他可能是中国最了解外国史学新进展的,对其利弊的认识,也最深入。在我记忆中,先生评介法国年鉴学派的时候,国人还很少听说过这一名目。且先生并不仅把外国介绍到中国,也常出入于国际学界,以睿智隽语著称于世,向外国展现了中国学人的琅琅风采。

傅斯年曾说,与人交谈一刻钟,便可知其职业。真正的内行,出语便知深浅,片言可决高下。那种言谈间所获得的尊重,常不是几篇文章几本书所能做到的。以我们今日尊西的风气,张先生所得外国一流学者的仰慕,是很可以吓唬人的;尤可以据此"证明"自己而"说服"尊西的领导和同行,以获取所谓社会承认。然芝联先生意不在此,倒是利用他与外国一流学者的交往,送了不少年轻人到西方名校读书(这方面,那些有缘受惠之人比我所知更多)。

不知是否有什么预感,芝联先生在2007年将其主要论著整合起来,分类编成《我的学术道路》、《二十年来演讲录》、《中国面向世界》、《法国史论集》四书(均三联书店出版)。几本书都不特别厚重,而意蕴则均甚悠远。四书编排之中,隐约可见从个人之身、家到国与天下的传统思路,既兼容而并包,又有专攻之术业,很能体现先生学养之所在,是珍贵的文化和学术遗产。

姚鼐曾说:归有光"能于不要紧之题,说不要紧之语,却自风韵疏淡,此乃是于太史公深有会处"。或许是文史视角不同,从史学眼光看,这话恐有些不入流,甚至暗中"污蔑"了司马迁——《史记》焉有"不要紧之题",又岂长于把"不要紧之语"说得风韵疏淡!惟另一位司马公,还真善于就看似不要紧的题目说语不惊人的平常话,却能意境深远,而又风韵疏淡。芝联先生于司马光之《资治通鉴》"深有会处",是无需我提醒的。

正因中西修养深厚,先生最长于把意境深远的平常话说得风韵疏淡。对那些中西学问均浅尝即止,又乐于追逐惊人之语、偏爱口吐真言式表述的时辈和后辈,这恐怕只露出几许"浅显"。其实,作艰深语以惊他人,并不费难;以平常言表学养,最是功力。盖言须有物,而辞贵达意。"不著一字,尽得风流"的境界或许太过虚悬,若真说出了什么,却语不必多,贵在"不诡其词而词自丽,不异其理而理自新"(裴度语)。

今日雅俗分途,渐行渐远;相知须待,共赏难期。学界最常见的,不故为深语,便肆出村言,而意境全无。以云淡风轻之言,表幽玄高妙之意,即使仅欲一睹,也已是可遇而不可求了。展卷思人,不免望洋兴叹!以意逆志,从其一生遭际,又可知先生不止治学清雅,更重在教书育人。芝联先生出于教育世家,在教育方面,不仅坐而言,也曾起而行;自己作过光华中学校长,后长期在大学任教,对办教育既有经历,也有思考。

先生晚年最投入的,是想要恢复我们应称太先生的张寿镛老所创办的光华大学。似乎有一批当年的校友,筹措了足够的复校经费;张先生为此四处上下奔走,不遗余力,终未能如愿,只是在各大学中留下了一些以"光华"命名的学院。当年的私立大学不少,而光华大学的规模实不算大,校友亦不以众多著称,却能疏财兴学、筹足复校经费,足见该校尊师重道的校风,已熏染出深厚的凝聚力。芝联先生的努力,不仅是作为创办人的后裔而尽孝,恐怕也是希望这样的校风能长留世间吧。

先生对大学教育有着深入的思考,也曾多次向"有关方面"建言。前几年还特别提出大学发展最重要的是要有一个方向,院系、专业亦然。不能大而不当、没有特点。这一睿见,是立足于中国的实际状况,即没有那么多资源来支撑"大而全"的办学倾向。"就是有资源,还要有好老师才行";而严酷的现实,恰是"全国各高校都缺好的老师"。

如今大学里的定位,似乎是领导管理、教授治学。后者是从"教授治校"转出,一字之差,转变不可谓小。有些教授对此很是不满,我个人倒觉得,以今日教授的水准,真要让他们练习"治校",还未必就能更好(或也不至于更差)。芝联先生似取折中的意见,希望大学领导能了解自己的队伍,也就是大学的老师。这些人好比打过仗的老军人,经历过各种事情。大学朝哪个方面走,领导最好多听老师

的。(以上两段参见吴志攀《回忆与张芝联先生的一次谈话》,《读书》2008 年 8 月号)

后一说只能算是期望,前一说可真是一语破的!我们从院系到学校的各级领导,向来都好大喜全,在全国都缺好老师的前提下,出现三流学者任学科带头人的窘境,亦良有以也。我有时也在窃想,如果张先生所说的能见诸实践,北大或别的什么大学的面貌,会不会有所不同呢?

最后让我抄一段深情的话:

> 一位曾经当过中学校长的历史学家,一位用典雅的英语和法语介绍中华历史文化到外国去的学者,一位九十高龄还伏案为自己的父亲写传记的孝子,一位临终前还在思考北大发展特色、发展方向的教授,一位在校园里骑着老式"28"自行车飘然而过的老人。他带走了一段九十年的历史,带走了北大最令人心醉的一幅风景。但是,他的学问,他优雅的风度,他的真知灼见,还有他对大学的理想,将在我们这个校园里永存。(吴志攀上引文)

这段话的作者也是大学的管理者,我衷心希望,最后一语不仅是愿望,也会是事实。则芝联先生在天之风采,必依然如旧,还是那样笑呵呵的。

(原载《东方早报·上海书评》2010 年 5 月 30 日)

梦邹谠

甘　阳

邹谠(1918—1999)，广东大埔人。著有《美国在中国的失败1941—1950》、《二十世纪中国政治——从宏观历史与微观行动角度看》等。

甘阳，1952年生。中山大学博雅学院院长。主要著述有《政治哲人施特劳斯》、《通三统》、《古今中西之争》、《将错就错》等。

邹谠先生

大概是因为中文大学的曹景均兄寄来他即将发表的《敬悼邹谠老师》一文,我这个很少做梦的人昨晚竟然梦见了邹先生!好像还是在芝加哥大学的梅迪奇饭店,我悠悠地抽着烟,他慢慢地说着话……

我最后一次与邹先生见面,应该是今年的6月10日。当时我已经在托运书籍、准备离美来港。邹先生告诉我,他最近身体一直不好,但我当时却并没有特别在意,因为几乎从我认识邹先生开始,他的身体就一直都不太好,他每天要吃十几种药,每个月大概至少总要去一次医院,但与此同时,他的阅读、思考、写作却越来越活跃,似乎身体状况对他毫无影响一样。我想当时无论邹先生,还是他夫人卢先生,大概都不会想到,死神已经慢慢走近邹先生,而我更不会想到,我离开芝加哥才不过一个多月,竟然传来了邹先生作古的消息!

自从8月7日邹先生去世以来,香港的报刊已经先后发表有刘再复兄的《邹谠教授祭:被故国忽略的理性思维》(《明报》),以及李南雄教授的《无边学海里定向导航的一座灯塔》(《信报》),景均兄的悼文则将刊出于《二十一世纪》杂志。据我所知,麻省理工学院的崔之元博士正在为英文学术季刊 *Modern China* 撰写有关邹先生的文章,而我自己也早已应允为《明报月刊》写篇专文。不过,最令人欣慰的是,邹先生临终前已经基本编定他的一本新的中文文集(定名为《中国革命再解释》),我相信此书出版后定会像他的《二十世纪中国政治》一书那样,引起广大读者的高度青睐。

六年前,邹先生曾嘱我为他的《二十世纪中国政治》一书作序,我在那篇序言中曾这样写道:

> 邹先生全书的结尾是略有悲怆之音的。他说他仍然相信,中国政治向民主过渡的前景,亦即中国人逐步建立以谈判妥协机制去解决冲突的前景,将会像中国古诗所言:山重水复疑无路,柳暗花明又一村。但他说他现在已不再相信他自己活着还能看到这一村。我们这些比邹先生晚生数十年的人,是否就敢相信我们活着能够看到这一村?

六年过去,邹先生已经长眠,他终于没有能够活着看到"这一村"。我不禁再次问自己:我们这些尚在壮年的人,是否就敢相信我们能够活着看到中国政治的民主化?

1999年10月11日

一条没有走完的路
——为纪念先师殷海光先生逝世两周年而作

张 灏

殷海光(1919—1969) 湖北黄冈团风县人。1949年进入台湾大学哲学系任教。代表著作有《中国文化之展望》等。

张灏,1937年生。台湾"中央研究院"院士。曾任美国俄亥俄州立大学历史系教授、香港科技大学人文部教授。主要著述有《梁启超与中国思想的过渡(1890——1907)》、《危机中的中国知识分子:意义与秩序的追求,1895—1911》、《烈士精神与批判意识——谭嗣同思想的分析》、《幽暗意识与民主传统》等。

殷海光先生

1969年暑假我回台湾探视母亲的病,因此又见到了阔别十年的殷先生。我在台湾待了两个多月,没有想到这两个多月也正是殷先生生命旅程上最后的一段日子。

我们回到台湾是6月下旬,其时殷先生的癌病已复发,住在台大医院的病房里,那晚我们第一次去医院看他时,他不在房间里,护士说他和一位学生去外面散步了,我们在病房外的走廊上等了许久,他才回来。相见之下,我发现他除了两鬓已全白之外,外貌极少变化,久病的脸庞似乎瘦些,但细小的眼睛仍然透出炯炯的神光。那晚他显得特别兴奋,斜倚在病床上,不停地说话,说话也仍然和往常一样,极少寒暄客套,几乎一开始便单刀直入地谈问题,滔滔不绝地,谈他对我们这一时代的看法,说他对这时代的大变动的种种感慨。说话时那种激动和兴奋,显示着:十年来政治上的迫害,社会上的冷漠和诬蔑,长年的衰病和死亡的威胁,没有丝毫冷却他那特有的理想主义精神。

这份理想主义精神也许是殷先生一生最好的写照。他的理想主义当然包含有极强烈的反抗精神,我想任何与殷先生稍有接触的人都会感觉到他那份与现实、与世俗不妥协的劲儿。他是一个叛徒,甚至他自己也承认。但这叛徒的思想并不足以代表殷先生的精神底质。因为时下的社会,见之于报章杂志,见之于交朋交谈,叛徒式的语言和想法并不少,可是这种反抗的态度多半出于消极的嘲世,在某些圈子里甚至变为一种时髦。而殷先生对社会的反抗和与环境的扭执,与其说是他性格的特点,毋宁看做他理想主义精神的反映。因此,他叛徒式的思想不是谩骂的,而是严肃的;不是消极的,而是积极的;不是浮面的,而是从灵魂深处燃烧出来的。

有人也许会觉得,"理想主义"加在殷先生身上,似嫌太空泛。不错,在他成年后生命的每个段落里,他总在追求某一特定的理想。例如,在他生命最后的二十年中,他一直信奉自由主义。因此,或许有人会认为与其称他是理想主义者,不如称他为自由主义者来得具体。但问题是,纵览殷先生的一生,我们会发觉,他所报持的理想并不是一成不变的。时代在变,他的思想和信仰也在变。他早年曾经是一个狂热的民族主义信徒,他的后半生却自称是一个世界主义者。他青年时期曾经热烈地信奉国家主义,而来台湾后的二十年中,他变成一个反右倾的自由主义战士。他的大半生信仰西化,反对传统。但在他去世前的几年里,似有渐渐承认传统价值的倾向。而真正贯串他一生,始终不变的却是他那不甘受现实牢笼而永远瞩望着未来的心灵。这种心灵使他不停地向前"摸索",不断地"焦虑地思索"。他曾说:

> 我恰好成长在中国的大动乱时代,在这个大动乱的时代,中国的文化传统被连根地摇撼着,而外来的观念与思想又像狂风暴雨般的冲激而来。这个时代的知识分子感受到种种思想学术的影响,有社会主义,有自由主义,有民主政治,也有传统思想的背逆反应。每一种大的思想气流都形成各种不同的漩涡,使得置身其中的知识分子目眩神摇,无所适从。在这样的颠簸之中,每一个追求思想出路的人,陷身于希望与失望,呐喊与彷徨,悲观与乐观,尝试与独断之中。我个人正是在这样一个大浪潮中间试着摸索自己道路前进的人……三十年来,我有时感到我有无数的同伴,但有时却又孤苦地孑孓独行,我有时觉得我把握着了什么,可是不久又觉得一切都成昙花泡影。然而无论

怎样,有这么多不同的刺激,吹袭而来,有这么多的问题,逼着我反应并求解答,使我不能不思索,并且焦虑地思索。(见陈鼓应编《春蚕吐丝》)

这"摸索"和"焦虑地思索"充分道出了他那理想主义精神。在这方面,殷先生仍是一个典型的中国早期知识分子。他们的心灵仍属于戊戌或者五四时代。在去世前不久他自己曾有过这样的自白:

我是五四后期的人物,正像许多后期的人物一样,没有机会享受到五四时代人物的声华,但却遭受着寂寞、凄凉和横逆。(见《春蚕吐丝》)

在年代上,没有疑问地,殷先生是属于五四后的一个时代。但在精神上,五四的子辈和五四那一代没有多少差别。在1930年代和1940年代成长的中国知识分子多半仍然承袭着五四时代那份"狂飙精神"和浪漫情怀。但不幸的是,到了1950年代和1960年代,中国的思想气氛已完全改变。到处弥漫的是浓厚的物质主义气息和机械的心灵,知识分子所表现的是一片失落、迷惘和冷漠。我们这一代在这一氛围中成长,已有久趋麻木之势。最不幸的是殷先生那一代,承袭着五四以来的理想主义,内心的要求无可避免地和外界产生扭执和矛盾,因而造成无比的心灵痛苦。无怪乎他要埋怨这时代的"寂寞、凄凉和横逆"。

然而,"寂寞、凄凉和横逆"没有使他趋于消极,也未使他流于嘲世。他仍然勇敢地、不懈地摸索、挣扎和"焦虑地思索"。他思想的道路也许有令人不同意的地方,但至少他已把他那股特有的理想主义的气息,散发在他周遭,使我们这失落而消沉的一代,还能稍稍感觉到中国早期知识分子为理想奋斗的那份苦志和豪情。二十年来,在台湾这个角落里,殷先生几乎是沟通五四和我们这一代唯一的精神桥梁。

我们去医院看他不久之后,殷先生的病势日益沉重。医院既束手无策,便让他回家休养。知道他在这世界上的日子是极有限了,我常常到他温州街的寓所去看他。走在他院中通向客厅的那条小径上,触目都是十年前熟悉的景物:那屋角的鱼池,池旁的石磴,还有那倚墙而搭、藤叶攀绕的棚架。当年在这池旁架下,曾飘过我们多少笑声豪语。如今在满园蔓草的环绕下,似显得异样的荒寂。

每次去看他,他多半一个人斜躺在他书斋靠窗的沙发上,似在闭目沉思,间或精神可以支持时,便睁开眼睛和我聊天,在和他若断若续的谈话中,我渐渐看出他十年来思想上的一些变化。这些变化,在他死前的几年所作的文字和书信中,已有相当的流露,但那两个多月的床前对话,使我更清楚地看出其间转折的痕迹。

这痕迹可以从几方面看出:首先,是他对中国传统的重新估价。前面说过,殷先生自认是五四后期的人物,在精神上他承袭了五四的理想主义,在思想内容的大方向上,他也是以继承五四自期。其中最明显的一点,便是他对中国传统文化几乎全面的否定。但从他1965年开始写《中国文化的展望》时,他对传统重估的痕迹,已日趋显明。

但他这一番改变并不是很单纯的,需要从几个层面去解释。首先,他之改变代表他在认知上开始意识到"传统"这一因素的重要性。多少年来,殷先生一直关心着中国近代化的问题。这一方向的思索使他渐渐认识:不论个人对传统的喜恶,传统是对近代化过程有重要影响的客观因素。这个客观因素,如冷静加以分析,不难发现其内容的复杂性。因之,其价值也非能像五四以来许多中国知识分子那样武断地将之一笔勾销。顺着这一思路,殷先生在认知上不得不逐渐"正视"传统。

从另一方面去看,殷先生对传统的重估也带有相当情感的成分。在他和我的通信中,和1969年夏天病榻前交谈时,他的思绪常常回到过去：抗战时昆明的西南联大，重庆的嘉陵江畔，战前北平的清华园，儿时的乡居生活……透过这些回忆，旧中国的优美、宁静、诚朴和浪漫的气氛，时时萦回在他的脑际。这些回忆和联想使他不知不觉地对传统、对古老的中国增加一些温馨的感觉。

再者，殷先生对中国传统的重估，不仅反映认知上或情感上的变化，在基本价值上，他对传统的态度也有些改变。这些改变，据我的了解，大部分是来自一种"近代化的迷惘"。毫无疑问，殷先生许多年来的言论主题是歌颂西方近代文明，强调学习西方文化的重要性。但另一方面，在他给我们的信札中，也时常流露出他对近代化所衍生的种种问题之困惑与不满。他深知一个现代的社会是必须建筑在高度的工业技术和经济组织上，但当他见到工业社会所呈现的精神空虚、道德堕落，他又深致感慨。他也知道一个现代化的人格必须讲求效率和进步，但由此而造成的机械式的心灵和干枯的情感，他又深表厌恶。这种"近代化的迷惘"，在殷先生近年来的思想里，日趋强烈。由此，很自然地，他渐渐想到，传统信仰中，或许有些生命的智慧和价值，可以平衡现代文明中一些精神偏枯和文化缺陷。很显然的，由对近代化的迷惘，殷先生逐渐开始对传统作重新估价。

但殷先生这方面的想法或感觉，多半是朦胧的，而非清晰的，多半是片断的，而非系统的。他对近代化有时感到迷惘，并不代表他反对近代化，更不代表他完全投入传统的怀抱。至少，就我个人的印象，在他逝世以前，他迄未对中国文化在价值上作一强烈而明白的肯定。易言之，他对中国传统文化的重估，认知和感情的意义较强，而价值上的肯定较弱，较模糊。

除开对中国传统文化重新估价外，殷先生之另一显著的思想变化是他对价值问题的重视。十年前在台湾跟殷先生念书的时候，他久已对现代社会科学发生极浓厚的兴趣，但在基本的治学方法上，仍严守逻辑实证论的门庭。对于凡是在经验上不能验证的问题，均认为是无意义的,因之也是无法讨论的。在这种基本态度下,价值问题是被认为在经验上无法验证其真假对错的,既然如此,自然被屏之于不讨不论之列。

逻辑实证论这些知识论上的基本设准,隐含着一些对人行为的根本设想:人是"理性"的动物,人的行为主要受制于他的"大脑"。更具体言之,决定人的行为的最重要因素乃是知识——科学的经验知识。因此要想解决人类的问题,不论是社会的或个人的,都得从知识下手。知识广被以后,人类所面临的各种困难和问题都会随之消解。这是西方近代主知主义传统对人的一些根本看法,为逻辑实证论有意无意地假定着,也多多少少地支配着殷先生长期以来对"人"的了解。

但近十年来,殷先生已渐渐舍弃这主知主义对"人"的过于简单的看法。这一变化,究其原因,当然和时代的刺激和生活的体验有关。生长在近代的中国,眼见思想上的洪流巨浪,掀天动地,谁能不注意到:理性和知识的力量是多么脆弱和微小?一个不断奋进的心灵,岂能不认识:有意义的生命需要多少理想和价值去支持?!但使殷先生走出逻辑实证论樊笼的直接原因却是他十年来接触西方社会科学的一些重要理论演变。我们知道,近三十年来,西方的社会科学,主要在韦伯(Max Weber)和帕森斯(Talcot Parsons)等人的影响之下,在理论上所作最大的创进之一是承认:主观的意义和价值乃是对人的行为有决定性的因素。由于"主观意义"的投射,人有价值,有目的,从而追求价值的目的。于是,人不仅是"理性的动物",更是具有价值感和追求目的的动物。

由于这一思路的影响,殷先生开始正视人的思想和行为的复杂性。他开始承认人的思想,除了认知层面,尚有各种非认知层面;用他自己的话说:人不独有"大脑的要求",还有"心灵的要求"。这两者是全然不同的:"心灵是价值的主司,是感情的泉源,是信仰的动力,是人类融为一体的基础。"既然承认人的思想有心灵的层面,于是殷先生开始谈价值,谈信仰,谈道德理想,谈生命智慧,甚至更进而谈他向所避而不谈的存在主义哲学了。

这些思想上的发展,就殷先生的思想而言,毫无疑问地,代表一大转向,一大解放。这一转向和解放,并不能全然看做外来思想的影响所造成。就深一层的意义而论,也可解释为一种内在的自然演变。更具体言之,他晚年思想的转向,与其看为外加的突变,毋宁说是他生命的主流,经过多年的冲回激荡,终于涌入他的思想层面,导引他进入一新的思想境界。如前所说,殷先生一生的生命基调是他的理想主义精神,这种精神是高度的价值意识,道德勇气,和生命热情所糅汇而成的。在政治和社会态度上,这基调表现为强烈的责任感和正义感;在生命上它反映为真挚的情感和他那份脱俗的生活情调。但多少年来,在殷先生的生命基调和思想主流之间,却存在一不可解释的歧义和矛盾。他有一颗诗人的心灵,但这心灵却以纯知识的追求为企向。他的内心深处蕴藏着强烈的价值意识,但在思想上却坚守英美式的主知主义传统。他的精神倾向是尼采式的生命哲学,他的治学方向却朝着维也纳的解析学派。在他逝世的前几年中,这歧义似在缩短,矛盾似在消淡,他生命的基调和思想的主流终于渐趋汇合。

这个汇合使他的思想视野扩及到一些新的领域和境界。他自己也深切地意识到这是他思想上一个大转捩点,他的内心受到极大的鼓舞。在他死前发出的最后一封信中(致徐复观先生信),他说:"'山穷水尽疑无路,柳暗花明又一村。'就现实情况看来,今日若干知识分子的处境,似乎是天小地狭,但是就开辟观念和知识的新天新地而言,则是无限无穷。"是这份精神的鼓舞在支持他和癌魔苦斗,与死神顽拒。

随着思想上的转向,殷先生的生活态度也有着改变。躺在病榻上,他常常和我谈起,处于今天这种时代,一个真诚的知识分子是需要一种"隔离的智慧"和"超越的心灵"。隔离和超越并不调拨退却或萎缩。在死亡阴影的笼罩下,他丝毫没有减退对生命和理想的热情,他并不认为一个知识分子应该遗世独立,离群索居。但三十年的生活体验告诉他:要想在生命上奋进,思想上开拓,必须与社会保持相当的隔离,对当前的环境作心灵的超越。因为只有这样才能冷静地认清自己和自己的时代,才能把握自己的目标,看清自己的道路,才能培养走向目标、完成理想所需要的工作能力。回视他一生的奋斗,他说这话时,是有着无限的感慨。

然而,正当他思想转过一个山峰,生命进入一个新的境域时,殷先生倒下了。在他死前不久的一个无月的夜晚,他对我说:"我不能就此离开,我的道路刚刚开始。"

(原载殷夏君璐编《殷海光学记》,上海三联书店,2004年)

"我是19世纪之子"
——王元化的最后二十年

许纪霖

王元化(1920—2008),湖北武昌人。曾任华东师范大学教授。代表作有《思辨录》、《文心雕龙讲疏》。

许纪霖,1957年生。现任华东师范大学历史系教授,思勉高等人文研究院常务副院长。主要著作有《中国知识分子十论》、《大时代的知识人》、《读书人站起来》、《启蒙如何起死回生》等。

王元化先生

2008年5月9日22时40分,在上海瑞金医院的病房,元化先生静静地走了。三天以后,天崩地裂,神州哭泣,为无数死难的生命。先生晚年挣扎于痛苦之中,没有看到身后的巨大噩耗,可谓不幸之幸。遗体告别仪式上,先生静卧于鲜花丛中,神态依然是那样的从容,我很难相信,先生已经去了,再也不回头了。不由悲从心头涌出,无法自已。

余生也晚,认识先生的时候,他已步入晚年。二十年岁月,世纪相交,风雨如晦。我有幸近距离见证了他生命中最后的岁月。先生在世之时,评点江山,坐而论道,感觉他是再平常不过的人。一旦先生远去,熟悉的身影消失在苍茫的地平线,骤然感觉到内心中塌了一大块,个中残缺,再也无法弥合。这种崩塌,不仅属于个人,也是整个中国文化。

在这些令人悲哀的日子里,我重新阅读先生的遗作,试图将平日那些零碎的记忆,整理出一个大致的脉络,以还原先生晚年的思想、精神与意境。

先生离去的时候,身上披盖着斧头镰刀的中共党旗。他18岁加入共产党,那是烽火连月的1938年,还是在充满血腥的上海沦陷区。先生与李慎之先生一样,都是在"一二·九"运动中,怀着一腔救国热忱卷入革命,属于"老派共产党人"。所谓"老派",是李先生的自称。新派共产党员,为利禄而投党,党只是他们升官发财的工具;老派共产党人,一生恨爱,统统融化于间,他们对党之荣辱、理想之执著,难以为后人所理喻。

先生不仅"老派",有滚烫的理想,而且有独立的意志和理论的思考。解放前的中共队伍,基本由知识分子与农民阶级组成。知识分子入党,在党的历史上有过两次高潮,一次是20年代建党之初,那些创党领袖,个个是知识中人,乃至名流精英。第二次是30年代的"一二·九"运动,为救国激情裹挟的青年知识分子,纷纷投身革命。先生从属的中共地下党江苏文委,是一个特殊的知识分子群体。看看群龙之首吧,文委书记孙冶方,副书记顾准,有理论,有思考,皆是领先时代的党内大知识分子。先生是幸运的,一加入革命,便在这样一个充满理论修养的氛围中熏陶成长。江苏文委,对于年轻的他无异一所大学,塑造了他一生的人格。先生诚然是共产党员,但在他看来,自己首先是一个知识分子,是具有知识分子气质的共产党人。他在晚年写给李锐的一封私人通信中感叹:"入党已逾半世纪,自愧未尽一个知识分子的使命和责任。在今风雨飘摇世势中,没有做出自励励人的工作,以至每当梦回之际,难以入寐。"

年轻时候的先生,有一种英雄情结,喜欢读尼采、鲁迅、罗曼·罗兰,他相信,这个肮脏的世界要由具有超强意志力的摩罗斗士来拯救。当年他喜欢的人物是鲁迅,从沦陷的北平出逃,什么东西也来不及带,唯独藏着一幅自描的鲁迅小像,那是他心中的偶像。他最喜欢读的书是罗曼·罗兰的《约翰·克里斯朵夫》,倾倒之至,觉得这位理想主义者的言行举止,都代表了批评的正义和艺术的真理。先生青年的时候文章就写得很好,书生意气,挥斥方遒,在党内小有名气。他少年得志,恃才而骄,解放初期的同事、夏衍的秘书李子云这样形容他:有一股凌人的盛气,很飙。

佼佼者易折。1955年一场反胡风运动,将先生卷进漩涡。两年多的隔离审查,到处是冷漠的眼光和严厉的呵斥。他后来回忆说:"我的内心发生了大震荡,过去长期养成的被我信奉为美好以至神圣的东西,转瞬之间被轰毁了。"在隔离审查期间,他读了很多书,不再是英雄列传,而是哲学名著,从毛泽东、列宁到马克思、黑格尔,逐一回溯,返归原典。人生的挫败与哲人的智慧,让他变得沉思,从一个激进的文学青年蜕变为具有深邃反思力的思想者。

先生一生有几次大的反思,我以为最重要的是1950年代中期和1990年代初那两次,都是共和国风云突变,先生的内心信念遭受重创,生活与现实暂时隔离,在孤独的环境里面舔伤自疗,冷静检视曾经信奉过的神圣信念,是否经得起理性的反思? 50年代的中国,教条主义盛行,先生在囚禁之中,逐字苦读黑格尔的《小逻辑》,终于抓住了教条主义的认识论根源所在:在所谓的从感性认识到理性认识之中,还有一个知性认识的阶段,即对事物的抽象概括。一旦将知性绝对化,取代辩证的理性认识,便会陷入僵化的教条主义,比如只承认人的阶级性而否认一般的人性和丰富多样的个性,只谈事物的普遍性而忽视各自的差异性。这些来自德国古典哲学的反思,在当时无疑是异端邪说,一直到80年代初思想解放运动,方有条件公诸于世。1982年,他与王若水等一起,为周扬起草了纪念马克思逝世一百周年大会上的讲话《关于马克思主义的几个理论问题的探讨》,这篇后来被"清污"了的思想解放运动的纲领性文件,不仅重新阐发了马克思的异化理论,而且也写进了先生对知性问题的思考。在80年代的思想解放运动和新启蒙运动当中,先生作为思想界的领袖,都走在时代的前列,不过,80年代的他,思想反思还不算彻底,还残存不少习以为常的流行观念。

90年代初是先生一生中最重要的转折点。那段时间,原本热闹非凡的客厅冷寞了许多。先生远走南国,在珠海白藤湖畔隐居了一段时间。那段日子,先生在给我的信中描绘了他的心境:"我在此与外界隔绝,如居世外。我还是童年时享受过这种宁静。住处前有一小庭园,铺着草地,种着花木,在风和日丽之际,坐在草地上,仰望上空,白云苍狗,使人的心也去掉了浮嚣。变得宁静起来。"经历了刻骨铭心的时代创伤,先生痛定思痛,开始了一生中最重要的反思。后来他经常这样自白:"我在青年时期就开始写作了,但直到90年代,才可以说真正进入了思想境界。……90年代是我的反思时代,直到这时我才对于自己长期积累的思想观念,作了比较彻底的全面检讨。"先生晚年发表的著述,偏爱用"思"与"反思"二词。有些人不愿反思,相信自己永远正确。他的一位学界同辈,一听到他提反思,立即神经绷紧,正色答曰:"我有什么要反思的?没有,我没有反思。"但先生将反思视为知识分子的忧患意识,视为自己的生命本性。诚如林同奇先生所言,反思对于他而言,不仅是一种思考方式,还是一种生活的方式。这种方式未必不是痛苦的,因为反思的对象,不是别人,正是曾经自以为是的自己。

先生对五四充满了感情,他曾经说过:我是五四的儿子。作为后五四一代知识分子,他喝着五四的乳汁长大,在其思想和人格深处,充溢着启蒙的精神。不过,在90年代之前,他并未意识到,五四启蒙思想之中,还隐藏着一些负面的因素。当80年代末海外学人对五四反思的声音传回大陆,他还慷慨激昂地写过一篇《论传统与反传统:为五四精神一辩》。白藤湖畔的孤独沉思,令他对20世纪激进主义造成的时代悲剧产生了警觉,并苦苦寻求其历史上的思想渊源。从南国回来不久,我受命请先生为《杜亚泉文选》写序。不久他给我打来电话:"小许,那个杜亚泉不得了啊!我们今天正在思考的问题,他那个时候都想到了。"1993年的夏天,沪上酷热,先生打着赤膊,逐字细读杜亚泉与五四时期的思想文献。三个月以后,拿出了轰动海内外的长篇论文:《杜亚泉与东西文化问题论战》。

这篇文章,拉开了先生90年代反思的序幕,他发现,20世纪激进主义的思想根源,最早来自于清末民初的无政府主义,而到五四则潜伏于启蒙思想之中。五四时期东西文化论战中的陈独秀身上,他发现了一种"唯我正确"的独断论性格。过去先生是那样热烈地守护五四,捍卫启蒙,如今他觉得启蒙心态中一些负面的观念需要反思,那就是:庸俗进化论、激进主义、功利主义和意图伦理。作为五四的儿子,又受到黑格尔思想的深刻影响,先生原来坚信人的理性可以达到全知全能。人们按照理性的指引,可以打碎一个旧世界,建立一个理想的新世界。然而,20世纪的人类和中国的悲剧,却无情地证明了:理性,多少罪恶假汝之名实行!先生幡然醒悟:"理性精神和人的力量,曾经使人类走出了黑暗的中世纪,但是一旦把它神化,又自以为掌握了终极真理的时候,他就会以真理的名义,将反对自己和与自己有分歧的人,当做异端,不是去加以改造,就是把他消灭掉。"他曾经是那样地服膺黑格尔,到90年代,先生从事的反思工作之一,就是自我清理黑格尔思想中绝对主义和独断论的毒素。与此同时,又花费大量的精力,苦读卢梭的《社会契约论》,反思卢梭的公意说与极权主义思潮的内在联系。

先生多次提到,只有到了90年代,自己才真正"悟道",他的反思工作才刚刚开始,有太多的研究要做。他的一生波澜起伏,亲身经历过多次重大事件,是历史的重要见证人。我好几次劝他写回忆录。他给我回信说:"我自省不行,但老了,僵化了,也还是得学,要学。苟一息尚存,此心不死。目前我仍在写些杂七杂八的东西。回忆录尚未考虑。估计手中还有些杂七杂八的文章要写。你们也许责我舍本逐末,但每人有每人想法。我也知这些文字没什么大价值,但我从不存文章名世之心,我也不想用文章为自己换取什么(甚至别人的尊重)。虫鸣鸟叫都是发乎不得不然耳。自问我所要写的既非纯学术,更非以学术议政。但也不是为好玩,自遣,或标榜什么自然主义。我始终相信知识是力量的箴言。"先生过谦了,他信上所提的那些"杂七杂八的东西",正是1993年以后陆续发表的重要反思文章。

可惜的是,先生的"悟道"有点晚了!90年代以后,他的精力大不如前,写一篇文章,常常要耗费太多的心力体力。特别是过了八十岁生日,身体更是每况愈下,经常住院,各种疾病和痛苦折磨着他。虽然思路还是那样地敏锐,记忆还是那样地清晰,思考还是那样地深邃,但日益衰老的身躯却拖累了他。先生再也无法写出大块的文章,只能通过随笔、访谈、口述的方式表达自己的最新思索。他又是一个完美主义者,每段文字都要逐字推敲,反复斟酌,寻找最恰当、最完美的表达,近乎达到苛刻的程度。他的晚年,文字不多,但字字珠玑,凝聚着全部心血。

　　晚年的先生,心境常怀苦痛。身体的痛苦尚在其次,真正折磨他的,是精神上的忧患。他在给自己的学生信上说:"记得鲁迅晚年曾给一位青年写信说'人生实在痛苦',诚哉斯言。"先生的苦痛,源于中国士大夫的忧患意识。他曾经是一位充满乌托邦幻想的理想主义者,相信历史进化论,相信文明总是在进步,自认是过渡一代的人物,将全部的希望寄托在青年一代身上。然而,在生命的最后二十年,他在理性上看破了历史进化的神话,也不再轻信各种主义的乌托邦。先生目睹 90 年代以后中国发生的巨变,一则欣喜,二则心忧。晚年他看到的世界,不再是他所期望的世界,现实变得格外的功利、支离和媚俗,这世界不再令人着迷。

　　以我近距离的感受,先生晚年最忧虑的、谈得最多的,莫过于三件事,思想与学术的分离、知识界的党派林立与人类古老文明的衰落。

　　思想与学术的分离,乃 90 年代以后的学界景象。这个问题在 80 年代并不存在,新启蒙运动之中,思想与学术混沌一片,互为镶嵌,只要读读当年的《读书》,便可体会。80 年代的新启蒙,既是一场理性运动,又是一场狂飙运动。比较起理性,激情还更占上风。若从中国历史的学术脉络梳理,80 年代是又一个宋学时代,各路人马放言义理,高谈阔论,充满了传统士大夫的淑世情怀。虽然"尊德性"(理想主义)与"道问学"(知识主义)并重,但"尊德性"在"道问学"之上。90 年代以后,学界形势巨变,一部分启蒙者从广场退回学院,以考据取代义理,"道问学"压倒"尊德性",知识主义替代理想主义,又进一步蜕变为文献主义。清学时代到来了,邃有"思想家淡出、学问家凸出"的说法。但重大义理问题并未解决,反而以更尖锐的方式表现出来。义理与考据分裂,思想与学术二分,汉宋之争不绝于耳。一方面是借助国家体制和专业化力量,清学大兴;另一方面,80年代形成的启蒙阵营也内部分化。季羡林与李慎之,这两位德高望重的学界大儒,可谓"道问学"与"尊德性"两歧路向的精神象征。季羡林作为一代国学大师、公认的清学代表,为学术而学术,为求知而求知,成为当今博学鸿儒们的为学楷模。李慎之继承"五四"狂飙传统,深感90年代士林人格委靡,失去批判激情。为鼓舞士气,指点方向,撑起自由主义的意识形态大旗,以一己之道德实践,试图身体力行,杀出一条通向理想世界的血路。

　　面对考据与义理的二分格局,元化先生颇为忧虑。汉宋相争,先生居中,就学术风格而言,他偏向"道问学";若从精神关怀来说,又具有"尊德性"的气质。先生深知,思想与学术,合者两美,分则俱伤。缺少思想关怀的学术,无异工匠手下的雕虫小技,而匮乏学理基础的思想,又会流为游谈无根的概念口号。几经思虑,先生提出了"有学术的思想与有思想的学术"的主张。晚年的他,最为敬佩两位学界前辈。一位是顾准,充满知识学理的理论大家,无愧"有学术的思想"之楷模;另一位是陈寅恪,大学问背后有穿破时代的深邃关怀,堪称"有思想的学术"之典范。思想与学术合而为一,可谓学人的最高境界。先生本人身体力行,知识学养文史哲贯通,义理、考据、词章,无不具有一流成就。学术界有"南王(元化)北钱(锺书)"美誉,思想界也有"南王(元化)北李(慎之)"之称,这两种说法虽然不为先生所接受,却证明了其学思双修的最高境界。

　　在这个清学的时代里面,先生究竟代表着什么样的形象?李慎之可谓阳明学后裔,季羡林更接近乾嘉大儒钱大昕。相比之下,先生可以说是当代学界的戴震。余英时先生说:戴震治学,贵精而不务博,以闻道为归宿。他由故训以明义理,义理背后又有功力。清学之中有博约之争,乾嘉考据,有博无约,陷入支离;宋明遗风,先立其大,又流于空疏。戴震之所以卓越于时代,乃是因为他是一头狐狸时代的刺猬,有狐狸的本领(考据之博)而以刺猬(义理之约)著称。先生之成就,颇近清季的戴震。2006年夏天,我在安徽屯溪开会,拜访戴震纪念馆,发现先生当年为纪念馆的题词:"博大精深",左联是"训绎经义发幽思",右联为"公意渊深耐细思"。这,或许也是先生的自励罢。

让先生经常心忧的另一件事,是 90 年代以后的学界,山头林立,党派意气。80 年代的启蒙阵营,志士同仁胸怀共同的理想,面对共同的敌人,虽然时有内争,却彼此坦诚相待,携手奋战。90 年代中期以后,启蒙阵营分化,知识背景各殊,意识形态纷争,各种利益也渗透其间。先生很关心学界动态,常常为各种意气之争和相互伤害痛心不已。半夜醒来,也在思索:为什么中国知识分子之间不能形成合理的正常关系,不是互不理睬的豪猪,就是你死我活的豺狼?他最反感的,是拉山头,扯大旗,结成一己党派,排斥打击异己,还要以某种神圣的名义;或者动辄将人划为什么主义、什么派,以小群衡量天下士林。先生超越党派立场,超乎意识形态的混战之上。他的"中道"和反思,常常引来一些议论,被外人误解为"转向",被划入国学派、保守主义等等,不一而足。先生对此感到气愤,常常郑重声明:"现在学术界也有拉帮结派之风,但我不参加互助组,也不参加合作社,准备单干到底。"

痛感于学界的分裂,先生犹如胡适之晚年,愈来愈认识到容忍比自由更重要。容忍不是乡愿,不是放弃自己的立场,迁就别人的观点,而是倾听对方的声音,寻求彼此的理解。1993 年,他在给我的信中,提到学界中各种激进与保守之间的冲突,这样写道:"请听一个老人的真话吧,我们都应学术上既虚怀若谷(能容别人观点)又坚持不挠(不放弃自己自以为是的真理)的民主作风。"先生的为友之道,不在乎立场一致或观点相近,他更看重的是彼此间的心灵相契。他与林毓生、余英时两位先生的情谊,便是由论敌化为挚友的佳话。林、余两位,原先对先生1988年写的《论传统与反传统:为五四精神一辩》一文都有过批评,先生与他俩还有过笔战。待后来在夏威夷国际学术研讨会上见面,却一见如故,惺惺相惜,从此成为学术上的挚友。先生在提到这段往事时说:"我想能够出现这种情况,首先在于双方都必须具有追求真理的热忱和对于学术民主和自由讨论的原则的尊重,这才能够虚己复善,平等待人,而不是居高临下,意在求胜。"

先生生前的时候,客厅永远是高朋满座,三教九流,无所不有。先生有容纳的胸怀,有凝聚人气的魅力。无论何种声音,只要言之有理,持之有故,他都愿意倾听。但接触深了,在理性的温雅背后,先生也有狂狷的一面。他常常讲:"我是湖北人,性格中有楚蛮之气。"他的内心燃烧着岩火,碰到某些大是大非,会突然爆发,情绪激烈。了解不深的朋友,常常会吓一跳,这是读他的文章感觉不到的。为什么他的文字与性格有如此反差?先生生前曾向我透露作文的心得:"写文章的时候,千万不要在情绪激动的时候动笔,这个时候写出来的东西,肯定是气胜于理。等到心情平复下来,运用自己的理智,才能有公允之论。"是的,先生发表的文字,平和而含蓄,力量都收敛在里面,在看似理性的文字背后,内涵着暗潮汹涌的情感。外柔(和)而内刚(烈),或许是先生的本来面目。

先生给人最深刻的印象,是他的眼神,非常明亮,有一种威严和犀利,常常透过事物的表征,洞穿人世的真相。在生命的最后几年,他已经看破尘世,看透各种无聊的把戏。七十年的政治生涯和跌宕起伏,再加上熟读古书,饱阅历史,深谙人性,先生不再轻信,不再挂念时政。舞台上各路英雄豪杰人来人往,但历史骨子深处的东西丝毫未变。瞻望未来,他常常流露出莫名的焦虑。他的视野早已超越了一朝时政,也不相信制度可以改变一切。在他看来,即使实现了民主制度,假如制度背后缺乏人文精神和公共伦理,民主制度也会变质。先生时时牵念于怀的,是古老文明的衰落,特别是人文精神的式微。他最初忧虑的,是泛滥成灾的大众文化。作为一代学界精英,他不是反对大众文化本身,而是担忧其对艺术品味与精神生活的伤害。他多次说:"艺术不能在古与今、中与外、新与旧之间做出高下之分,而只有崇高与渺小、优美与卑陋、隽永与平庸的区别。"大众文化之中有好东西,但作为强势文化,它消解了艺术本身的标准,一味追求流行与时尚,以市场的口味取代艺术本身。先生最反对的是媚俗,他再三疾呼:"一个以时尚为主导的社会文化中,是没有真正有深度的精神生活可言的。"可惜,先生的声音太微弱了,他无法挽狂澜于既倒,只能眼睁睁看着古老的精英文化与文明遗产日渐衰落。

2002年,经林毓生先生推荐,他读到了哈佛大学史华慈教授的遗作《中国与当今千禧年主义》,这篇文章给他以很大的震撼。史华慈教授以古老的先知精神,怀着对人类文明的深刻隐忧,在临终之前告诫世人:技术进步和各种新科学给人类带来的消费主义和物质主义,业已成为一种物质性的末世救赎论,轴心文明时代累积下来的人文主义精神正在衰落。先生意识到,人文精神的衰落,不仅是中国当今的特殊现象,也是整个人类文明所面临的共同威胁。他专门作了一篇短文,满怀忧心地指出:"中国今天实在没有理由为西方以消费主义、物质主义为涵义的普世理念蔓延感到兴奋。"此后几年,先生的忧虑愈来愈深,紧紧地纠缠着他,每次我去看望,他几乎都要谈到这个话题。我隐隐感觉到,先生有一种王国维、陈寅恪晚年那种文明将倾的悲哀与凄凉。先生步入了21世纪,但对人类的未来并不感乐观,在给林毓生的信中,忧心忡忡地说:"以赛亚·伯林说20世纪是个很糟糕的世纪,但从目前的趋势来看,21世纪恐怕是文化崩溃的时代。""每一想及此事,真是令人悲从中来。我已入耄耋之年一无所求,但是想到我们的后代,想到我们悠久的文化传统,倘听其毁于一旦,实在是于心难堪此劫。"

20世纪是如此的不堪回首,新世纪又是那样地前景黯淡,在生命的最后岁月之中,先生开始怀恋并非遥远的19世纪。2001年,他在一篇重要的访谈《人文精神与二十一世纪的对话》中,公开表示:"我对19世纪比对20世纪有更多的感情。直到今天,西方19世纪文学仍是我最喜欢的读物。……我在精神上是19世纪之子,是喝着19世纪作家的奶成长的。"

先生为什么如此留恋19世纪?19世纪究竟意味着什么?对于他而言,19世纪首先意味着博大。19世纪是一个文化上的"广漠之野",那时的人们心灵开放,海纳百川,兼容东西。先生的高足胡晓明在一次对话中对他说:"先生身上19世纪文化精神的熏习极深。先生晚年的精神气质上恐怕更多回向五四的前一辈人,梁启超、严复、王国维……那时想的是如何昌明旧学,融化新知。想的是东海西海,心理攸同。五四以后就不是那样了,这几乎等于一种信仰。"先生听了,深以为许。他曾经是五四的儿子,献身于启蒙大业,为五四精神一辩。90年代,反思五四,意识到作为20世纪的精神代表五四运动,有其偏袒的性格。而返观上一个世纪之交,清末的启蒙士大夫,从梁启超、严复到王国维,不以中西为沟壑,致力于文明之会通。晚年先生所欣赏的杜亚泉、陈寅恪等人,无不具有19世纪的博大与包容。那是文化上的自信,是不亢不卑的文明大国风度。

先生喜欢19世纪,还有一个理由,乃是19世纪的启蒙理想,充满着人文精神。抗战初期幽居在孤岛上海,无书可读,19世纪的欧洲文学作品成为他唯一的精神养分。从英国的狄更斯、勃朗蒂姐妹,法国的巴尔扎克、罗曼·罗兰到俄国的契诃夫、陀思妥耶夫斯基等等,这些浸润着深刻人道主义精神的文学家,塑造了先生一生的灵魂。他说:"我喜欢19世纪的文学处处渗透着人的感情,对人的命运的关心,对人的精神生活的注重,对人的美好情感的肯定。"

人文精神的核心,乃是于将人视为目的,尊重每个人的人格与尊严。先生对尊严二字看得极重,在反胡风、"文革"等政治风暴中,他曾经被深深地伤害过,对人的尊严也格外敏感。他曾经说过:"人的尊严是不可侮的。……思想是古怪的东西。思想不能强迫别人接受,思想也不是暴力可以摧毁的。"人的尊严来自人之精神，源自人是有思想的动物。他在给自己的学生信中写到："我一生中——尤其在'文革'及运动中，经历了太多的残暴、冷酷、兽性。因此，我希望你们一代不再有人格的侮辱，能保持自己的人的尊严。"人的尊严，在以往的运动中受到权力的侮辱，如今又在市场的媚俗之中丧失。这令先生十分痛心，他再三重申陈寅恪为王国维墓作的墓志铭中那句名言："独立之精神、自由之思想"，以鼓舞世人，自勉勉人。所谓独立与自由，不仅针对专横的权力，也是对市场的流行与金钱的抗拒。

在先生看来，19世纪的文学与哲学之中，充满了人的精神尊严，晚年的他，虽然清算了黑格尔，但黑格尔对人的思想与精神力量的重视，那句"精神的力量是不可低估和小视的"，依然成为他终身的座右铭。先生所处的时代风云诡秘，各种危险和诱惑接踵而来，他坦然地说："我是一个用笔工作的人，我最向往的就是尽一个中国知识分子的责任。留下一点不媚时、不曲学阿世而对人有益的东西。我也愿意在任何环境下都能做到不降志、不辱身、不追赶时髦，也不回避危险。"先生的晚年，虽然无惊天地动鬼神之壮举，但其言其行，有所为，有所不为。看似寻常，然而当今士林之中，又有几人能够做到？

先生为思想而来，又为思想而去。他是一个精神的存在。当最后一次住进医院，意识到生命无多的时候，他说：我是一个唯精神主义者，现在由一个精神人变成一个生物人，这个世界已别无所恋。他再三叮嘱家属，并要向他保证：到最后阶段，千万不可同意创伤性抢救方案。他认为：一个人临终之前，若是浑身插满管子，甚至开膛破肚，这不符合人性。人活着要有尊严，死的时候也要有尊严。

先生终于有尊严地走了，这位19世纪之子，一生守住了为人的尊严。

2008年暮春于沪西丽娃河畔

（原载《读书》2008年第8期）

怀念我敬爱的朱德熙先生

裘锡圭

朱德熙(1920—1992),江苏苏州人。北京大学中文系教授。代表作有《现代汉语语法研究》、《语法讲义》等。

裘锡圭,1935年生。现为复旦大学出土文献与古文字研究中心教授。著有《文字学概要》、《古代文史研究新探》、《古文字论集》、《裘锡圭自选集》等。

朱德熙先生

我是在 1960 年底分配到北京大学中文系工作的。在此之前，我读过朱先生发表在《历史研究》和北大中文系《语言学论丛》上的两篇研究战国文字的论文。作者分析问题的深入细密、论证的有力和文章的简洁流畅使我深为折服。这两篇论文激起了我对战国文字的浓厚兴趣，并使我对作者产生了景仰之情。在 50 年代，吕叔湘先生和朱先生合著的《语法修辞讲话》风行全国，影响很大。我当然是首先通过《讲话》知道朱先生的。不过由于我的兴趣在古文字方面，那两篇论文对我的影响要比《讲话》大得多。

　　到北大中文系以后，由于跟朱先生不在一个教研室，并且到系不久就被下放到十三陵公社泰陵大队去劳动，所以在长达一年多的时间里，跟先生仍然没有任何往来，只是偶尔在系里的会议上看见先生。

　　我在泰陵劳动了半年多，到 1961 年底才回校。我记得我是在 1962 年的一个晚上，第一次去拜访先生的。那时候我住在校园内的教工集体宿舍里。那天晚上我没有请人带领，独自走到北大三公寓，怀着多少有些紧张的心情，敲开了先生家的门。我先作了简短的自我介绍，并表示了对先生的景仰，接着就陈述事先准备好的关于战国文字的一些意见向先生请教。先生饶有兴味地听我哓哓不休地谈自己的见解，并且对我的大部分意见立刻加以肯定。一位在学术上已经有很高成就的学者，竟能这样坦率热情地对待我这样一个初次跟他接触的青年。这使我十分感动。我庆幸自己找到了一位最好的老师和知音，觉得自己在感情上跟先生一下子就变得毫无距离了。

　　此后，我常常去找先生谈古文字。尤其是在自以为有了比较重要的发现的时候，往往迫不及待地往先生家里跑，想让先生早些知道，甚至天在下雨也不管。先生也常常把他尚未发表的考释古文字的意见和其他学术见解讲给我听。有时候我们发现彼此的见解可以互补，那就格外高兴。例如，先生认为六国印文中很多从"自"的形声字，实际上是从"官"声的，"自"是"官"的简写。我认为战国铜器铭文中"私自"、"左自"等"自"字应该释读为"官"。但是彼此都没有注意到对方所注意到的现象。发表在《文物》1973年12期上的、先生和我合写的《战国铜器铭文中的食官》，就是把我们的这些意见结合在一起写成的。在60和70年代，我国一般知识分子的生活比较苦，做学问的条件比较差。有一次我跟先生说，像我们这样搞学问谈学问是"穷开心"。先生很欣赏，后来多次在我们的谈话中重复这句话。

　　自从认识我以后，先生在跟一些好友闲谈的时候，屡次提到我称赞我。大约在1963年，先生为中文系学生开过一次古文字学课，在课堂上曾引述过我这个当时还只是一个名不见经传的青年助教的意见加以肯定。此外，先生还在别的一些场合称赞过我，这里不一一叙述了。当然，这方面的情况我都是听人说的。有的情况，如先生曾对汪曾祺先生热情地称赞过我，直到去年开追思会的时候，听了汪曾祺先生的发言才知道。我认为先生这样做，并不是从个人好恶出发的。先生称赞过的年轻人不止我一个。他看到在学术上有希望的年轻人，总是由衷地感到高兴，总是"不解藏人善"，在各种场合热情称赞他们。这鲜明地反映了先生对学术和教育事业所抱有的真挚的热烈的感情。遗憾的是自己不争气，远远不能满足先生的期望。另一方面，自己年纪大起来以后，对年轻的后进却缺乏先生那种真挚的热情。真是愧对先生。

　　先生对我的帮助是多方面的。他主动推荐我出国讲学；主动跟商务印书馆的郭良夫先生联系,让商务出我的《文字学概要》;还做了很多扶植我帮助我的事。在这里我着重讲一下先生帮助我修改文章的情况。

先生不惜耗费宝贵的时间和精力,多次帮助我修改文章。例如我发表在《中国语文》1978年第3期上的《汉字形成问题的初步探索》,就是在先生的指导和帮助下,经过几次修改才写成的。先生看了我的初稿后,坦率地跟我说,这简直不像一篇论文,并且提了很具体的意见让我修改。看了第一次修改稿后,先生仍然不满意,又提了一些意见让我进一步修改。大概反复了三次或四次,才写成发表出来的那个样子。对这篇文章,先生最后仍然是不满意的。但是他觉得以我的水平大概只能写成这个样子,也就只好算了。我的《考古发现的秦汉文字资料对于校读古籍的重要性》、《关于殷墟卜辞的命辞是否问句的考察》和《卜辞"异"字和诗、书里的"式"字》等文章,先生都亲自动手做过修改。

在写《文字学概要》的过程里,我几乎一碰到难以处理的问题,就要跑到先生家里去请教。有时候为了一个问题可以讨论两三个小时。我把文字符号分成两个层次,即语言的符号和构成文字的符号。后一种符号的名称——"字符",就是先生给取的。前年12月13日先生从美国写来一封信,一开头说:

  近来翻阅《文字学概要》,随手记下一些意见,本来想通读全书之后,一并寄上,又怕时间拖得太久,不如看到多少算多少,随时奉告的好。此书佳处不必在这里提,要说缺点,主要是行文不够明白晓畅,有些地方真可以说是诘屈聱牙,令人难以卒读,这就把全书的好处都掩盖住了。我觉得最好现在就开始修改,发现一处改一处,作好再版修订时的准备。

下面是三大张具体的修改意见。先生写这封信的时候,离去世已经只有半年多一点了,身体已经不大好了。在这种情况下,他还如此关心我,为《文字学概要》的修改而操心。每次想到,都既感激又心酸。今后再也听不到先生对我的教导了。

先生对自己的文章,要求非常严格。先生的著作,大到一本专著,小到一篇短序或回忆性的短文,在形式上都是很讲究的,在内容上都是言之有物的。先生以会写文章著称。但是他几次跟我说,写文章对他并不是一件轻松的事,他写一篇文章总是要反反复复修改很多次,有时改得非常"苦"。先生最讨厌讲话写文章矫揉造作,堆砌辞藻。他的文风是很自然的。但是先生的文章并不是自自然然、轻轻松松地写出来的,每一篇文章里都凝结着先生的心血。先生跟我合写的文章,几乎都由他亲自定稿并誊清。他对这些文章也是一丝不苟的。先生的这种身教跟言教一样重要。我想先生的其他学生也会有同感。

先生不但在业务上给我莫大的帮助,在生活上也很关心我照顾我。先生为我联系出国,联系出版著作,既是为我的业务考虑,也是为我的生活考虑。有些看起来很小的事情,很能说明先生对我的照顾的无微不至。在70年代,我曾跟先生出过三次差。一次到济南山东省博物馆核对临沂汉简。一次到武汉湖北省博物馆核对望山楚简。一次到石家庄河北省博物馆参观平山中山王墓出土文物。我比先生年轻15岁,领取、报销旅差费用等琐事按理当然应该由我来做。但是先生知道我当时还缺乏出差和管钱的经验,又不善待人接物,一声不吭,自己把这些琐事管了起来。

先生为我做的事太多了,我却没有为先生做过什么像样的事,甚至连先生要我做的事也没有认真去做。先生曾屡次跟我和李家浩说,应该把我们三个人考释战国文字的成果编成一本书。他的设想是这样的:打散已发表的有关论文的内容,按资料门类(如简、帛、金文、玺印、陶文、货币等)来编;书末加索引,逐字注明哪个字的考释主要是我们之中哪个人的意见；卷首加两篇文章，分别讨论战国时代各国文字的特点和考释战国文字的方法。由于我没有按照先生的意思积极去做，直到先生去世，书还没有编出来。这是我最内疚的一件事。先生逝世以后，再按照原来的设想来编这本书显然是不合适了。我和家浩准备把先生关于古文字的论文（包括跟我或家浩合写的）编一个集子，争取在不太长的时间里印出来。但是即使编印出来，先生也看不到了。我对不起先生。

1993年2月5日夜写毕

（原载《朱德熙先生纪念文集》，语文出版社，1993年）

湖畔的思念

钱志熙

陈贻焮(1924—2000),字一新。湖南省新宁县人。北京大学中文系教授。代表著作有《杜甫评传》、《论诗杂著》等。

钱志熙,1960年生。现为北京大学中文系教授。代表作有《魏晋诗歌艺术原论》、《唐前生命观和文学生命主题》、《黄庭坚诗学体系研究》等。

陈贻焮先生

一

恩师陈贻焮先生走后,转眼之间,已经七个多月,世事茫茫,生者碌碌,没有想到在不能忘却的思念和追怀中,时间照样是过得这样的快。海内外的学者名流,恩师的戚友、门徒,都纷纷寄来纪念文章,赞颂他的文章道德,讲述他留在人间的遗爱。让我一次次重新沐浴在他那阳光般温暖、明朗的人格光辉中。我发现,虽然他那样地爱护我,我也曾经十年间追随他、陪伴他,但是我对于他仍然是懂得很少很少。我的同学朱君总说恩师是一个奇人,我也同意他的这种说法。不过,恩师之奇,不是阮嗣宗、徐文长之奇,而是近乎陶公、苏公之奇,一切都是在平凡中显示着奇特。比如对孩子的爱,对老人的敬,应该是最平凡的一种行为了吧?但熟悉恩师的人都知道,很少能有人像他那样幼吾幼以及人之幼,老吾老以及人之老。推及他的其他一切行为,如敦睦亲友、爱护生徒、奖掖后进乃至接待外宾,也无不是平凡中体现出极不平凡来。恩师做任何事情,都有他的一种风格或说是韵致,但那不是造作的,而是从他那极为善良的、温情的、爽朗的心地里自然地流露出来的。我们经常看到,不少人成了一个学者、成了一个诗人之后,就失去一个普通人的行为方式和形象,或者说从一个普通的人,变成了一个诗人、一个学者。而恩师却在成就了诗人和学者的业绩之后,仍然保持着普通人的形象和行为方式。这难道是容易做到的吗？袁行霈先生挽恩师的一句联语说："千古真淳映海山"，我觉得恩师的人格中，确实有着与高山和大海相类的品质。

二

回想我第一次拜闻恩师的大名，是在读大学二年级的时候。对门宿舍的同学不知从那里得到了一本新出版的《唐诗论丛》。我当时的印象是他的神情是十分珍秘的，而我因为他居然能拥有那样一本书而不得不刮目相看，何况他还知道这样的事情：说设计封面的葛晓音，就是此书作者陈贻焮的研究生。我很想借他的这本书读一下，可是他说他自己还没有读，并且那神情是显然不愿意与人分享的。现在想起来，还是遗憾不已。如果那时坚持将这本书借来好好地学习一下，那对于当时无知的我是多大的补益啊！且不说后来我与这本书的作者有这样的因缘。等到我真正学习恩师的著作，则是在温州教书的时候，那时已经决定要报考恩师的博士生，从温州新华书店买到了《杜甫评传》上卷。可是因为要准备考博，也没有从头到尾地细细拜读。

在考博之前，我先是给恩师寄去了发表的两篇论文和一篇硕士论文，后来又寄去了一些旧体诗的习作，算是温卷。恩师的复信是热情的，但也是很严肃谨慎，只介绍了考试科目，关于如何复习应考，是只字不提的。现在当有人来信、来电询问考博士生、硕士生的情况时，我也是完全按照恩师当年的做法。87 年 5 月的一天，我行李萧萧、衣衫落拓地来到北京应考，心态陈旧得像一百多年前的举子一样。还好，北京的古都风味跟我想象的相差不大，尤其是当我从北大小南门进来时，发现门外的街道冷清清的、门内的学生宿舍也并不豪华，甚至显得有点陈旧。这些都很契合了我的心境。在一位已经考上北大的校友那里借到床席后,做的第一件事就是去镜春园82号拜访恩师。那时他们家里也还没有电话,也多亏没有电话,我可以没得到同意就擅自造访。对于我的来访,恩师当时神情如何,我现在记不清了。好像多少有点感到突然,但还是很热情的。我原本的想象中,他是很潇洒的,顾盼生姿的那样一种名教授的风度,有些才子气。见面后,发现那种预想没有全错,但却不是我想象的那一种;高大、淳朴如父老的印象,则是出于意想之外。师母正端着针线筐,好像在缝补衣服。小院又是那样的雅致古朴,修竹潇潇、余花未谢。这一切都是那样的和谐、优美,与北大的大环境也是浑然一体的。也许是看到我有点拘谨,师母很平淡地、像是久已认识地说:"这几天都在说你的诗呢!"而恩师则不像后来那样热情应和,大概是不太想向还没有经过考试的我透露这一信息吧。由此可见恩师之真率、和易而又深谙一切事情的分际。但是恩师毕竟是恩师,他有他无法按捺的热情、无法按捺的对学生的关怀。第二天,当图书馆大天井两百多应考士子入座已定,考场一片宁静之际,戴着一顶布帽的恩师从考场门外轻轻地进来,却并不和他的三位考生说话,只是隔着好几排座位迎着我们惊喜的目光轻轻地点点头。三场考过,我并没有发现有另外的导师来过考场。

三

跟随恩师读博士的三年,是我求学生涯中最灿烂的一段。经过前面几个学习阶段,我在学问上已经有了一点积累,粗知治学之道。恩师针对我的这一特点,指导时从大处入手,讲他自己的治学经验,尤其强调他在治学上是有一种拼搏的劲头的,用此来激励我。他喜欢用鲍照《侍郎报满辞阁疏》中"幼性猖狂,因顽慕勇,释担学书,废耕学文"来形容自己的治学态度。这使我感到十分的亲切,因为我也是一个来自农村、挑过担、耕过地的人。我想恩师跟我说这些话,正是看到了这一点。由此可见他对学生的鼓励,是那样的体贴、温煦。他指点我们做学问的话,都是心得之语,但说出来十分朴素。比如,他常说,做学问选择课题很重要,要先好好地探探矿藏,弄清楚这是一个贫矿还是一个富矿。又说,我们家乡人说,要摸着石头过河,做学问也一定要这样。这些话,好像理论性不强,但指导的效果是很好的。我跟恩师学诗,也是那样,他也从不说那一套诗歌理论,用的仍是旧时写诗人的评点式的语言。比如说,要反复烹炼诗句,作出来的诗句,要给人潇洒的韵致,不能沉滞、拘板。大体上说,对于我写的诗,恩师很少改动,总是以鼓励为主。但偶尔指点一二字,令人难以忘怀。比如一年暑假,我在乡下写了几首诗,拿回北京给他看,其中一首《游淡溪水库遇雨》是这样写的:"云光岚色碧氤氲,一抹垂虹界水痕。行行稍觉襟袖冷,空山灵雨过前村。"恩师说"稍觉"干脆改为"不觉",韵致更觉潇洒。写诗不必这样老实,非得按当时的感觉来写不可。这真是深谙诗道之语。

　　我觉得自己是一个低调的、凡事自信心不太强、并且生性比较敏感的人。知道我的这种个性的人,除了父母之外,大概就是恩师了。他对我总是以鼓励、肯定为主。我想这不是我做得都那样合他的意,而是和他的待人接物的方式有关,他一旦从大节上肯定了那个人,对于他的一些还算是小节的错误或不足,往往是一并的包容了。这是儒家所说的忠恕,但那时还有点年少气盛的我,却私下觉得恩师有些地方太过于温情。但是一个自觉的人,当意识到自己在受到这样一种忠恕的包容后,会显得更加的惕励,生怕终竟有一日因为自己的实在不太像样而终于失去这样的厚遇。读博的上半段,按照恩师的要求,我和同学朱君,每月交一篇读书报告。恩师总是在我的报告上圈好多圈,中间随手写几个字,最后就是一个有时读了会让人心花怒放的好评。受到了这样的鼓励,我在恩师的指导下做资格考试、平时做论文、一直到最后做毕业论文,都不敢稍存懈怠之心。结果当然是形成一种良性的循环。在恩师为我创造的这种学习环境中,我这样一个不算很聪明的人,居然也常常有才华横溢的感觉。我觉得我的那点创造力,是恩师激发出来的。

恩师走了,我失去了那一双热烈的鼓励、期望着我的眼睛。这对于我来说,是多么巨大的损失呀!

四

恩师走后的那段时间,有时候我经常到未名湖边走走。到底有多少次我经过这湖边,带着与湖光山色一样明朗的心情,走向先是在镜春园、后来又搬到朗润园的恩师的家。又有多少次恩师送我出来,从镜春园或朗润园直送过半个未名湖,在博雅塔下才挥手告别。他一边与我说话,一边跟碰到的熟人打招呼,他认识的人真多,老幼中青都有,招呼也打得极其热情。完全是乡村的老人在他的村落中行走的那种光景,让人觉得极其有人情味。所以,现在每当我走到湖边,就会有他的音容笑貌浮现在湖波塔影之中。

北大之美,有一半来自于未名湖,北大人对于母校的感情,我想也是"一半勾留是此湖"吧!恩师数十年与湖山朝夕相伴,其爱湖之情,更是非常人可比。他对燕园和未名湖,是获得一种家园的归宿感的。1979年夏天的一个傍晚,他在湖边纳凉,写了这样一首诗:

骄阳三日如火焚,喜得长风清暑氛。一星半点开天雨,东鳞西爪渡湖云。

小儿古柳觅蝉蜕,浅濑跳波惊纤鳞。葵扇招凉月初上,荷盖倾露声时闻。

——《未名湖畔纳凉作,是夕月圆,诗不律不古》

在这首诗中，作者显然暂时脱开了未名湖的特定的人文的背景，而写了它纯粹属于自然的一种美。在这里，未名湖成了一个乡园。就诗而论，格调极高，意境得王孟诗之神髓。

未名湖畔留下的有关恩师的回忆，每每令人难以忘怀。在我读博士生的第二年，一天傍晚，恩师到我们的宿舍，通知我们有关资格考试的事情。朱琦没有在，我一个人在宿舍。也许是看到那段时间我们准备资格考试太紧张了，恩师在宿舍坐了一小会儿后，就说我们出去走走吧！出了宿舍后，我们一路聊天，到了老图书馆前的广场上时，话题已经由资格考试转到写诗的事情上来。我在读博期间，因为学习任务重，所以平常在学校，很少写诗，也没有那个兴致。恩师说，写诗与写论文，用的是两个脑子，是两种不同的思维方式。他说自己也是遇到出去开会、旅游时写得比较多。又说四川射洪要开陈子昂学术讨论会，邀请他去。因为时间安排不开，去不成，但写了一首《伯玉歌》寄给他们了。说着就朗朗地吟诵这首诗，"子昂读书台，千古仰崔嵬。上有蔚蓝天，下有水萦回。此间郁佳气，陈氏多英才。"一边讲读着，一边笑着问我："你觉得怎么样？你可是诗人呀！"我赶紧否认自己是诗人，但还是谈了肤浅的看法。他听了很高兴，又谈了别的一些话。天色已经黑下来了，他边说着"回去吧！"边从蹲坐的铁篱笆上站起来。我说要送他到湖边，他也没有坚持不要我送。于是穿过文史楼，慢慢地走下湖边，过花神庙，在摆有五供的那个岭脚下分手。他沿湖走向镜春园，我上了坡路。在我走上半坡时，他还边走边大声说："没有关系的，不要那么紧张啊！"那是指资格考试。声音很高很朗，在林梢和湖岸久久地回荡。

五

毕业留校后，我去恩师家去得更勤了，我得承认，无论恩师还是我,我们之间有一种近乎父子的依恋之情,十天半月不见面,就觉得已经隔了很久。听师母说,恩师卧病时,有时一觉醒来,会问师母:"志熙呢?"无形之间,这十多年中,我的性情、行事,受恩师的熏染其实是很大的。就像子路入了孔夫子门庭之后那样。我有时候想,为什么在陈门高足辈出之后,我这个迟到的学生,既非高才,在处世行事上更可说是愚钝,却仍然能得到恩师的宠爱,以至十多年间到处逢人说项。大概只能用恩师常说那句话来解释,"我们之间是有缘分的"。但是我却抱着连恩师也不会知道的深深的遗憾,我为什么这么晚才来到他身边,他又为什么这么早就离开了人世?时至今日,从感觉上说,我仍不能相信,这一辈子,我竟不能再和他说一句话。我竟不能再一次听到这句话:"志熙,最近作诗了没有。"而这一句话,却是在他脑病已深,常常处于昏睡状态时,仍要说的。但在我听来,真正如天外的纶音!那么飘忽,忽然已杳,他又进入华胥之乡。可是每当这时,侍立旁边的我,还是当恩师昏睡时和我说话的师母,我们都会比中了头彩还要高兴。

也许是因为恩师还健康时,我经常陪恩师在燕园散步,所以即在他卧病难起时,我走在校园中,每想到往日的欢欣时,就会感到一种寂寞。我还清楚记得有这样一次,恩师来到24楼,在楼下高声喊着我的名字,我赶紧朝楼门外答应了一声,就跑下楼来迎接他。他说是替刘宁传个话,她家里来电话有事告诉她,但不知道她的宿舍。"你去替我告诉她吧,我不去了。"又说:"我们出去走走,别整天坐着写文章。"于是我们往五四操场走去。他说刚才在路上碰到系里的一位先生,问他要不要到国外去一趟,赚点养老的汤水费。他说他很感谢那位先生的好意,可人老了,哪里都不想去,只想呆在这北大校园中。我静静听他说这些话,觉得多少带点感叹!但那情绪也很快就过去了,走进体育馆附近时,他高声地说:"我们陈家的人都很豪放。陈毅就很豪放,说起来他还是我侄儿一辈的呢!我父亲也很豪放。"说着念了太老师的几句诗,我现在只记得这么两句,一句是

"江山无恙我重来!",另一句是"高卧吾家百尺楼"。我说,这真是只有你们陈家人能写的诗句。他说:"是呀!其实他(指太老师)也是借这种豪语自我陶醉而已。"于是他又吟道:"葡萄美酒数汾阳,仔细开瓶仔细尝。一醉陶然天欲曙,枕边犹带杏花香。"那是太老师一首绝句。恩师经常说,这首诗看似豪逸,其实正是所谓苦闷的象征。说话之际,他已领我登上五四操场的看台。这天刮着一点风,沙尘微露,操场上没什么人,一百多米外跑道边那一排高大的白杨树萧萧作响。恩师的情绪一下子就上来了,大声朗诵道:"我来竟何事,高卧沙丘城。城边有古树,连夕起秋声?"当此之际,他的神情是那样的豪迈,潇洒,我不知道是李白在写诗,还是恩师在写诗。吟后,他倏地站起来,大声地说:"走!"

恩师真的走了,这湖边,这校园,对于我来讲,留下了永难填补的一片空旷。我知道这空旷只在我的心中。而燕园永远是那样的生龙活虎,名湖依旧是风月无边。

六

恩师是在一个雪夜走的。走前的三天,正是他的生日,我们在京的众弟子,在葛老师的带领下,到朗润园十二公寓给他祝生日。往年当此夕,他总是很高兴的,他总会一再地说,还是当老师好,还是当老师好。说得我们都不好意思了,可心里是热热的。我们都是有家有小的大人了,并且自己也早已为人师,但在他面前,我都愿意让自己当一个孩子,愿意听到他的表扬。可是那一天晚上,恩师却几乎没有说话。其实许多时候,他并不是认不得人,更不是不想说话,而是说起来太困难了。大家都想让他说话,哪怕是吐几个字,于是经常会问"您认得我吗?"这样的话。现在想来,这是多么不好的问法呀!那天晚上,我仍然半俯在床边这样问,他极其费力地说:

"当——然——认认得",我不禁泪欲潸然。这是恩师与我说的最后一句话,又像从天外传来最后一片纶音。我不知道是应该庆幸还是应该后悔,我的确不应该这样问。难道连我也怀疑他真的失去了清醒了吗?我可是从来不相信,恩师真的会失去那一片灵明。每回看了他回来后,我总是跟妻子说:"先生其实是很清楚的,只是记忆难以连贯,说话困难。"我甚至幻想,也许某天他脑子里那个瘤会突然萎缩,被压迫住的一切重又得到解放。恩师仍然是那个滔滔雄谈的恩师。所以我对于他的这样快就走了,是没有任何的思想准备。我总觉像他这样根基深厚的人,哪会那么容易说走就走呢!甘肃袁第锐先生得知恩师卧病后,写信慰问,说是"自古诗人享大年",我看到后,觉得心里特别安慰。现在想来,也许我到底还是年轻、健康,对生老病死之事,毕竟是十分的陌生。

我真想问一下造化之主,为何将人的生死之事,处理得这样的轻率,让来就要来,让走就要走。试问芸芸众生,有几个人习惯被这样轻率地支配着生死来去之事?陶公所说的"达人解其会",所解的又是怎样的一种奥义呢?恩师又是怎样想呢?从来崇拜陶公的他,是不是在他生命的最后一段中"解其会"了呢?自从得知自己患病之后,五六年中,他从来没有和我们谈过他的病,也几乎没有谈到他的后事。他难道真的已经对自我生命失去一种体验和判断了吗?事实上,偶尔有一两次,他会说到那个字,但态度也是十分自然。从知道自己得病到意识尚属清醒之时,恩师的性情、心态,与健康时仍然毫无变化,仍是乐观、愉快的。我在恩师那里,永远是那样的如沐春风的,永远是在承蒙教诲。这一回他将如何处生死之际的绝大学问教给了我,但我还需要慢慢地去体悟。恩师常说我有点悟性,也许我能悟出来。

张子《西铭》有云:"存,吾顺事;没,吾宁也。"恩师在生死之际,达到了最和谐的大顺,他的归去,也是一种大安宁。这是一种无法象征的大安宁,渊明曾以"托体于山阿"这样五个字来象征这种境

界,使后世无数人获得了心灵的抚慰。在恩师骨灰安葬仪式上,我模仿渊明的意思,草拟了这样一副联语:

> 兰室青山千古秀,佳城晓日一轮明

格调有点旧,象旧时乡间坟茔上的碑联。但我思来想去,也只有用这十四个字来象征那无法象征的我师的大安宁。

释家云:"佛灭度后,以戒为师。"恩师走了,但他的人格、学术仍在施我以无言之教。未名湖畔,思念悠悠?

(原载葛晓音、钱志熙编《陈贻焮先生纪念文集》,北京大学出版社,2002年)

生命最后的大事记
——悼龚育之老师

韩 钢

龚育之(1929—2007),1948年入清华大学化学系。曾任中共中央党校副校长。代表著作有《龚育之文存》(三卷,2000年)等。

韩钢,1958年生。现为华东师范大学历史系教授。主要著作有《当代中国政治体制发展概要》(合著)、《毛泽东时代的中国》第二卷、《革命的终结——从"阶级斗争为纲"到"经济建设为中心"(1976—1978)》等。

龚育之先生

好些人以为我是龚育之老师的秘书,其实我不是。不过这说法也有点来由:2003年7月,他的秘书汤应武到广州市委党校挂职任副校长,他考虑让我接替汤做秘书。此事因为别的原因作罢,他发来电子邮件说:"我想,今后如有业务上要帮忙的事,我就找你,大概也不会太多,任你为秘书的事,就不提了。"

我欣然应允。龚老师曾经是我的领导。1995年6月,他在中央党校副校长的任上,兼任中央党史研究室常务副主任;当时我在党史研究室工作,是他的部下。2001年6月,我调到中央党校党史教研部。那时,他不再担任副校长已两年多,是党校退下来的老领导。从某种意义上说,我也还算是他的部下。龚老师是我最敬重的党史学家,他的人格学问、道德文章素来令人景仰;在我心目中,他与其说是领导,毋宁说是老师。帮助他做些专业方面的工作,可以减少他的具体事务;更重要的,我可以近距离从他那里获得做人和做学问的教益。至于有没有什么名义,无关紧要。

从此,我开始为龚老师做些文稿处理的具体事务,同他有了较多的接触和交往。所谓交往,见面交谈并不多,主要是互发电子邮件。他有文稿,尤其是关于党史方面的文稿,先发给我,征求意见,查阅史料,核对文献,校订文字,然后交待我处理发表或出版的事宜;有时也互通学术信息、出版动态和彼此感兴趣的见闻。去年他生病住院后,这样的交往仍未减少,直到今年2月下旬他报病危,直到6月他去世。

他去世后,我内心的悲痛难以名状。四年里,我为他做的事情很有限,他给我的教诲和影响——春风化雨的教诲和身体力行的影响,绝非居高临下的"教导"——却让我受益良多,难以忘怀。一些报刊约我写纪念和回忆文章,我应当写,也很想写。写什么呢?与他相识的十二年,与他交往较多的四年,都可以写,都值得写。但是这些天来,萦绕在心最多的,还是他在生命最后一年里思考和写作的一幕幕情景。因为有日记,又保存了电子邮件,这一年我亲历亲见的许多事情记录了下来,就先写这么一篇"大事记"吧。

回忆陆定一的文章

去年7月8日夜,龚老师因心脏不适,住进北京医院。开始说问题不大,但要住院两周,再做些观察。这是去年他第二次住院了,我期盼他像上次那样,不久就康复出院;但不知怎么,有种说不清楚的隐隐担心。

14日,我和李向前、郭宏去医院看他,他精神显得有些疲惫,说话气力也不足。但是我发现,床头柜上竟摆着手提电脑:他还在写作!果然,他告诉我,回忆陆定一的文章,写出了第十和第十一节,让我从他的电脑上拷盘,带回去提意见和校订。我们都劝他注意休息,减少工作。他笑笑,算是作答。

去年是陆定一诞辰百年,龚老师一直在写一篇回忆文章《我所知道的陆定一》,很长。住院前,已经写出了九节。他住院前三天,我刚校订完第九节。我以为住院后,他会暂时停笔。没想到,住院才六天,他又写出了两节,近万字。第十节引用了1957年3月毛泽东在全国宣传工作会议上谈知识分子的一段话。他告诉我,用的是公开发表的文字,他的印象,公开本与原始讲话有些不同,要核实一下。查阅的结果,公开本与原始记录确有些微差异,他特意在校订稿上说明:"这是1964年公开发表的文本,比起原记录来已经多了一些推敲。"

这种细节,不要说一般人,就是专业人员也大都不在意,甚至未必知道,但他从不放过。他的记忆真好,生病住院,他手头没有什么文献,凭着印象,他就能发现问题;还是那样严谨、那样细致,我不由得感叹。才过两天,他又用电子邮件发来第十二节,也是全文的最后一节,五千字,嘱我校订。病中的他,不仅没有停止写作,连节奏也没有放慢。

读党史二卷送审本

龚老师在医院住了两个星期,没有出院,原因是查出心脏有几处栓塞;还有肾功能衰竭,需要开始定期进行透析,或者实行肾移植,否则会导致尿毒症。为进行透析,医生先要给他做个瘘管手术。

情况比较严重,我们都觉得他应该停止工作,专心养病。可是7月24日龚老师来电话,还是谈工作。他要我看看他写的对党史第二卷第四、五编稿的意见,有没有什么补充或修改,并且要求第二天上午交给他的秘书马伟退他。

这可是一件繁重的工作。党史第二卷稿是中央党史研究室编写的,百万字,分五编。从3月开始,党史研究室分送前三编给有关专家征求意见,也送给了龚老师。说起来,这个稿子最早还是他主持编写的,1999年4月写出了一个送审本。他从党史研究室卸任后,这个稿子又改了七年。住院前送给他的前三编稿子,他都看完了,写出了详细意见。看这个稿子,他可是与别人不同,他是对照原送审本和新送审本看的,看新本有哪些前进,有哪些仍可吸收原本,工作量翻一倍。

7月收到第四、五编稿子时,他已住院。大概催得急,他在病中看完了稿子,三十来万字。他还是对照两个本子看,把他认为应该或者可以有所修改的地方,一一提出意见,有二十五条。大到事件、人物、判断的补充斟酌,小到任职、情节、数字的勘误订正。比如,稿子对江青作注,说她建国后直至"文革"前,任文化部电影事业指导委员会委员、中宣部电影处处长。龚老师说,这样注肯定不对,江青在中宣部任职时间不长,在文化部任那个虚职时间也不长,没有任到"文革"发动前。连"樊篱"写成"蕃篱"、"被告知"写成"被告之"这样的词语错误,他都细心地指出来了。

从时间上推算,他是在写回忆陆定一文章的同时,做这件事的。

《胡绳琐忆》的一个细节

去年5月,友人想再版龚老师过去的一个集子。他觉得原书再版意思不大,考虑增添一些这几年的近作。他在医院嘱咐我帮助他做些具体编辑事务。

《胡绳琐忆》和《听毛泽东谈哲学》是新增的两篇,都曾发表过。龚老师向来严谨,即使发表过,编入书里也要再改再校,而且要亲自过目修改。我熟知他的习惯,想尽可能做得细致些,以减少他的工作量。《胡绳琐忆》有个细节我有疑问,做了改动。1965年11月21日,毛泽东在杭州同陈伯达、田家英、胡绳、艾思奇和关锋谈话。这时,姚文元批《海瑞罢官》的文章已发表,毛的谈话却没有提及。整整一个月后,12月21日,毛再次在杭州同五个人谈话,谈到了姚文,谈到了《海瑞罢官》的要害是"罢官"。我看到材料都只提到后一次谈话,以为"11月21日"是"12月21日"之误。

7月27日,龚老师给我打电话说:那个情节不改,他是有根据的。接着发来电子邮件:"第六节中那个情节不改。我是有根据的,根据的是胡绳自己的回忆,记不清是不是回忆田家英那篇,反正胡绳自己写过,是两次谈话,不是一次,后一次是前一次的继续,中间隔了上海批罗。""批罗",指的是 1965 年 12 月毛泽东在上海主持的、批判罗瑞卿的中央政治局常委扩大会议。一查,果然不错。胡绳在《忆家英二三事》的文章里,就是那么写的。胡绳的文章我也读过,可是我却忽略了这个细节。

电子邮件还说:上午动完手术(做瘘),现在还好,可能晚上要有点痛。我这才知道,他这天做了瘘管手术。即使动手术,他牵挂的还是稿子!

写"自序"和补充"听毛谈哲学"

8月1日,他的夫人孙小礼教授来电话说,术后他一直低烧,原因一时不明。还告诉我,正在联系三〇一医院,准备做肾移植。

8月7日,龚老师来电话,他已经写好新出集子的自序,要我提提意见。还发来电子邮件:"自序已经完成,发给你,请你修改。又,《听毛泽东谈哲学》那篇,原来有些删节,我想补充完整。请你把这一篇的电子文本发给我,我来补充。我这里没有这个文本。"才过两天,他就改好了《听毛谈哲学》一篇。修改达三十多处,增加两千多字,补充的几段毛泽东谈话颇有史料价值。

校订《自序》,我提了一个小问题:稿子有一段话,说"文革"开始后中宣部被砸烂,这个机构就不再存在了。所有干部,被一锅端,相继到旧北京市委党校去办学习班、到宁夏贺兰县去办五七干校。任务是:斗、批、散。"斗、批、散"?"文革"中的标准提法可是"斗、批、改","改"与"散"字形相近,莫非是误排?龚老师回复电子邮件:"斗、批、散,不是斗批改之误,因为中宣部的结局只能是散,当时对这一类机关都有此提法。"还叮嘱我,稿子还有一个错字,需要改正过来。我为自己的孤陋寡闻而惭愧,更被他的严谨、细心和记忆力所折服。

校订完《自序》稿退给他的那天,距他住院整整一个月。这一个月,他哪里是在养病啊,分明工作了一个月。很可能是因为劳累,8月15日,他又犯心脏病,而且很严重,住进了重症监护室。医生要求:绝对静养。

读《近现代史纲要》送审稿

经过治疗,龚老师病情有所缓和。8月22日和30日,我两次去医院看他,精神、气色渐好。我们再次劝他好好养病,切勿劳累,巩固治疗效果。后来知道,稍有好转,他又开始工作了。

9月19日,龚老师来电话:《中国近现代史纲要》送审稿送他征求意见,接受了他上次提出的一些意见,但是仍有一些问题,要我也再看看。听这话,他这段时间没有专心养病,又在看稿。

《近现代史纲要》是高校公共课新编教材稿。3月份就曾送他审读,他写出了详细的意见,还在4月2日的审读座谈会上发言。这次是经过修改的送审稿,也有三十万字。在反馈的书面意见里,他表示:"今年4月2日我在咨询委员会上作过一次发言,对《纲要》送审稿提意见,并已写成书面。现在看到送审新稿,我提的意见,大多反映在新稿中。对此,我表示感谢。但也有重要意见,送审新稿没有采纳,新稿中还有我不赞成的新的修改。个人意见,编写者有权采纳或者不采纳。但作为被征求意见者,我还是再次提出,以尽自己的责任。"

他真是尽到了责任,而且是在病中尽这责任的:不仅提出观照全书的原则性意见,还指出一些具体问题乃至错字。

五个会和一篇发言稿

  由于心脏病的原因，原来考虑的肾移植手术不能进行，只能通过透析解决肾功能衰竭问题。9月份，医院开始给龚老师做透析，每周三次。10月份，又做了心脏支架手术。本来做心脏搭桥手术效果会更好，可是他的身体情况不适宜做，只好放弃。

  两项治疗的效果都很明显，龚老师的身体渐渐好转，而且可以出院了。11月1日，他出院的第二天，我和章百家、郭宏去家里看他。虽然他还是显得虚弱，但是精神不错，很想听听近来各种消息和新闻。大家都非常高兴，谈天扯地，聊到晚上九点多钟，还在他家共进晚餐。

  他仍然要每周两次去医院做透析，而且也应该休息。可是他应邀参加了好几个学术活动。我知道的就有三次：11月25日的《郑必坚论集》座谈会、12月20日的《思念依然无尽》作品研讨会和12月23日的北京大学科学与社会研究中心成立二十周年庆祝会。参加《郑必坚论集》座谈会，他还写了一篇近五千字的发言稿。

  《思念依然无尽》作品研讨会我也参加了。我不知道他会去，那天的会开得很长，从下午两点半开到七点。他到得晚些，下午四点来的，孙老师陪着他，直到会议结束。《思念依然无尽》是胡耀邦的女儿满妹回忆父亲的作品，前年胡耀邦九十诞辰时出版的，出版社当时就给他送过书。接到会议邀请，他又花了一天半时间，重读这本四十九万字的著作。虽然没写发言稿，但是他作了一个不短的发言。他依然是拄着拐杖来的，我注意到，他有些疲惫，比起刚出院时更虚弱了。

  后来听孙老师说，他参加的会议不止三次，而是五次。

两篇书序和一篇访谈整理稿

12月22日,龚老师去医院做透析时,有些发烧。23日,参加北京大学的会,他感到热度不退,只待了一个小时便告辞。到北京医院一检查,当即留院住下。这是去年他第三次住院了,万万没有想到,他再也没能出来。

住院第二天,他就打电话给我:郝怀明写的《如烟如火话周扬》一书快要出版,他为书作的序可以发表了,好做点宣传。他让我同郝联系,并处理发表事宜。还嘱咐我,文中所引冯雪峰的一篇寓言《锦鸡与麻雀》,标题误成《两只锦鸡》,要改过来。

这篇序言是去年5月份写的,今年1月先后在《文汇读书周报》和《学习时报》发表。今年2月2日,他来电话,嘱咐删改所说周扬"文革"后最高职务是中宣部副部长一句,叮嘱查实周扬增补为中央委员和当选中顾委委员的时间。我汗颜:校对时我怎么就没看出来?我怎么不把工作做得更细一些呢?内疚的同时,我不能不又一次为他的严谨、细心而敬佩。

龚老师这次得的是肺炎,典型性肺炎。老人得肺炎最危险,更令人担心的是,他得的肺炎特别顽固,久治不愈,因此发烧不止,时退时起,再次住进重症监护室。我们都非常担心,却无能为力,只能在心里为他祈祷。

经过专家会诊,用了新药,一月下旬开始,龚老师的肺炎一时得到控制,2月上旬情况更好些。情况一好,2月9日,他又为老同学、老同事、老朋友何祚麻的论文集写完一篇序言,两千多字。

2月10日,孙老师电话里说:肺炎情况大有好转,但是心脏情况又不好,有一处叫"回旋支"的地方有阴影,前几天还犯过一次心绞痛。医生说,身体恢复还需一个月,这次生病大伤元气,人非常衰弱;若再发病,十分危险。但是孙老师告诉我:龚老师稍感好转,又要工作。她给我打电话,就是龚老师要她问我,一篇访谈记录稿收没收到。孙老师忧心忡忡;我听了也格外担心,请她转告龚老师,千万别再工作了,病情好些再说。

他问的访谈记录稿,是去年3月份北京电视台"世纪之约"栏目采访他,我和同事李国芳旁听,由李记录整理的,我做过一遍文字处理。那次他系统谈了自己的人生经历,谈了六个小时,内容丰富而精彩,我是第一次听他这么详尽地谈自己的经历。整理出来的稿子近七万字。大概孙老师拗不过龚老师,那几天他仍没有好好休息,把七万字的稿子看了一遍。2月12日,他给我打电话,说看了访谈记录整理稿,有两个问题:一是稿子有些重要内容没写;二是与另外一篇谈中宣部科学处的记录稿内容有些重复。退回来的稿子上,他写了十三处原则性意见,还做了多处文字改动。看得出来,他看得很认真,总体不大满意,进一步整理补充修改的工作量很大。他告诉我,现在还难以做这件事,要我先考虑如何调整和修改。

第二天,我和郭宏去医院看他。他仍住在重症监护室,正如医生所说,他显得衰弱,而且消瘦,说话气力差多了。见我们去,他很高兴,想多说说话,听听外面的消息。我们劝他少说,我们多说。告辞出来,我脑子里还浮现着他消瘦的面容,心里一阵酸楚。更让我想不到的是,这是我最后一次面对面同他交谈。

最后三篇文稿

2月过春节,为了不打搅他和孙老师,让他们好好休息,直到农历正月初五(22日)我才给孙老师打了一个电话,一来拜年,二来问问龚老师病情。他的情况并不好,那几天连续发烧,肺炎还没有彻底治愈。

23日和24日,龚老师两次来电话,说想写一篇回忆于光远的文字,从认识于光远开始,讲若干件事情,题目都想好了,就叫"于光远琐记"。他说自己精力体力不济,动笔已经困难,打算准备一个提纲,在医院同我谈,由我录音、记录、整理,然后他再修改定稿。还说有好多事情想写,文章会比较长。我当然赞成他的想法,但内心很矛盾:我不能劝阻他,反而还要看着他在病中工作,于心何忍!

仅仅过了两天,2月26日,他突然报病危。27日,我赶到医院,医生只许在病房门口看看:床边摆着抢救设备,身上插满管子,看不清他的面容。听孙老师说,那两天,他都在考虑回忆于光远的文章,还写出了几页类似初稿的提纲,非常兴奋。不知是他太操劳加重了病情,还是本来病情就恶化了,26日凌晨三点,龚老师突然昏迷不醒,心脏和呼吸系统衰竭,心脏和肺部都有积水。经全力抢救,下午两点多才苏醒,但仍然时有危险。我难过极了,心里一阵阵颤栗。

3月6日,我打电话问马伟,得知龚老师病情稍有稳定,但肺炎没有消除,喉管因插呼吸机受伤,不能说话。九日,孙老师托马伟带来两个稿子,一个是出版社送去的龚老师在《思念依然无尽》作品研讨会的发言记录稿,还有一个就是他写的回忆于光远文章的提纲。发言记录稿比较粗糙,提纲则没有写完。孙老师嘱咐我整理发言记录稿,提纲则留作备用。

16日,我去医院送发言记录修改稿,医生不让探视。孙老师在医院走廊上,给我讲他的病情,还给了我几页回忆于光远文章的提纲,是龚老师在病榻上写的。3月初,他讲话困难,只能费力地用笔写,写了几行字后,心率立刻就加快,不得不停笔。有的字迹都模糊了,那些模糊字迹的背后,不知道他付出了多大超出常人的气力!孙老师嘱咐我和她分别辨认那些字迹,打印出一个稿子;她再按照提纲,在龚老师身体允许的情况下,抓紧时间一点一点听他谈,记录整理出稿子。我油然生出对孙老师的敬意:这次龚老师病危,医生已经告诉她做好最坏的准备。相濡以沫半个多世纪,现在随时可能面临诀别,孙老师强忍悲伤,一边精心照顾龚老师,一边坚持完成龚老师的心愿。多么博大而深沉的情感啊!

22日,我给孙老师去电话,问龚老师病情。他的情况没有彻底稳定,心率时快时慢,体温时高时低。孙老师说,发言记录修改稿只能等他稍好些时,念给他听。还告诉我,这几天,他在断断续续地口述为他的原秘书宋贵伦的一本文集作的序。23日,孙老师就发来了发言稿和书序稿。

发言稿、书序稿和回忆文章,龚老师在报病危之后,竟然还同时做着三件事情!我的眼眶湿润了,终于明白,只要生命不止,他的思考和写作是不会停止的。

3月26日,孙老师来电话,说龚老师今天的情况很不好,发烧三十八度多,血压高压只有八十,低压竟只有二十,透析进行两个小时便无法继续,说话也有些含混。她还问书序稿收到没有。第三天上午,我赶紧请马伟送去两个校改稿,下午就到了医院。孙老师说,上午给他念了两个稿子,书序稿算是定稿;发言稿他嘱咐再做些修改,删去枝蔓,订正文字。29日,孙老师电话告诉我,龚老师问起发言稿的事情。第二天,我又请马伟送去再次校改后的发言稿。第三天,龚老师在病榻上口述修改意见,才算是定稿。

4月8日,龚老师在透析时休克,呼吸受阻,再次病危。医生当即通知党校领导到医院,报告病情危险。经全力抢救,龚老师又一次暂时脱离危险,但是情况仍很不好,继续发烧,衰竭症候更重。4月28日,孙老师来电话,第一句话就说:告诉你一个好消息,今天撤掉了全部抢救设备,龚老师病情开始稳定,只是还非常虚弱。

撤掉抢救设备,意味着生命危险已经渡过。当时我真的以为,可能他会从此逐渐康复。

此后一个多月里,我时常与孙老师或马伟通电话,询问龚老师身体情况。他的病情还是时缓时急,肺炎逐渐减弱,但心脏情况一直不好,血压时高时低,血色素也异常低,每天要做八到十个小时的血滤。但是他仍然在断断续续地口述回忆于光远的文章,还把标题改成了《于光远素描》。身体极度虚弱的他,声音微弱,常常只谈上半个小时甚至十几分钟,就因体力不支而昏睡过去。几个月里,孙老师整理出十一个小节的稿子,大部分给他读过,开头和第一、二小节还读过三四遍,他亲自做了修改。他嘱咐孙老师,每个小节都要单独打印,他好一节一节地仔细修改补充。病重到如此程度,龚老师依然这般镇定和坚毅,依然那样细心和严谨。医生不得不多次"干预",但他没有停歇。孙老师后来告诉我,医生有禁令,他们就趁医生不在时偷偷口述和记录。护士都被感动了,为他们"打掩护"。

6月11日晚,又一次传来龚老师病危的消息。我以为生命顽强的他会再次抛开死神,但是第二天上午,我听到的竟是噩耗!

龚老师走了,一个充满智慧、思维敏捷的大脑永远停止了思考,一个不知疲倦、忘我奉献的灵魂终于得到了安息,一个才华横溢、人格高尚的生命最后化作了永恒。

料理完龚老师的后事,孙老师做的第一件事情,就是整理完成龚老师未了的文章《我的第三个上级——于光远素描》。说是完成,其实也还是未了:他在提纲上列的题目没有谈完,整理出来的稿子也没来得及全部修改。这是龚老师一生中最后的文字。

二〇〇七年七月十六日于千萃山下
八月三十一日再改

(原载《怀念龚育之》,中央文献出版社,2007年。这里发表的是由作者提供的未经删节的原稿)

张光直师,哈佛,与我

巫 鸿

　　张光直(1931— 2001),1954 年毕业于台湾大学考古人类学系,1961 年获美国哈佛大学哲学博士。代表作有《古代中国的考古》(*Archaeology of Ancient China*)、《美术、神话与祭祀》(*Art, Myth, and Ritual：The Path to Political Authority in Ancient China*)等。

　　巫鸿,芝加哥大学教授。著作有《武梁祠:中国古代画像艺术的思考性》(*The Wu Liang Shrine：The Ideology of Early Chinese Pictorial Art*)、《中国古代美术和建筑中的纪念碑性》(*Monumentality in Early Chinese Art and Architecture*)、《重屏:中国绘画的媒介和表现》(*The Double Screen：Medium and Representation in Chinese Painting*)等。

张光直先生

我在做张光直先生的学生以前并不清楚先生的学问声望。这是因为 80 年代以前的国内学术界基本和外界隔绝,先生的著作在国内鲜有介绍,我无论是上大学还是后来工作的时候也就都没有读到过先生的书。1978 年以后重返学校攻读硕士,1979 年与在哈佛大学读研究生的老同学韩建立联系,在她的鼓励和帮助下申请了哈佛大学人类学系。从报名到收到录取通知书,从登机到开始在洋学堂上课,一切有如云里雾里,不可思议。当时既不知道哈佛为什么收我,也不知道我是张先生所收的第一个大陆学生。几年之后,先生告诉我他读过我去哈佛以前所写的一篇关于秦权的文章,对其中所作始皇大型石权与二世小权量值不同的观察很有兴趣。

　　现在的留学生大概很难理解经过"文革"浩劫的年轻学子在 70 年代末那种绝处逢生的心情。以我自己来说,虽然 1963 年入大学后十年之久才分配工作,但其间未曾踏踏实实地读上两年书。先是 64、65 年的城乡社会主义教育运动,我们先被教育又忽而变为教育者,到乡下去"四清"不良干部。回京后文化革命爆发,不久我沦为学生反革命,"划而不戴,帽子拿在群众手中"。从牛棚到农场,其间也偷偷摸摸地看看古书、学学英文。但全靠自己摸索,成效也就可想而知。1972 年落实知识分子政策,我居然被分配到故宫博物院。开始一年是"站殿",即看管和清洁陈列馆。然后进入办公室,从同室的文物专家那里耳濡目染地学了些东西。但政治压力仍在,只是到了 1979 年以后才被许可用本名发表文章。可是自己也知道这些文章是根基不深的东西,不然世界上何必还要那些孜孜苦学的硕士和博士？

　　我之所以要写下这些去哈佛大学以前的经验，是因为非此不能说明哈佛和张先生在我生活和学术中的意义。在哈佛我读了人类学和美术史博士，七年的连续学习和写作终于大致弥补了以往治学中的断裂和漏洞。这七年中张先生是我的主要导师，我修过先生的六七门课，做过先生的助教，所写报告、论文的十之七八也都由先生读过评过。但他对我的影响仍远远超出这些具体指导。二十年后的今天回想当时情况，我很清楚是那几年中与张先生的学习决定了我以后治学的基本方向。我这样说也可能有人会觉得难以理解，因为按照专业来说我并不是一个考古学家，因此没有延续张先生的学科传统。但我自以为我从张先生那里学到的东西比学科的认同更为深刻，牵涉到何为学问、何为学者等根本问题。

　　到了哈佛几天后就开学上课，和张先生第一次见面谈话的主要内容即是关于选课的方向。他的建议是尽量学没有接触过的东西，不要只拣已经知道一些因此比较有把握的课程学。第一学期我所选的四门课程中，《考古学方法论》是每个新入学研究生的必修课，此外我挑了一门玛雅象形文学，一门印度宗教，还有张先生自己开的《中国考古学概论》。最困难也使我最感兴趣的是《考古学方法论》，不但所学的内容原来全然不知，而且上课的方法也是大开眼界。这门课的教授有两位，学生七八人，围着一张大桌子说话。每周老师布置给每个学生一组不同的阅读材料，常常是厚厚的几本大书，题材则是有关任何时代和地区的代表性考古著作。学生仔细读后，在下周课上对作者的调查和研究方法做口头总结和评价，报告后由教授和其他学生共同讨论。我当时的英文很差（我在中学和大学修的是俄文，从未受过英文科班训练），读的既慢，发言还得事先写出来到课堂上去一个字一个字念，别人所说的也是似懂非懂。课前课后与张先生谈起所读的书和看法，发现他对此既熟悉又有兴趣，常常一谈起来就是一两个小时。以后逐渐成为习惯，每周都要再和张先生上一遍"考古 207"（当时大家如此称那门课）。两个月后，这门课的主教授威廉姆斯告诉张先生："巫的英文糟透了，但他是个学者。"（Wu's English is terrible. But he is a scholar.）张先生听了很高兴。

从此出发，我对理论方法论的课程产生了特殊兴趣，在随后几年中又修了语言学、美术史、神话学的这类课程，发现各学科虽有自己的特殊问题，但基本解释框架则往往互通。对一种知识框架（如进化论或结构主义）的理解和反思因此可以既是学科性的又是超学科的。当时我也开始系统地阅读张先生的著作，感到他是我所知道唯一一位中国古史专家而能在这个宏观层次上著书立说的学者。他的著作既包括对具体考古遗址和历史问题的研究，也富于对一般考古理论和基本文化模式的讨论。后者的意义往往不限于考古这一特殊学科，而牵涉到文明发展形态以及在研究人类文化时不同学科的关系这些一般性问题。

1981 到 1983 年间我常常去找张先生谈话。在哈佛教授中，先生的办公室兼书房是少有的大，两大间屋，既用于办公会客，偶尔也作为讨论课的教室，同时又是一个小型考古学图书馆。先生藏书丰富，沿墙而立直达天花板的书架上放满书籍，上讨论课的时候可以很方便地从架上抽出书来查看。当时我初到美国，尚不除国内养成的串门习惯，往往敲敲门就走进张先生的办公室。但先生从未告诉我在美国找教授谈话需要先预约，看我进门总是和颜悦色，如果正忙就示意让我等一等。而这种时候我就随便浏览架上书籍或咖啡桌上放着的新到考古书刊。等他办完事或放下电话我们就开始谈话，常常是天南海北，不一定是关于我的学业。先生兴趣很广，对书法艺术很有兴趣和眼力，在古代书家中最喜欢文徵明。我和先生都是金庸迷，但先生谈起其他武侠小说作者也如数家珍。我们谈的最多的当然还是考古，有时是关于国内的新发现，有时是关于考古学史上的争论，有时则设想将来考古学的发展。从这些谈话中我在张先生身上发现了一个以往不知道的现代学者的形象：既对自己专业有极坚实的把握，又不囿于专业的局限，而是对知识本身的构造和发展有着深厚的兴趣。

当时我所读的张先生的著作中包括他早期的《考古学再思》和一至四版的《古代中国考古学》。后者各版的异同不但说明考古资料的累积对研究中国古代文化的决定意义，也反映了张先生自己学术思想的变化（如从重视"时间"到强调"地域"的转变）。但当时对我最有启发的是1980年出版的《商代文明》，其绪论部分在我看来最能体现张先生综合性历史考古研究的精神。在他看来"商"是一个已消失了的历史存在，讨论"商"也就是对这种存在进行系统发掘和重构。发掘和重构的方法有多种，这篇绪论题为《通向"商"的五个途径》，就是讲这些方法的。其中四种途径关系到研究材料及处理这些材料的学科和方法，包括历史文献、青铜器研究、卜辞研究和田野考古。第五个途径是理论模式，其作用在于把零散的资料转化为系统的历史或文化叙事。张先生没有把这本书称为《商代考古》，是因为他认为这五种途径对重构商代文明都有极其重要的意义，无法互相取代，而田野考古只是其中一种。我当时极力建议他把这本书在国内翻译出版，他听了很高兴，但是在80年代初期做这样的事还相当不容易，这部书最终在1998年由辽宁教育出版社介绍给了国内读者。

由于先生的影响，我在哈佛学到的重要一点是对方法论的自觉，甚至认为这是现代和传统学术的基本分野。我对我自己的学生总是强调我们必须同时研究两个历史，一个是作为研究对象的古代史，另一个是我们自身所从属的学术史。我们写的东西总是落脚在这两个历史的焦点上，我们的任何发现发明也都应该对两种史学研究产生意义。这些思想无疑是源于张先生的著作和言教。

张先生在我心目中代表了一个现代学者，还在于他对学科机制建设的重视，包括学术机构的合作、学者的互访以及校内的学术交流渠道等等。可以说他在这些方面所花费的时间和心力绝不比个人著书立说为少。由于 70 年代末以后世界政局的变化，东西方交流成为可能，先生在 80 年代更加积极地发展国际学术合作计划，我在哈佛的学习也因此从一开始就是极为国际性的。和我同年成为张先生博士生的臧振华兄是在台湾受的教育，其他同学包括美国人、美籍华人、德国人、韩国人、日本人等等。台湾、香港和内地的资深学者亦不断来访。我记得邹衡和林寿晋两位先生作为来访专家参加了张先生教授的一个讨论课，课上邹先生对我所提交的商周青铜钟、铙研究曾给予评语。童恩正先生参加了另一个以地域考古为题的讨论课，我为该课写的论文是后来发表的对于山东史前遗址分布与地形变化关系的讨论。杜正胜先生参加了张先生发起的古代中国系列讨论，宣读了他对西周社会构成的论文。俞伟超先生也是 80 年代初期访问的哈佛，我与他半年密切相处，甚有获忘年交之感。

　　张先生是一个具有深厚民族感情的人，但他的民族感不与实用政治混淆。有时和我谈起学者和政治的关系，他总强调学术应该超越政治，即使知道二者无法全然分离，但学者的义务仍在于信守并发扬学术的独立性。在这一点上张先生确实是身体力行了的。他和台湾学术界关系自然很深，但 80 年代以后特别致力于发展和大陆考古界的联系。当时有些在美国的台湾系华人学者对此颇有微言，谓其"亲共"。对此先生对我说：亲台未必就比亲共好，最好是人格独立。他告诉过我他年轻时在台湾被当做"共党嫌疑犯"抓起来坐监牢的经历，我也告诉过他我在"文化大革命"中的"牛棚生涯"，都是冤狱过来者。在哈佛大学围绕张先生形成的一个学术圈子主要由研究中国考古和古史的人组成，每人背景各异，观点也不尽相同，但受张先生人格影响，彼此之间的关系从来不是政治性的。我记得我在美国过第一个春节时，张先生请我和臧振华兄去他家过节，先生亲自下厨，整备酒菜。对"文革"中人们相互猜忌陷害的情况尚记忆犹新的我，所感到是一种返璞归真似的自然和温暖。

张先生在中美两国的学术地位都非常高，但他办事从不走上层渠道，在建立国际考古界关系的努力中总是通过与志同道合的学者进行对话和合作。道不同，则不相为谋。为此他也是付出了代价的，80年代初与童恩正先生一起拟定的中美考古学合作计划就是一个典型的例子。当时他非常兴奋，告诉我说他已经找到充足的基金在大陆建立最现代的考古实验室，也争取到美国一些最有权威的考古学家的同意去主持这些实验室和计划中的其他项目。他所兴奋的是通过这个计划，西方数十年发展出来的考古技术和方法可以准确而有效地介绍到中国去。

众所周知，这个计划最后因未获批准而流产了。张先生自然是非常失望，后来在回忆童恩正先生的一篇文章中记录了此事的始末。但我从未听到他抱怨自己所浪费的时间和精力（在美国申请资金、联系不同单位学者参加共同研究计划是非常复杂而耗时的工作）。就像是发掘到一个空墓不会使一个成熟的考古学家放弃考古，张先生对与国内考古界合作的计划是一而再、再而三地进行下去，直到最后的相互理解。

我从1987年起开始在哈佛大学美术史系任职，由于身处异系，工作也极忙，和张先生的往来反而比做学生的时候少了许多，这是我常常引为遗憾的事情。但回想起来，一些片断交谈仍是记忆犹新，这里略举一二。曾记得有一次我访问北京回美国后见到张先生，谈起一到北京，我的那些北京土话就又自然而然地冒出来了，出租汽车司机都把我当做本地人看待。张先生说起他去中国的时候往往被挡在所住宾馆门口，要求出示证件，只因穿着太"土"了。他开了个玩笑：看来我们都是在国外不管住多少年也变不成"海外华人"的那种人。另一次是在出席一位研究生的博士资格考试后，在张先生办公室里谈到当时哈佛大学东亚系拟招请早期中国历史教授事。张先生问我是不是知道什么人，我问他是否能从中国请学者任此职位,因为这样做在哈佛历史上是有先例的。由此我们谈起如哈佛这样的世界第一流学府也可能因为有意无意地采取闭关政策而引起"自身繁殖"、逐渐弱化。虽然聘教授应该考虑英文水准以及能不能教好本科生,但是像哈佛这样的大学应该有更大的雄心和想象力,重要的是需要有意识地引进不同的学术传统,以刺激思想的活跃和对自身研究方法的反思。我们谈到虽然西方的人文、社会研究仍以方法论的严密见长,但近年国内对出土文献的发现和研究也为重新思考古代历史和文化开辟了广阔的新的可能性,如果能聘请在这方面有专攻的年轻学者就更为理想,可以对两方面都有好处。因此我推荐了李零先生。张先生很高兴,说将好好看看李先生的著作。以后听说张先生也确实写信给李先生,鼓励他申请哈佛的这个职位,但由于种种原因这个计划未能继续下去。张先生是在哈佛读的博士,又在哈佛度过了大部分的教学生涯,其对哈佛的感情是可想而知的。他所最自豪的是哈佛的中国考古专业,认为建立和发展这个专业是他毕生工作的一个重要部分。因此在他的帕金森症逐渐深化,必须退休治疗的时候,这个专业的未来也就成为他所最为牵挂的一件事。在美国从事古代中国研究的人士对这件事也非常关注甚至担忧。不了解美国大学情况的读者可能会对这种担忧不解。以国内大学来说,一是中国考古这门学科绝不会因为一个教授的退休而取消,二是像张先生这样有国际声望的学者应该可以在确定自己接班人的问题上发挥影响。但是美国大学的情况则相当不同:一是退休教授并无权力影响下一任教授的人选,甚至在退休以前也往往需要有意回避有关选择下任的讨论以免非议;二是院、系常常调整教学和研究的侧重,因此一个中国学的位置往往可以用来聘请研究上古三代的学者,也可以用来请研究唐宋、明清,甚至现当代的学者,所做出的决定不可避免地会受到院、系领导人学术思想和个人研究领域的影响。这里我不准备评价这种制度的优劣。但作为张先生的学生,我为先生对哈佛东亚系和人类学系所做处理的失望而失望。张先生的主要任职在人类学系，其位置是"旧大陆考古"，因此可以用来聘请任何从事欧、亚、非洲考古的学者充任。张先生又是东亚系（全名为"东亚语言与文明系"）的兼职教授，主要负责古代中国部分。因此他对自己退休以后哈佛中国学前途的考虑不但涉及了中国考古这个学科，而且关系到对古代中国的整体研究。以下是张先生在1996年写给我的一封信，现在发表出来，是因为它如实地反映了先生当时的心境，对回顾这一段历史应有所帮助。但这里我需要做三点说明，一是先生一直极为谦虚，特别是在我和他成为一校同事后就总是以平辈相称，我则始终称先生为师。二是信中所提到的中国美术史教职事，是指我于1994年迁至芝加哥大学任职后，哈佛有一段时间无人填补留下的空位，但此职现在已有人担任。三是信的最后一部分与这段历史关系不大，但为了保持文字的完整性一并录出。信中的英文为原文，括号中的中译为我所加。

巫兄：

好久没有联系了，未知近况如何？我还是老样子，只是帕金森又向前跨了几大步。不知道还有几步可以走。谢谢你的新书，Monumentality；我还只略翻了一下。看见居然是 dedicated to me（献给我），很是不敢当，我就拿这个当做一个鼓励，再写一本书好了。这个学期是我的最后一个学期，从七月一号正式退休。我的这个位子不一定是教中国考古的人来补，如果没有合适的人接下去，哈佛的中国考古学就断绝了。中国美术史现在也没人接你。宋代以前，只有 Michael Puett 一个人教历史，这是 unacceptable（不能接受）的。但是我已退休，退休以后就没有任何力量影响人事。呜呼哀哉！听说你要去台湾，可以看看故宫和史语所的收藏，还有好几家私收藏品，至少要十天才能有整个的初步印象。我在夏威夷散会后，会去台湾几天，大约是四月十五日到二十三日，不知与你有无overlap(重叠)？

匆此祝近好！

光直　敬上

一九九六·三·二十九

信中说到的夏威夷会议是当年的美国亚洲学年会，张先生获得了年会颁布的终身学术贡献奖。我最后一次见张先生是1999年在康桥市医院和他的家中，先生已无法自己行动，但仍然坚持坐轮椅去旁听在哈佛费正清中心召开的一个中国古代宗教研讨会。先生退休后，他在人类学系的教职转由一位年轻助教担任。但是他一生为学术界所做的贡献，包括他对自己学生身体力行的教导，将不会受到人事变动的影响而永存。

(原载《读书》2002年第2期)

钱先生的散淡人生

倪文尖

钱谷融,1919年生。华东师范大学教授。代表作有《论"文学是人学"》、《〈雷雨〉人物谈》等。

倪文尖,1967年生。现为华东师范大学中文系副教授。著有《欲望的辩证法》等。

钱谷融先生

我生也晚，进华东师大中文系念本科的时候，先生的研究生已经毕业做我们的老师了，而先生早成了令人景仰、带点神秘感的"奇里斯玛"，当然可以读先生的文章来想象先生的风范，却极难得有缘一见先生的真人真容——大约也是明白当年心中的这份缺憾吧，所以自己留校以来，总希望让新生及早聆听先生的讲座；事实上，先生在大课上的演讲，我也是在这种场合才有机会感受的，那滋味，比起他给研究生上的小课来，确实分外带劲儿。

我还算幸运，赶上了"钱门弟子"的倒数几班车，从先生读博士的那三年，终于开始能够身临其境地呼吸、体会先生的所有了。我相信，有些心得是不跟着读书做人则很难有的；并且，我们"入门"的时候，先生已完全到了"从心所欲而不逾矩"的年龄和境界，我们眼里的先生，即便是较之师辈心目中的，甚至都不大一样。

试着这么说吧，以前所有关于先生的说法，都对，但也很可能，都找得到反证，在我们亲身的经验中。比如，"钱先生特别宽容"，我就"上了老当"，几乎铸成无可挽回的大错：那是我的硕士论文，写钱锺书的文学创作，自以为是将钱锺书视为一个平常人、一种知识分子典型的研究，是将论述对象放诸20世纪中国社会历史大变迁里的一篇"通论"，所以，非但文题自命为"通论"，而且文中还多有自鸣得意处，我满心以为会得到先生的赞许，且不管先生同样的以"通"为意，就是一个"宽容"，也够我受用的了。未曾想，真是够我受的，先生严厉地判为"搔首弄姿"，命我"推倒重来"，让我爽然若失之后大有醍醐灌顶之快——固然，我最终没有被拦在门外，确乎又再次验明了先生的宽容。又比如,"钱先生是性情中人",我却记得先生不止一次地感慨道,"做人要有分寸感,不是可以由着性子来",难怪同届的一位师兄赞叹先生处理事情,"总能明察秋毫、审时度势、指挥若定,那种驾驭局势的能力,绝不是一般人可以仿效的"。还比如,"钱先生最讲求创新",其实,我们上课时候听得更多的是,"不要骛新,首先要求'真',其次要求'深',那么'新'自然就不远了"。

怎么说呢？我怕我的阅历还浅,怎么说也说不清楚,先生风风雨雨几十年,深刻透了底,返朴归了真,荣辱不惊,处变不惊,化险为夷,化实为虚,变"隔"为"不隔",变"技巧"为"无技巧",是臻至化境了,或许:我们视为畏途的,先生却看到"前途是光明的";我们以为一马平川的,先生却知道"道路是曲折的";我们所有的"两难"在先生都"不难";我们百结无解的困境,先生可是那么地游刃有余。

那么,这种让人神往的境界,其渊源何在呢？有时候我不免想,而且,这问题自我做先生门下弟子以来,就时或在想。

我真的很走运,就在我刚读博士那会儿,先生翻检出了当年的一批手稿说,那都是他重庆做中央大学国文系学生时候写的课堂习作。我想,如果你见过那些泛黄的纸页,就一定会理解我最初的那份激动,因为那里隔着半个多世纪的历史,那里记录了我的老师在比我还年轻的时候的情趣和思索,还因为黑色的毛笔字下面又有先生的先生圈阅的红色记号,那里就更有着那个年代师与生、教与学的感人氛围。后来,多种报刊陆续发表了先生的这批旧作,在一片"钱先生还写得一手好散文呦"、"钱先生的艺术感觉何其早慧"的赞扬声中,我反复欣赏先生的笔致,也琢磨先生的情思,慢慢地,似乎有了点儿入门的头绪,我发现:先生服膺特尔斐神谕"认识(知道)你自己",使得先生是在最根底处理解"人"、"文";先生深受叔本华哲学的影响,使得先生对"人"、"世"有了一个透彻、低调,甚至不无悲观的底色;先生又喜读《庄子》、《世说新语》一路的中国典籍,还有幸在大学时代遇到了伍叔傥先生这样的"得道高人",就更让自己对放达自由的神游状态心向往之；所以，先生很早看清了许多人一辈子也看不清的种种，别说是"身外之物"，就是"人"的本身、"欲望"本身，最终还不都是个"空"、"无"？所以，先生游走进入了艺术、文学，因为只有在伟大的缪慈女神那儿，才有真正的，也几乎是唯一的自由，才能为心灵找到一个安宁的归宿。

不用说，依我想来，先生的人生观、艺术观早在这一批"少作"中已经基本成型，相当稳固；甚至我还要以为，先生之所以看重自己的这组"习作"，除了"念旧感怀"的缘由之外，更内在的是，这里蕴藏着先生"从哪儿来，到哪儿去"的心灵秘密。——当然，这只是学生私心里的真诚感悟，本着先生一贯的教诲，率而言之、姑妄言之而已，弟子不才，多有谬解，还请先生训正。当然，读者诸君更可以明鉴教我。

2000 年 12 月

（原载钱谷融《散淡人生》"编后记"，上海教育出版社，2001 年。这里的文章标题为编者所加）

读《谈文艺，忆师友》：
兼记《瞎三话四集》

王德威

夏志清，1921年生。上海沪江大学英文系毕业。哥伦比亚大学东方语言文化系荣休教授。代表作有《中国现代小说史》和《中国古典小说史论》等。

吴鲁芹(1918—1983)，本名吴鸿藻，曾任教于武汉大学、台湾大学、台湾师范大学、政治大学。1962年赴美，后任职于美国新闻总署。作品有《美国去来》、《师友、文章》、《鸡尾酒会及其他》、《瞎三话四集》、《英美十六家》等。

王德威，台湾大学外文系毕业。2004年获选台湾"中央研究院"院士，现任哈佛大学东亚语言及文明系 Edward C. Henderson 讲座教授。代表作有《众声喧哗：三〇与八〇年代的中国小说》、《如何现代，怎样文学？十九、二十世纪中文小说新论》、《被压抑的现代性：晚清小说新论》、《抒情传统与中国现代性：在北大的八堂课》等。

夏志清先生

吴鲁芹先生

今年台湾"中央研究院"院士选举,夏志清教授以最高票当选人文组院士。以夏先生在国际汉学界的地位,这是项来得太迟的荣誉。院士的推选有许多机缘因素,夏先生没有及早入列,是中研院的损失,但诚如资深历史学者许倬云教授所说,有了夏先生,"大家的位子才总算坐得稳些"。

香港天地图书公司最近推出夏志清教授的《谈文艺,忆师友》,可谓此其时也。这本选集精选夏先生多年来的散文作品,很可以让我们一睹大师的另一种才情。虽曰散文,先生下笔仍然一丝不苟。不论是记述北大、耶鲁求学的经过,或是议论京剧人物、好莱坞明星,都是娓娓道来、信而有征的文字。至于与颜元叔教授论战的《劝学篇》,或是侧写话剧名家曹禺的《曹禺访哥大纪实》等,则又显示一种犀利率直的笔锋。

初次见到夏先生时我还是博士生。听他发表《玉梨魂》专论,明明知道题目重要,却怎样也弄不清为甚么民初才子佳人要和马龙·白兰度发生关系。夏先生学问渊博,讲起话来却连珠炮似的,天南地北,坚决与文法为敌。日后我有幸在哥伦比亚大学追随先生十五年,对他的语言风格自然深有体会——也不免是他实验的对象。夏先生治学严谨,读他的英文著作《中国现代小说史》、《中国古典小说》等但觉议论宏伟,文采动人,道地的一家之言,然而日常谈话,套用也是天地刚出的吴鲁芹散文集书名,夏先生的嘉言足堪编出多册《瞎三话四集》。

然而夏先生的散文却显现了与论文或谈话完全不同的丰采。

他论人叙事,率皆绵密周延,甚至不乏旁征博引的片段。难得的是行文一清如水,极为可读。夏先生每每自谦浸润英文多年,不惯经营精致的中文,我倒以为字字亲切实在,反而是他的特色。他写家庭和学校生活的点滴,美国和台港学术圈内的来往,亲友故旧的情谊,认真而且"任真",感情自然流露,几乎有了口述历史的魅力。

夏先生爱朋友,喜诙谐,真可谓有先生处即有笑声。但我读他的散文,每在字里行间看出忧郁的痕迹。像《上海,一九三二年春》记述他少年在上海求学、生活的片断,乍看平淡,却道尽并不宽裕的家庭生活,十里洋场的喧嚣,还有"时代惘惘的威胁"。是在这样的环境里,他发展出对好莱坞电影的兴趣,如醉如痴,甚至当做独门绝学。多年以后他在纽约不断重温老电影,想起"故旧半为鬼",唯有银幕上的影像依然活色生香。逝去的"少年时代的海上繁华梦",岂竟真是如电如影?

又如《红楼生活志》、《北平,上海,俄亥俄》两作,写的是他赴北大任教,辗转出国,最后就学耶鲁的往事。从北大到耶鲁,这看来一帆风顺的路子其实包含太多因缘际会和意志力的挑战。夏写北大红楼食宿的粗劣,南人北上的文化差距,隔了六十年,读来竟有奇趣。而他抵美之初的曲折,不是对学问有巨大的热情,不可能有如此克服万难的决心。生活的不安犹其余事,乱世的隔绝和倥偬才是更大的考验,然而夏先生字里行间的重点依然是读书写文章。这是那一辈知识分子的本色了。

而夏先生最终的关怀还是家人朋友。因为他的推荐,钱锺书和张爱玲得以成为现代文学的大家。1979年钱锺书访问美国,夏写他的惊人才华,也写他对政治的谨小慎微,闲闲数笔,感慨尽在不言之中。而他悼张的文字劈头就是"张爱玲终于与世长辞",一句话就点明张的"神话"意义和两人之间的默契。但最令人动容的还是《亡兄济安杂忆》一文。夏氏昆仲同好文学,而且各有所长,1949年后两人寄寓海外,天各一方,反而更为亲近。1965年夏济安(1916—

1965)猝逝,学界为之震动,对志清先生的打击可想而知。但他对亡兄的悼念没有涕泪交零,而是忆述往日彼此鼓励、相互论学的点点滴滴,流露的不只是手足之情,更是一种惺惺相惜的知己之情。

谈夏氏昆仲不能不谈吴鲁芹(1918—1983)。吴鲁芹出身武汉大学,英美文学造诣绝佳,50年代在台大外文系任教,与夏济安等共创《文学杂志》,之后赴美。吴虽为学者,反而因为散文隽永幽默而见知于世。他在夏济安逝后曾写《记夏济安之"趣"及其他》一文,描写夏的文才,习惯性的紧张害羞,还有童心趣事——包括冒名顶替为吴上小学的女儿写作文。吴鲁芹文笔生动诙谐,他笔下的夏济安大智若愚,可敬可爱。如果我们理解时代的背景是50年代百废待兴的台湾,吴夏诸人的情谊和风度,就更令人怀念。

吴鲁芹究竟是怎么样的人?夏志清先生其实曾经有长文介绍,但并未收入《谈文艺,忆师友》书内,倒是天地版《瞎三话四》附录可以得见。吴长夏先生三岁,也曾经过离乱病厄,但是他的文字轻松自如,写的都是人间烟火战火,却丝毫不见火气。吴善于自嘲嘲人又不失分寸,十八九世纪英美小品文的影响历历可见。有名的《鸡尾酒会》写尽洋派社交场合的造作张致,有类似经验的读者都要会心一笑。他的六十宏愿没有高调,而是"我已经六十岁了,不能再这样规矩下去",痛快痛快。

在上个世纪革命启蒙的喧嚣中,吴鲁芹这样的文字代表了一种极不同的人生观:他是个"选抵抗力小的方向走路的人"。惟其如此,他反而能以小观大,谈俗,谈懒散,谈请客,谈文人无行,乃至于谈生死。吴的《泰岱鸿毛只等闲》有言:"人总归不免一死,能俯仰俱无愧,当然很好,若略有一些愧怍,亦无大碍",宽容洒脱,真是闻其言如睹其人。1983年吴先生在酒会之后突然撒手而去,走得轻松,竟印证了他一生行事的信念。

夏氏昆仲和吴鲁芹教授都是在三四十年代成长的学者。历史的情境如此不利,他们却居然造就了一身学问。他们都是西学出身,但是举止言谈,活脱是《世说新语》里跳出来的人物。以辈分而言,他们都是我老师的老师。济安和鲁芹先生去世得早,我无缘受教,唯有志清先生依然健朗活泼如昔。从他的学问言谈里,我可以遥想当年人物的文采风流。求诸今日,何可复得?倒是天地出版公司的两册文集《谈文艺,忆师友》、《瞎三话四集》,多少还为我们保留了一个时代文人的风华。

(原载《书城》2007 年 12 月号)

以"常识"打底的专深之研究
——读孙机先生著作散记

扬之水

  孙机,1929年生。1955年考入北京大学历史系考古专业。1960年毕业后在北大历史系资料室工作。1979年调中国历史博物馆(今中国国家博物馆)考古部工作。著有《中国圣火》、《汉代物质文化资料图说》、《中国古舆服论丛》等。

  扬之水,原名赵丽雅。1986年至1996年任《读书》编辑。现为中国社会科学院文学研究所研究员。著有《诗经名物新证》、《诗经别裁》、《脂麻通鉴》、《先秦诗文史》、《奢华之色》等。

孙机先生

"所谓科学方法,一曰不忽细微,一曰善于解剖,一曰必有证据。"

"所谓博学者,谓明白事理多,非记事多也。"

"中国学问有二类,自物理而来者,尽人可通;自心理而来者,终属难通。"

以上是《量守庐学记续编·黄先生语录》中的几段话,把它移用来说明孙机先生的治学,正是很贴切的。

认识先生是在十二年前——王世襄先生给了我电话号码,说:给你介绍一位最好的老师。先是通电话,后是书信来往,很长一段时间之后才见面。见面的日期至今记得很清楚,那时候我还在《读书》编辑部,先生单车驾临,交谈的时间前后不足十分钟,似乎只是一个目的,即送我一本信中索要的《文物丛谈》,而这本书当日在书肆已经买不到了。

在此之前我先已有了先生的《汉代物质文化资料图说》,系友人陆君推荐。挑着读了其中的几节,便觉得实在太好,竟好像得获一部"汉代大百科"。全书一百一十一题涉及了两汉社会生活乃至日常生活的方方面面,比如农业六节,从起土说到收获;纺织六节,从养蚕说到织物品种;又武备六,车七,建筑十四,服饰八,饮食与炊具九,灯二,熏炉二,等等,等等,两汉的考古发现几乎尽皆网罗在内。它虽以"资料"名,然而却并不是丛脞纷纭的一部资料汇编,书中固多综合各家之研究的部分,但更有自家的发明与创获。其中用力最著者,是以实物与文献相结合的办法为各种古器物定名,并且在此过程中揭出人与物的关系，进而见出两汉社会的种种历史风貌。深厚的学养，广博的知识，严谨的学风，严肃的科学态度，使得这里所涉及的各个议题都达到了专精的程度，有的题目甚至抵得一篇专论，比如修订本中增补的漆器篇。因此它又不仅仅是一部囊括汉代百科、足以教人信赖的工具书。

这一部书的准备工作可以说是从上世纪70年代就开始了，那是在江西鲤鱼洲干校时所从事的"地下工作"。书的图版草样先生后来送给了我，原是一百多页的米格纸用穿钉钉起来一个厚厚的本子，每一页安排一个小题的图版，或用笔钩摹，或粘贴剪下来的各种图样，而一一排列得整齐有序。目前它的修订本由上海古籍出版社推出，规模超出初版五分之一强，图版更换了近一半。从初版的1991年至于今，各地汉代考古的新发现经过梳理和考辨悉数补入此中。这一部书所体现的科学精神，用黄侃的话说，正是"一曰不忽细微，一曰善于解剖，一曰必有证据"。

先生不大喜欢被人认作是做服饰史研究的专家——虽然当年王先生为我找孙先生做老师的时候，原是为了指导我做服饰史研究。记得十几年前他应下过某部通史的舆服志写作，然而最后还是退掉了。这大约与做学问的观念和方法有关。先生首先是一种"问题意识"，即特别有着发现问题的敏感（骑车于通衢，先生竟一眼扫见路旁宣传栏中的两行文字"苟利国家生死已，岂因福祸祛避之"，便道："这是林则徐《赴戍登程口占示家人》中的两句，可是把'趋'字错成了'祛'，意思就全错了。"）因此最有解决问题的兴趣。写一部综述式的通史便不能够仅仅从"问题"着眼，而必须面面俱到，当然这样的写作也就没有很多的兴奋点。

《中国古舆服论丛》不是通史式的著作，而是解决问题之作。它初版于1993年，很快即以其考校之精当、立论之坚实而成为专业领域的一部权威性著作，2001年所出增订版，更显示了这样一种力量。与初版相同，增订本仍是分作上下两编，上编是关于古舆服制度的单篇论文,除对旧作重新修订之外,又补入以后发表的相关著述。下编《两唐书舆(车)服志校释稿》,其实可以单独成书,不过其中的种种考证本与上编中的论文多有呼应,所采用的研究方法也是一致,因此裒为一编,正好显示一种总体的丰厚。

《论丛》谈车的一组,可作中国古车制度史来读。为出土的古代车马器定名,是细致而繁难的工作,先秦马车的軏靷式系驾法,即在这样的基础上提出,它的重要贡献,更在于以秦始皇陵铜车马的出土,而揭出中国古车曾经有过却久已隐没的光荣。先秦古车是否西来,虽然至今仍有不同的意见,但先秦马车系驾方式中几个关键的细节与西方截然不同,则是讨论这一问题时绝对不可忽视的最为重要的证据。

《两唐书舆(车)服志校释稿》,就形式来看,可以说是旧瓶装新酒,即以传统的形式而灌注全新的内容。对车马服饰各个细节的笺注,短则数百字,长则逾千,几乎每则注文都是一篇图文相辅的考证文章。古已有之的古器物学,更多的是追求其中的古典趣味,今天与田野考古并行的文物研究,当然与之异趣。文物研究不能少却对社会生活中细节的关注,了解与廓清一器一物在历史进程中名称与形制与作用的演变,自然是关键,尽管有时它会显得过于琐细。而若干历史的真实,就隐藏在这平常的生活细节中。

与《汉代物质文化资料图说》相同,传世文献与考古发掘中的实物互为印证,也是《论丛》基本的研究方法,当然也是它最为鲜明的特色。此所谓"二重证据法",经观堂先生提出之后,颇为学人所重,虽然它今天已经不算新鲜,就服饰研究而言,沈从文先生的著作即早著先鞭,并且有着很好的成绩,但此著毕竟只是粗勾服饰史轮廓,许多专题尚未涉及。所谓"两重证据",并不是讨巧的方法,而是一项坚苦的作业。文献与实物的互证,最终揭明的不仅仅是一事一物的性质与名称,而是它的背后我们所力求把握的历史事件。

征引宏富,论据严密,考证精审,时有中西两方面的比较而使得视野开阔；虽考校一器一物却不限于一器一物，笔锋所到，便总能纵横捭阖，不断旁及与器物共存的历史场景；还有简练干净的文字、准确清晰的线图，等等，都是《论丛》的出色之处。其中的不少发明和独到的见解，十余年来已被专业领域内的研究者普遍认可和采纳。

最令人钦羡的是先生对中国古代科技史的熟悉和对科技知识的掌握。先生常说，我知道的只不过是常识。然而正是对各个门类之常识的积累而练就了火眼金睛，而可以因此发现人们已是习以为常的谬误，比如与中国四大发明相关的"司南"。

指南针的发明是中国人在科技领域中的伟大创造，但此器究竟出现于何时，却是一个并没有完全解决的问题。目前已知的几项时代明确的文献与实物之证据，仍都属于11世纪。上世纪50年代，王振铎先生以《论衡·是应篇》中的"司南之杓，投之于地，其柢指南"十二个字为依据，做出了"司南"的想象复原。然而它却不是以科学为依据的复原，虽然后来这一件勺形的司南进入了教科书，又作为邮票广为发行。

"王振铎先生根据他的理解制作的'司南'，是在占栻的铜地盘上放置一个有磁性的勺。此勺当以何种材料制作？他说：'司南藉天然磁石琢成之可能性较多。'可是天然磁石的磁矩很小，制作过程中的振动和摩擦更会使它退磁，这是一宗不易克服的困难。王先生于是采用了另两种材料：一种是以钨钢为基体的'人造条形磁铁'，另一种是'天然磁石为云南所产经传磁后而赋磁性者'。汉代根本没有人工磁铁，自不待言；他用的云南产天然磁石也已被放进强磁场里磁化，使其磁矩得以增强。这两种材料均非汉代人所能想见，更不要说实际应用了而后来长期在博物馆里陈列的'司南'中的勺，就是用人工磁铁制作的。""1952年钱临照院士应郭沫若要求做个司南，当做访苏礼品。他找到最好的磁石，请玉工做成精美的勺形，遗憾的是它不能指南。由于磁矩太小，地磁场给它的作用不够克服摩擦力，只得用电磁铁做人工磁化。'郭沫若院长在20世纪中尚且做不到的事,公元前3世纪之《韩非子》的时代和公元1世纪之《论衡》的时代中的匠师又如何能够做到?"(《简论司南》,《技术史研究十二讲》,北京理工大学出版社2006年)——这是先生在北京理工大学的一次讲演中谈到的情况。《论衡》中的十六字意义究竟如何,可以先放过不说,司南为磁勺,复原过程所表明它的不能成立,本在常识范围之内,只是因为它关系到中国四大发明之一出现的时间问题,而使人很难正视。

当然早已经有学者注意到这一问题,并且提出质疑。刘秉正《我国古代关于磁现象的发现》、《司南新释》先后发表于《物理通报》(1956年第8期)和《东北师范大学学报》(1986年第1期)。后来又有一篇《司南是磁勺吗》,收在台湾联经出版社1995年出版的《中国科技史论文集》,其中说道:"要把磁石加工成能指南的磁勺,确要有意识地'顺其南北极向'磨镂。但在11世纪指南针发明以前,古文献中从未有过磁石两极以及它的指极性的记述。既没有平面支承的磁石指极性的记述,甚至在讲到最易显示指极性的用线悬挂时,也没提到发现它的指极性。在不知磁石有两极及其指极性的情形下,人们怎能有意识地'顺其南北极向,杓为南极,首为北极'加工成指南的磁勺呢?而且即使古人用线悬可能发现磁石的指极性,比之线悬磁石,磁勺是极难加工的,指极性能也更差些,古人何苦出此下策不线悬磁石用以指南而要制作磁勺呢?"而同样的意见,我初与先生相识的时候,先生就已经不止一次向我说起,只是待正式写成文章刊发出来,已经是2005年秋(《中国历史文物》2005年第4期)。这里并没有要特别辨明两位学者提出问题的先后,因为这并不是高难的科技尖端而关系于发明权,具备常识便都可以有这样的怀疑,问题在于具备常识而又能够把它融入自己的专业研究,因此能够始终保持一种科学的态度,并诋谬正俗。收在《寻常的精致》一书中的《豆腐问题》,也是类似的一例。此亦即黄侃所说"所谓博学者,谓明白事理多,非记事多也"。

因为具备了各个门类的常识，先生可以从容出入于很多领域。"中国古车马馆"、"兵家城"、"中国古代钢铁冶炼展"等等，这些展览设计以先生的专业来说，都算作"余事"，但却一一做得出色。

摹绘器物图，对于考古专业来说，原也是必修课，只是近年似乎不再那么"常识"。而先生每一本著作的插图至今坚持手自摹绘，并且在这一方面花费的气力一点不比文字写作少。以一幅模糊不清的照片作为底图，而用线条把复杂精细的纹饰钩摹得清晰，如果不是亲自做过，恐怕很难想象得出其中的艰辛。

深锐的洞察力，始终旺盛的求知欲，使先生总能保持着思维的活泼和敏捷，专深之研究而却总能以清明朗澈之风使人豁然，又有不少考证文章竟是旁溢着诗意。前不久北京的尚兄、浙江的郑兄分别谈及先生的学问和文笔，也都有此同感。此即学问之"自物理而来者，尽人可通"。所谓"自物理而来者"，"常识"打底也。

我所说的"常识"，其实是把先生一部至今没有出版的书稿认作常识——当然这原是先生自己的话。书稿的名字叫做"物原"，还有一个副标题是"中国科学技术及其他文化事物的发明与起源"。它也写作于上世纪70年代，用的是当年流行的一种红色塑料皮做包封的笔记本，三册合为一编，装在一个自制的函套里，总题为"第一部分"。"物原"共设词条五百余，每条字数或数百或千余，并且多有陆续增补之什，末附引用文献约数百种，类如经过整理归类的读书札记，性质则同于一部中国古代科技小百科。"物原"中的不少条目后来都发展为很有分量的专论，那么可以说这是由常识而成就的真知灼见，而这一部手稿也正使我看到了"常识"之积累的奥秘。

十年前，先生曾以《积微居金文说》一册相假，随书附有一函，其中写道：

  杨树达先生的《积微居金文说》，架上尘封，殆近十年。

岁月匆促,杂事纷芜,视先生治学,持之以恒,精益求精,数十年如一日,岂可及哉!展卷略事检寻,仿佛面对故人。回忆史无前例期间,在昌平苹果园中读此书,于会心之处,抚髀叫绝,胸旷神逸,欢欣雀跃,恍若云开雾霁,空山花雨,一身遨游物外,睥睨人寰,不知有汉,无论魏晋矣。但冷静思来,先生之学,寸累铢积,未免既从小处着手,又从小处着眼。欲自此中窥两周之形势,则彷徨迷津,不得其门而入也。夫治学之道,大别可为二宗:一曰专精,二曰通贯。先生之治金文,实际上只是在研究史料,离历史的主线还远着呢。专固然好,但要小中见大,大中见全,政治家所称全局之才,此之谓也。物理学研究微观世界,由分子而原子,而电子,而中子、质子、介子,微得不胜其微,但一下子揭开了物质构造的奥秘,轰隆一声,爆炸了核弹氢弹,整个改变了世界的面貌。文史之学虽难以如此"功利",但虽不能至,心向往之。

苹果园中的读书境界很教人羡慕,那该是非常年代里一份意外的赐予。小中见大,大中见全,可以说是先生一贯的主张,它也是考据应该达到的一个理想境界。而这一境界,先生真正是达到了。

(原载《南方文物》2010年第3期)

史家与时代:余英时先生的学术研究

王汎森

余英时,1930年生,安徽潜山人。香港新亚书院第一届毕业生,美国哈佛大学历史学博士。曾任哈佛大学中国史教授、耶鲁大学历史讲座教授、康奈尔大学第一任胡适讲座访问教授、普林斯顿大学讲座教授。1973—1975年出任香港新亚书院校长兼香港中文大学副校长。2006年美国国会图书馆授予克鲁格人文与社会科学终身成就奖。"中央研究院"院士。中英文著作数十种,包括《士与中国文化》、《中国思想传统的现代诠释》、《历史与思想》、《朱熹的历史世界》等。

王汎森,1958年生。台湾大学历史系学士、硕士,美国普林斯顿大学博士。现为台湾"中央研究院"历史语言研究所特聘研究员,中研院副院长。著有《章太炎的思想》、《古史辨运动的兴起》、*Fu Ssu-nien: A Life in Chinese History and Politics*、《中国近代思想与学术的系谱》、《晚明清初思想十论》、《近代中国的史家与史学》等。

余英时先生

朱（维铮）先生、各位朋友、各位同学，非常荣幸能有机会来到这么有名的一个大学的这么有传统的历史系做一个讲话，我本人非常高兴。我是很不喜欢演讲的人，原因很多，其中一个是我觉得演讲不精确，因为我一演讲会随口乱道，现代的媒体非常发达，出去以后不负责任。

我这次是来参加文史研究院的成立典礼，葛兆光先生没嘱咐我任何任务，因此我并没有什么准备，章清教授邀我来做一场座谈，我答应下来。但直到此刻，我还一直摆荡在两个题目之间：一个是原先与章教授约定的主题——史家与时代，过来这边也没有什么准备，这两天草草写了几页纸的讲稿。不过今天午餐时，大家又提议何不就讲余英时先生呢？我想作为余先生的学生谈谈他也很好。我想主要依照他的著作发表顺序来谈，但仓促间手边竟连一份著作系年目录也没有——我知道这个题目总有一天要讲，但不是现在，所以我从来没有想过。我的一位同事曾经口述过一份余英时先生治学年历表，竟然比我知道的还清楚，我真是感到惭愧，自己应该要及早整理一份余先生的治学年表。那么今天就做一个印象性的漫谈，跟各位分享一下我对余先生的了解。

我自认没什么成就，常常有一种印象在我脑海里面跑，就是我好像在追逐一个东西，可是那个东西总是躲着我，有一个更好的表现、更好的表达或者阐述历史的方式，可是我觉得它总是在躲着我，好像我一生都在跟它捉迷藏一样。这就是我个人对我治学的一点小小观察。所以我不认为自己有什么特殊的成果可以跟各位分享。

我今天谈余先生，不会做过多的褒扬，因为不需要我褒扬，去年（2006年）美国已经给了他"克鲁格人文与社会科学终身成就奖"

(John W. Kluge Prize)。我做过余先生很多年的学生，而且我跟他的关系开始得还要早。我当年进台湾中研院史语所，余先生就是审查者，很多年之后，有人把当年的审查报告影印给我留做纪念，我才知道这件事。我在台大读完硕士就进了史语所，在那个美好的年代，硕士还可以进中研院工作，现在不行了，没有博士学位，基本上很难进得去。我个人希望能恢复，让优秀的硕士生也可以进来，得到培养。

引言：从余先生在台湾的"暴得大名"说起

1985年我进史语所时，余英时先生已经是非常有名的人物，有名的程度甚至超过当下。因为从我中学时代起，余先生的《反智论与中国政治传统》(1975，以下简称《反智论》)已令他变得非常有名。在这之前，可能因为我年纪小，都没有听到过这个名字；但是《反智论与中国政治传统》是一篇非常有名的文章，当时在《联合报》上连载了大概一个月左右。

那时，台湾的报纸只有三张纸——不像现在各位看到的是一大摞的——副刊占半张，其他则是新闻。所以副刊本身的力量是非常大的——在政治之外，人们想的就是文化、文学、思想这类东西；当时人们觉得副刊是最具前瞻性、文化性和批判性的园地。而这些东西赖以转动的主要媒介是《中国时报》和《联合报》这两大报的副刊。

余先生那篇文章，讨论问题的开创性方式、生动的文笔，及对古今史料的掌握，都令人大开眼界。而这个题目本身也极富暗示性——1970年代后期的台湾还没有解严，蒋经国治下，经济上富庶，但政治、文化和意识形态上还有相当的控制。因此《反智论》一文，从中国传统思想里面看到反智(anti-intellectualism)的成分，在当时有非常现实的指涉性。

1960年代，当大陆发生"文化大革命"的时候，台湾也有针对地开展了中华文化复兴运动，当时有中华文化复兴运动总会。各位如果去台北就会看到一些仿古建筑,包括建国中学对面的历史博物馆、科学馆,还有以前的中央图书馆、阳明山的中山楼等等。这一拨建筑本身,实际上是当时思想文化形态的反映,即要我们牢固地守住中华文化。回过头去看,当时那些讨论中华文化复兴的刊物,如《孔孟月刊》,本身都以对传统文化不加批判地颂扬居多。钱穆先生也是在这种氛围中回到台湾的,长居在东吴大学旁边的一座小山丘上。

《反智论》一文,好像对中华传统历史文化有另外一面的看法,其实余先生本人对传统历史文化是有很深的敬意和温情的——我想这点诸位可从他后来的文章中看出——不过在此我枉自猜测,他认为要经过一番批判和反思之后接受传统文化,才较合乎现代人的标准。《反智论》一文的发表,在当时的震撼性真是很大。我认识一位1970到1980年代在台湾文化、传媒界非常有地位的前辈——高信缰先生(他现在隐居在北京),他当时是《中国时报·副刊》的主编。《联合报·副刊》把这篇文章登出后,他告诉当时只是高一学生的我说,他在这一年的竞争中全部都输啦!可见这篇文章在当时的分量。多年之后,我同《联合报》的一位主其事者谈到高先生的以上这番话,他说:"信缰兄还是一个很有胸怀的人,愿意承认自己在这一年被挫败了。"由此可见,当时大家对于文化、思想的那种兴趣和热烈程度。现在的副刊已经"隐居"到几十个版面中的一个版;我个人常常在一年之中只有两三次会翻到副刊。这跟当年那样被吸引着的感受完全不同。

当年的余先生在还是中学生的我的眼中看来,已经是那么有影响力了。此后他陆续在台湾的各种学术、文化刊物上发表文章,影响力始终不歇。前些年,我回普林斯顿大学参加余英时先生荣休纪念研讨会时,就引了龚自珍寄公羊学大师宋翔凤的诗句"万人丛中一握手,使我衣袖三年香"——少时觉得,如果能有机会与余先生谈上一席话,或者亲受他一些指点,真是"使我衣袖三年香"。这就是我对1970年代余英时先生在台湾的影响的一些回忆。

我多年以后回顾这段往事,发现余先生的许多早期著作,正是因为这个震荡才引起了大家的关注——历史上的许多重要作品往往都是这样。在发表《反智论》以前,余先生已经发表了很多作品,后来大家发现,其实图书馆里面也有不少余先生的著作,但除了同行外不会有人去注意,而在此之后,大家才回头去查。他之前的许多文章都发表在香港的《新亚学报》上。有一年,台大图书馆突然展出了一排学报。这些学报有些页都被人割走了,大家一核对才发现被割走的都是余英时先生的文章。不知是影印不太方便,还是那人偷懒,就一不做二不休,全割走了。图书馆不知是怎么发现的,总之就作为坏的榜样展示出来,以示警戒。

当时,台大边上还有一家出版社,干脆就命名为"时英出版社"。我每次问那位出版社负责人,你这是"name after Professor Yu Yingshih",他每次都尴尬地笑笑。当然是的,只是他把名字掉转过来。我现在讲的这些,从未有人见诸笔墨,完全都是靠我此时此刻脑海中的记忆。

1990年代以后,台湾解严了,各式各样的西方学说、思想进来后,就不再像70年代那般对几位了不起的学者疯狂崇拜。在80年代的时候,余英时、林毓生、张灏、许倬云等诸位先生每次在台北演讲,听众都是成百上千的。当时台北能够容纳千人的演讲厅并不多。记得一次余先生在台北师大做讲演的时候,不仅礼堂里挤满了人,外面的电视幕墙前还摆了几排位子。1990年代以后,只有像星云法师、证严法师等,才能有这样的景象。我本人的演讲就只能吸引十位左右的听众。当文化成为许多选项中的一个,而余先生等人的影响已经稳定、沉淀了,这样的轰动效应就不见了。余先生如今也不愿进行公开演讲了。他常常在电话里面跟我讲,"我已经拒绝进入公共空间了","我的本钱已经不多,不能乱投资了。不能再到处抛头露脸,要集中精力把几件还没做完的事做好","不跟年轻人抢风头了","应该隐居到普林斯顿郊外的森林里了",等等。所以他这次得了克鲁格奖以后,台湾几处请他回去讲演都没成功。

我想,余先生当时能享有那么大的名声,原因很多,在此不能一一道及。当然最主要的原因是他个人的魅力、他的学问和思想的深度打动了那个时代的人心,并且让人们见识到了人文研究的另一种表述方式。我常常在想,余先生出名前,台湾有哪些文史大家?他们的表述方式如何?他们之间的差别又在哪里?考虑到余先生在1970年代后那种排山倒海的影响,这中间的变化值得研究。这种研究一如余先生写《近代中国思想史上的胡适》(1983)那样。余先生曾在这篇文章中,用几节专门讨论过胡适当时暴得大名的原因。当然我认为"暴"这个字用来讲余先生并不合适。余先生在当时形成影响的一个重要文化背景是人们在寻求一种不同于中华文化复兴运动式的,比较清新、独立、自由的对古代思想文化的解释。而余先生那种诠释的方式和维度,令人耳目一新。另一方面,当时正是台湾将解严而未解严之时,《反智论》的政治批判性,令不少人将余先生奉为指点前路的明灯——我清楚地记得余先生在台湾"清华大学"的越寒堂讲演时,有一位老先生站起来说,我们希望以您为指导的明灯。

后来余先生也在报刊上发表了不少讨论时局的文章,含蓄委婉地对现实提出批评。这些学术文章和政治评论对当时乃至解严后的台湾自由民主化进程都有重要影响,但我认为该文最重要的还是提出了"新的诠释"。

去年,《联合报》的一位主其事者(出身行伍,但对文化有相当的品位,成为一个颇有儒者风范的报人,在台湾还创办了许多文化事业,其中包括联经出版公司)告诉我,《反智论》在《联合报》连载时,某天,他接到钱穆先生的电话,钱先生说:"听说英时最近在《联合报》副刊发表了一篇批评中国传统思想文化的文章,你能否剪一份给我看看?"于是,这位先生就剪了一份送到钱先生那里去了。之后,钱先生并没有回应。这件事情可能余先生自己也不知道,我也没向他提起过。我想,钱先生和余先生在(中国)古代思想文化的看法上略有一点分歧。余先生基本是一个受过现代学术洗礼的、比较反思地回头看古代思想文化的学者,钱先生的态度则不同。不过这只是我的一个猜测。

家世与少时经历

下面就进入正题,回顾一下余先生的生平阅历。

余先生上个礼拜快递了一个包裹给我,很有意思,里面附了一封信(大家可能不知道,余先生从来不给我们这些学生回信,所以我们也不给他写信。偶尔有也是传真,影印了才能保留。我从来没有收到过他的信,担任公职之后只偶尔收到一两封关于公事的信)。包裹里面是关于他此次获得克鲁格奖的中、西文材料。他说他一共寄了两份,一份给他的母校新亚书院,一份给史语所——因为余先生数十年来都是史语所的通讯研究员。这件事情让我非常感动。我翻了一翻,发觉里面说到许多我以前不知道的事情——因为余先生很少谈他自己,而我进入史语所后,跟他的来往并不多。下面我就讲讲我此刻想到的此次来沪前归纳的一些资料。

余英时先生 1930 年出生于天津,安徽潜山人。他的父亲余协中,早年自燕京大学赴美留学,是科尔盖特(Colgate)大学历史学硕士,后又到哈佛大学做研究,师从阿瑟·施莱辛格(Arthur Meier Schlesinger,1888—1965)。我记得自己服兵役的时候,偶然在士官学校图书馆看到过一本《西洋通史》,大吃一惊,作者居然是余先生的父亲,而且这本书写得相当不错,我当时觉得给学生上课还颇有参考价值。1926 年,余协中先生学成归国,主要从事西洋历史教学工作,曾任南开大学历史系主任(接蒋廷黻)、沈阳中正大学文学院院长(江西也有个中正大学,所以台湾嘉义的中正大学要复校的时候,曾想请余英时先生担任复校后第一任校长。我记得当时《中国时报》的董事长告诉我,希望由他们致电余先生,请他回来继承父亲的事业,但余先生没答应。这件事知道的人很少)。我后来翻看史语所档案的时候,赫然看到第一届"中央研究院"院士的候选名单里就有他父亲的名字(第一届选举的时候,提名人非常多,所以候选名单是印成像一张报纸一样的)。这件事余先生从未提起,因此我乍一见十分吃惊。这样说来,余先生也可算是秉承家学。

余先生的母亲张韵清是张英、张廷玉的后人。余先生跟我说过,他有一位表哥,后来是地下党,改姓韩,曾做过北大党委书记。余先生的母亲生下他就因难产早逝,父亲常年在外奔波,抗战爆发后,年少的他就随伯父在潜山官庄乡老家生活,1945到1946年在桐城舅家住过一年。

他当时在潜山受到了几种因素的影响。

一是旧学风气的熏染。他自己回忆说,直到进了哈佛大学博士班,才受到比较现代的学术教育——虽然之前曾就学于香港新亚书院,但当时还是十分因陋就简。此前他几乎没有进过现代学校。他在安徽舒城县晓天镇上的小学,后来到桐城上中学。我常认为,余先生的文章深受桐城文章的影响——尤其表现在文章的组织上——但我从未向他求证过。他在《我走过的路》这篇回顾赴港以前经历的文章中提到,自己深受一位李姓教师的影响。另外他还喜欢作旧诗。因为他的二舅在当地是一位小有名气的诗人,所以他自幼耳濡目染,深受陶冶。

二是对中国传统社会的感受。当时的桐城实际跟一二百年前的中国是一样的,这给他带来一个无形的益处,就是对中国真正的农村社会有一个比较真切的了解——各位知道,这种了解是书本上看不到的。历史文献常常可以告诉我们很多重要的事情,但生活中的许多事情,不见文字记载的、约定俗成的东西常常是最难保留下来的。即使在台湾亦复如此。今天台湾的台湾史研究非常兴盛,但我常告诉他们,有很多东西没法保留下来——生活的、礼俗的、默会知之的东西是很难保留的。记得我在普林斯顿上学时,宋史权威刘子建先生对我讲过这样一句话:"唉呀,汎森,你知道,洋人就是少读了中国的小学和中学课本。"所以许多最基本的东西对他们来说是最难的。最重要的是,他们少了一层在真正的、比较少受干扰的中国乡村社会生活的经验,以致掌握常有失焦的地方。洋人如此,我们今天的国人亦复如此。余先生当时在桐城的生活——当时的桐城已经很衰落了——使他领略到了真正的乡村社会和文人生活,这些知识是今天很难领略到的。

三是阅读旧小说。他那时从他二舅妈那里借小说来看。我在余先生门下时，他曾几次告诉我，影响他的第一本小说是《罗通扫北》，而且是只有半册的残本。由这本书，他开始了解中国古代小说和文学的世界。此后又陆续读了许多小说，使得他对中国文化比较通俗的层面亦得到较为亲切的了解。他后来研究《红楼梦》或许与此也脱离不了关系。

余先生在桐城上中学也就一年吧，此后因为战乱也就没有继续学习了，大部分知识都靠自学。美国一份英文报纸对他的访谈里提到，他的英文是听收音机学的。数学也是自学的。

抗战胜利后的1946年，余先生才与父亲重逢。他用了一年的时间，把图书馆里所有能找到的燕京大学入学要求的参考书，全部生吞活剥（devour），然后考取了燕大历史系二年级插班生。这个也印证了他的聪明——把这些从来没有在正规课堂里学的东西，在一年时间内，全部吞下去。诸位知道，余先生抽烟抽得很厉害，以前抽烟斗，后来大概嫌麻烦，改抽纸烟。我曾问过他从哪里学的抽烟，他说是在燕大学的。当时有位老师刚从哈佛回来，就是元史专家、曾编过《道藏子目引得》的翁独健先生。翁先生上课的时候，一人先发一支烟，因此他就学会了。到了香港，钱穆先生也是抽烟不停的。记得我当年到外双溪钱穆先生家上课的时候，他一堂课是烟不离口的。所以余先生后来没能戒烟，因为老师比他抽得更厉害。

1950年春，他父亲和继母在香港，召他前去，于是他便暂时离开北平，预备事情了结后再返回。但当他坐着广九铁路一路北返，车在罗湖暂停时，他突然感到内心一阵震动，觉得此后可能再难见到父母，于是跳下车去。这种震动很值得研究，杜维明先生的英文著作《青年王阳明》里曾提到王阳明早期出入儒、释、道三家，但他之所以没有被佛、道整个吸引过去，是因为儒家传统的孝道——内心的孝的感觉——使他无法弃离此世。这本书是根据杜先生的博士论文改写的。他撰写博士论文时，正值著名心理史家埃里克森（Erik H. Erikson, 1902—1994）的两本著作《青年路德》（*Young*

Man Luther：*On a Psychoanalysis and History*，1958）和《甘地》（*Ghandi's Truth*：*On the Origins of Militant Nonviolence*，1969）在美国大行其道,所以他很明显地受到埃里克森的影响——因为后者在描述甘地的时候,也有如上相似场景。我认为这可能是有道理的。我觉得罗湖的那次震动是余先生生命中一个关键的时刻,使他从此以后的人生踏上了另外一条不同的路。

余先生随父母在香港时,他的父亲也在新亚书院任教西洋史,因此算起来余、钱两家有两代的交情,这个余先生在《犹记风吹水上鳞》中多少有所提及。当时新亚的条件很简陋,钱先生晚上就睡在教室里。余先生是由钱穆先生"一手包办"、"口试、出题、笔试、阅卷、录取"的第一个学生,而且整个流程在短短几个小时内完成,因为当时实在是因陋就简。新亚当时收留了很多流亡学生,所以无法像现在这样,很郑重地办理考试。各位如果有机会去香港中文大学,可以看到新亚书院的一个纪念碑,上面镌刻着历届校友的名字,第一个毕业生就是余英时先生,而且就我一个读书人看来,里面数他最有名,历史就是这样地有趣。

新亚书院对他学术生命的塑造

余先生在香港时,参与了很多文化活动,也主编过刊物,其中一个刊物据说在当时的香港中学生中拥有极广大的读者,此点承孙树毓先生告知,该刊后来由他接办。我想其中一定可以查到很多余先生早年的照片和文章,而且他还曾参与友联出版社的事务。

他在二十几岁时,就在港出过四五本书:有《文明论衡》、《自由与平等之间》、《近代文明的新趋势》等。现在这些书有的在台湾也已难觅得,有些则重印过一次;但是余先生都不太提到,以为都不过是少作。

1970年代,台湾曾有一家叫仙人掌书店的出版社,出过一本《西方民主制度与近代文明》,署名却是"艾群",后来当我被告知这就是余先生时,我非常吃惊——一个二十几岁的青年,大概当时非常饥渴地阅读了各种西方近代历史文化书籍,并且那么有条理地梳理这种趋势,已然显现出一个细腻而有条理的历史工作者的天分。这部书其实已经显现出了他后来的学术路向,里面那种梳理、论证的方式、看法,一直延续到三四十岁。

这种天分在其他几本书中不大显见:一本是谈论思想与政治的,是他对1949年后世局变化的反省,书名"自由与平等之间"就已经道尽了它后面的全部背景——到底 first priority 是自由,还是社会主义的平等?两者之间是否能找到一条新的路?我想,当时很多流亡在港、台等地的人也都关心同样的问题。这个问题值得细究。他们想在这两者之间找到一个会通点。在西方到底是哪个时代体现着这样的意思?是罗斯福新政,还是别的时代?——当时这是一个大家关心的热点。因为政治的震撼是很大的,逼使人们去思考史家和时代——这个时代也逼使史家去思考:到底自由主义和社会主义之间,或者说自由和平等之间,是否一定要成一种拉锯战?另一个热点是文明——人类文明要朝哪里去?其思考的结果就是《文明论衡》。

余英时先生在香港生活的五年(1950—1955),对他来讲非常重要,因为他思考了几个重要的问题,我在此先点到这里,只谈一个问题,即对传统文化的态度应该如何?是赞同胡适还是赞同钱穆?我推断余先生在新亚念书的时候,深受后来成为新儒家重要人物的唐君毅等人的影响,当然还有钱穆先生——虽然他不承认自己是新儒家。但从广义上来讲,整个新亚书院充满了新儒家的气氛,至今不衰。但还有另一方面,就是胡适。胡适对于传统历史文化作了带批判性、反思性的诠释。到底哪边是更可跟从的?

我推断,余先生当时还受到西方文化的影响。这一点可从这次他获克鲁格奖时的感言中得到印证,他在其中说道,他从1940年起就开始思考中国和西方的问题。

我斗胆在此归纳一下余先生年轻时代始终思考的几个问题——这个我从没有做过研究——(1)自由主义和社会主义;

(2) 对传统文化是否持批判态度；(3) 中国和西方的关系；(4) 人类的文明和文化及其未来走向。

在哈佛得到真正的现代学术训练

1952年夏，他成为新亚书院第一届三个毕业生之一。1953年，钱穆先生得到亚洲基金会的资助开办了研究所，余先生也随他读研究生，主攻汉魏南北朝社会经济史。他在新亚的论文就是关于东汉豪族的研究。硕士毕业就留校做助教。1955年，余先生作为哈佛燕京访问学者被派到哈佛大学。他在美国见到杨联陞（1914—1990）先生，1965年他将自己写的《东汉政权之建立与士族大姓之关系》送呈指正时，才知杨先生早早地就写过《东汉的豪族》这篇文章了，余先生后来常开玩笑地讲，当时自己真是"孤陋寡闻"。当然，这两篇文章处理的方式是很不一样的。杨先生的文章发表之后，就在日本学术界得到介绍，但1949年之后，中国大陆的许多刊物因为不能接续，所以难以看到。

做了一年访问学者后，他便决定留下做学生。这一点，张光直先生也曾告诉过我。我曾有机会翻阅杨联陞先生的日记，里面写着余先生刚到哈佛时，杨先生就对他非常欣赏，在日记里偶有几条对他的赞誉。所以我想余先生那时很快就以自己的聪明和学问获得很多人的注意。胡适在1958年1月16日的日记中记到："潜山余协中来访，他是用 Refugee Ac（难民法案）来美国居留的，现住 Cambridge（剑桥）。他说起他的儿子余英时，说 Harvard（哈佛）的朋友都说他了不得的聪明，说他的前途未可限量。"这是胡适日记中唯一一次记到余英时先生。我问余先生有没有见过胡适，他说没有。当初，胡适日记影印本由台湾远流出版社出版时，我看到那一页就马上影印了给他，他说已经有人印给他了。

对于他在哈佛的经历我们了解的很少，因为以前很少和他谈起。不过这次看了克鲁格奖的访问，我才知道，杨联陞先生问他下不下围棋,他也就下起围棋来了。后来还到波士顿的棋院里去下过三个月,回来就把杨先生打败了,而且他后来得过美国新英格兰地区的围棋冠军。但余先生在访问中自称棋艺不过中等,不过我知道他是围棋业余六段。这个访问中还采访了现在普林斯顿大学的一位教授,曾经是余先生的学生。他回忆说,当时他们系的楼上就是数学系,余先生常和该系的某位教授下棋。那位教授每次都算完或然率才下来,但每次都被余先生杀得片甲不留。以上这些我以前不知道,但我知道的是,他以前常跟弗莱彻(Joseph Fletcher)下围棋。

那时哈佛有许多港台的留学生,所以就有了所谓的"余家庄"——余先生的父亲和继母都在哈佛,这些人就去余家"打秋风","打"久了就常在那里聊天、谈学问,继而办起 seminar(讨论会)。余先生关于《红楼梦》的观点最早就是在那个讨论会上提出的,后来写成了《红楼梦的两个世界》。当时出入"余家庄"的学者有张光直、张灏,还有当时在那里访问的史语所的一些老先生,像张秉权(1919—1997,甲骨文专家)、严耕望(1916—1996,历史学家)、董同和(1910—1963,音韵学家)、郝延平(1934— ,历史学家)等。我从杨联陞先生日记看出来,余先生当时对文化抱有很大的想法,具体是什么想法我并不清楚。但后来似乎是因为"文革",使他有点灰心。

余先生在哈佛的博士论文是《东汉生死观》,现在已经有中译本了。我有一位同事后来访问哈佛,参观图书馆时,看到陈列的博士论文,其中的一本很薄,拿起来一看,原来就是余先生的。当时他本打算写五六章的样子,但写完两章的时候,密歇根大学有一个教职,杨先生就让他赶快毕业了。于是便有了现在诸位看到的《东汉生死观》。论文中最重要的部分已发表在《哈佛大学亚洲学报》上。他在其中讨论了"仙"和"不朽"等问题。这些问题,余先生到1980年代还有后续文章发表。我印象最深的是他和李约瑟(Joseph T. M. Needham,1900—1995)的论辩。后来他在《魂兮归来》那篇文章里就反驳了李约瑟在《中国科学技术史》中的相关论点。其中,大家也可以注意到,他对于胡适的全部著作——包括胡适任中研院院长时期、之前在美国留下的遗稿,都读得非常之细,尤其是其中谈到泰山信仰的部分。

他在密歇根待了几年后就获得了 Tenure(终身教职)。哈佛大学又把他召回去了——当时哈佛东亚系的中国教授很少,好像就杨联陞先生和他两个人,还有一个韩国人叫方志彤(Achilles Fang),他曾翻译过《资治通鉴》为英文,不知道为什么这本书只是哈佛早期的简陋的装订本,却从未出版,但现在还有人参考。

余先生在哈佛时期所发表的主要著作有:《汉代贸易与扩张》,还有后来收入《历史与思想》的几篇论文——《一个人文主义者的历史观——介绍柯灵乌的历史哲学》(1956)、《章实斋与柯灵乌的历史思想——中西历史哲学的一点比较》(1957)、《工业文明之精神基础》(1958)、《文艺复兴与人文思潮》(1959)、《西方古典时代之人文思想》(1960),还有《汉晋之际士之新思潮与新自觉》(1959)。这些文章都是余先生在做访问学者和学生时写的。《历史与思想》这本论文集在台湾出版的时候也引起了轰动,其中还收入了《反智论》和较晚写作的《清代思想史的一个新解释》(1975)。

余先生说,他刚到美国时就被哈佛图书馆的藏书所震惊,他花了很多的时间在那里读书,系里甚至专门在图书馆给他摆了个位子。据说,哈佛燕京图书馆的书,封面的毛笔题字都是他写的。他在那篇英文访谈中说,是这些中文的、西文的、在战乱中根本看不到的书教育了他。

他当时很喜欢布克哈特(Jacob Burckhardt)的《意大利文艺复兴时期的文化》。这本书有中译本,可是商务出的那个版本是从英文本(据德文本第 15 版译出)转译的——英文本是节译。比如,原书副标题叫"一本尝试之作",英译本就没有翻出来。而台湾的罗渔神父曾经据意大利文翻译过。但其实这本书原文是德文的。在我此次来沪之前,台湾刚出了第一个据德文原本翻译的本子,将近有一千页。新译本的序言中提到了我,因为我在担任"国科委"人文及社会科学处处长时,曾大力提倡翻译西洋经典,这一本也在其中,使我感到非常满意。我感觉,余先生当时显然有一段时间十分喜欢这本书,这本书的精神也反映在他的《汉晋之际士之新思潮与新自觉》

中。各位如果细读布克哈特的这本书就会发现,这本书结合了历史、思想、艺术、图像等各个方面的内容,在生动、鲜活之外,还有思想的深度。其中提出了"人的自觉"是意大利文艺复兴最重要的问题。余先生在《汉晋之际士之新思潮与新自觉》中的两个重要主题——"人的自觉"和"群体的自觉"——我想多少受到这本书的鼓舞。余先生的这篇文章有点回顾、综合的意思,现在我们还常让学生读。

余先生在哈佛期间,读中文书和西洋书是兼重的,尤其读西洋书是不遗余力的。在中国史之外,主要还修了罗马史、西洋中古史和历史哲学。我多年后才知道,《章实斋与柯灵乌的历史思想》就是他修莫顿·怀特(Morton White,1917—)历史哲学课的随堂报告。因为柯灵乌(R. G. Collingwood,1889—1943)当时正在美国史学界风行。他的《历史的观念》(*Idea of History*)是由友人在他死后结集而成的。他本人涉猎广泛,既是考古学家,又是精通罗马史、英国史的史学家;是美学家,更是哲学家——他在牛津主要研习的是哲学。他五十几岁就逝世了,生前出的书都没有死后出版的这本出名。通俗地说,他的这本书带有些唯心的色彩,照理美国史学界是难以接受的。但在1950年代末到1960年代初的美国,许多人都读它。这本书主要反对的是不经过消化吸收、不经过理解解释的史学。他痛斥"剪刀加糨糊"的历史写作,认为光有 historical data(历史资料)还不够,光把资料搞得最清楚、引注做得最详细还不够,还要 sympathetic understanding,按余先生的话讲就是"心领神会"。所谓"一切历史都是思想的历史",就是说要用自己的思想去追返体验古代人的心智。各位一听便知,这对当时的英国史学本身也是一个挑战。对兰克学派在欧洲史学遗留的影响也是一种挑战。显然余先生认为柯灵乌的这套思想和章学诚的《文史通义》有相汇通的地方。

我到普林斯顿的时候,怀特正在那里的高等研究所,余先生不知道为什么一直不知道他的这位老师就在那里。普林斯顿的高等研究所就是教授之中的教授待的地方,那里不用教学,只从事研究——现在美国大学都很流行设立（这样的机构）——爱因斯坦也曾在那里待过。我读书的时候，纪兹（Clifford Geertz，1923—2006）也在那里。我没料到怀特也在那里。怀特在1960年代讲分析的历史哲学十分有名，不过他从分析历史的角度去讲历史哲学，要从检证语言来谈historical statement（历史的陈述），与今天的路数不一样。不久前，经过艾尔曼（Benjamin Elman）教授的介绍，这位九十多岁的老师才和自己七十多岁的学生重逢。

余先生的西洋中古史师从的是西方一位古典学名家菲利斯·吉尔伯特（Phillis Gillbert），他后来也在普大的高等研究院，我曾见过他，不过他已经过世了。后现代主义才开始在史学界流行的时候，余先生对后现代轻视史料的态度非常不满，他引用吉尔伯特曾告诉他的话说，西方许多古典学者都可以背诵经典，意思就是说西方原本的传统也是重视史料的。

另外还有一位意大利史学家，后来任教伦敦大学，在古典学和史学史方面都很有造诣，叫莫米利亚诺（Arnaldo Momigliano，1908—1987），余先生有一个阶段显然也深受他的影响——虽然在我印象中，他发表的论文主要以意大利文的为主，但是他却在西方古典学界非常有地位。我猜想，余先生会对古典学深感兴趣，是因为他有很长一段时间在研究中国的中古时代——汉魏南北朝。他希望中国和西方的中古时代能够互相照应。

我记得自己在普大念书的一个阶段，为法文所纠缠。某次我在苦于准备法文考试，便问余先生当年是如何应付的。他说很简单，他在哈佛念书的时候，汤因比正到那里演讲，他也去听，旁边正坐着一位法文系的教授。演讲结束后，两人聊起来，结果那位教授就主动提出教他，后来他就通过考试了。

他从密歇根回哈佛后，写了《汉代贸易与扩张》，这本书在他的学术历程中是很特别的，是在思想文化史和他早期关于社会经济史研究之外的一本经济交通史方面的书，他要追寻汉代中外经济贸易的问题。此后他也没有再重拾此道。这本书中用了大量新疆、中亚的考古材料，是二手的资料，他曾告诉我，因为他没有办法读原文，就请了助理读那些考古报告等。这本书附带地令他在这个领域具有一定的知名度——大家如果注意到《剑桥中亚史》的话,其中有一篇就是余英时先生谈匈奴史——因为匈奴人在中国这边留存的史料比较丰富。他曾说这篇文章是他在香港中文大学副校长任上的公余之作,但等书正式出版,他已身在普利斯顿大学了,前后经过二十余年。

以上的一本书和一篇文章,可以说是余先生学术发展中另辟的一条路。我觉得应该是在哈佛担任教授的那个阶段,他开始转向思想文化,从早期的社会经济史,到密歇根时期的中外经济交通,慢慢转向思想、文化和学术,使其成为他研究的主要基调。

有一个很有意思的插曲。余英时先生在哈佛一度是拿终身聘的副教授,某天中午睡醒拿到薪水单,发现抬头赫然写着"教授",他原以为是发薪水的人搞错了,一问才知道哈佛校董会某时某刻做了一个决定,将所有终身聘的副教授都升为正教授,所以现在哈佛是没有终身聘的助教和副教授的。余先生也由此受到相当的重视。一个例证是,费正清和赖肖尔合写的《东亚:伟大的传统》——这是1970年代美国东亚系学生的教科书——要改写时,曾邀请余先生参与,但后来他似乎回绝了。

有意识地用中文写作

他在哈佛任教十年,1973 年应与母校之约,回新亚书院当院长,不久又兼任香港中文大学的副校长,直到 1975 年止。这一段时间,他有一个重大的变化,就是开始自觉地用中文来写作一些文章。林毓生先生在《历史与人物》的序言中提到(未查到):"英时劝我们,我们都在西方太久,用英文写太久,所以应当有意识地努力用中文来写我们的学术论文。"余先生显然不知道林先生在序言里曾有这样一段话。我几个月前和他通电话时,还说到这是很重要的一点。我说:"老师,如果你当初一直用英文写下去,那你在西方是个很了不起的学者;但是,你用中文写作,则在学者之外,还具有了历史的意义。你的中文作品参与了历史的变化,也使你的很多想法得到了更深刻的表达。"他听后也表示同意。

余先生此后就写了《论戴震与章学诚》还有《方以智晚节考》。《论戴震与章学诚》原是要写成一个书评,可写着写着就变成了一本书。同样有趣的事情还有他的近著《朱熹的历史世界》,这本书原是一个序言。前者我未曾目睹,后者我是亲眼目睹的。台湾一家出版社要出《朱子全集》新校本,要他写一篇千字的序文,结果放大为一千页的《朱熹的历史世界》。反倒是那篇序言,是在书写完了才回头写的。《论戴震与章学诚》,原来是要为倪德卫(David S. Nivison,1923—)的《章学诚的生活与思想》(1966)写的书评。这篇书评的英文大纲的打字稿我还亲眼见过。结果一写就写成了一部书。

此后,余先生到了耶鲁大学,十年。又到了普林斯顿大学,十年。他在普大的后期,斯坦福大学也想挖他,但他不愿离开,他曾跟我说过"普林斯顿大概就是我的最后一站了"。一生教过三个常春藤大学(哈佛—耶鲁—普大),据说这个纪录没人能望其项背。因为,本来在哈佛任教的人离开的就不多,谁会舍得离开哈佛呢。所以我常常佩服他的勇气。

结语:一位宽厚的老师

我几乎是与余先生同时到达普林斯顿的。余先生是个十分宽厚的人。所以我举一个例子作为今天演讲的结尾。

普林斯顿是一所号称"劳斯莱斯主义"的大学,就是说收研究生一次就收四五个,不像有的学校一收就是几十个,像福特汽车一样。这是去年刚过世的牟复礼教授(Frederick Mote,1920—2006)发明的一个说法。可是这四五个学生中,还会有人中途离开。另有一个说法是,哈佛东亚系的奖学金是"资本主义的"——有本事的拿两份,没本事的一毛都没有;耶鲁历史系的奖学金是"社会主义的"——没有钱大家分一点；普大东亚系的奖学金是"贵族主义的"——"天生的"，你来了，决定了，就全部给你，一直到你五年后毕业。可是在普大，到了第四年，必须拿出两章论文，证明你没有拿了奖学金在玩。于是到了第四年，系里就希望我能交两章出来。可是各位知道，我是不用电脑的，所有的东西都写在稿纸上；我写作的习惯是，有就全部，没有就零。所以我交不出那两章。有天傍晚，我沿着宿舍边的运河散步，余先生刚好开车去他母亲的公寓（恰好在运河附近）回来，他看到我就摇下车窗，先跟我打了个招呼，然后慢慢地把车倒进旁边的停车场，招我过去，委婉地暗示我要交那两章。我就跟他说没有，以后全部一起交给他。后来，余先生就给系里写了两行报告，替我撒了个谎说，已经看过那两章论文了，进度没问题。半年之后，我就用 legal pad 那种黄色稿纸写了一千页交给他。由此可见他的宽厚，换了别的老师一定是不许的。

在追随余先生求学期间，我个人最大的遗憾，就是因为学业繁忙（老师开了书单，我们都拼命读完），没有把每次与他谈话的内容记录下来，所以脑海中能记得的很少，希望以后有机会写下来。今天所说的都是未定之论，很多都未经过查证，拉里拉杂，没有什么学术深度，请各位谅解。谢谢。

（原载《书城》2011 年 3 月号，本文原为王汎森先生 2007 年在复旦大学历史系所作讲演的记录稿）

狐狸说诗
——李欧梵教授课堂散记

陈建华

  李欧梵,1939年生于河南。台湾大学外文系毕业,哈佛大学博士。现为哈佛大学东亚系荣休教授、香港中文大学讲座教授、"中央研究院"院士。著有《铁屋中的呐喊》、《上海摩登》等。

  陈建华,1947年生于上海。复旦大学博士,哈佛大学博士。现为香港科技大学人文学部教授。著有《十四至十七世纪中国江浙地区社会意识与文学》、《"革命"的现代性——中国革命话语考论》、《帝制末与世纪末——中国文学文化考论》、《革命与形式——茅盾早期小说的现代性展开》、《从革命到共和——清末至民国时期文学、电影与文化的转型》、《雕笼与火鸟》等;诗文创作《去年夏天在纽约》、《陈建华诗选》、《乱世萨克斯风》等。

李欧梵先生

你听过欧梵先生讲诗吗？此番感受，如一杯法国正宗 Cognac 在手，细腻而醇厚，色泽酡红而透明。当渐入佳境，微醉醺醺时，眼前仿佛展示一片月光，波影闪烁，一曲曲古典音乐飘至耳际……

他说中国现代诗处于一个微妙的当口，需要重新评估、重新起步，首先应当具备音、色、意象……他说他自己到底是个古典主义加现代主义者，这话听上去的确玄乎其玄，而那种意境，或可从他喜爱的音乐家——德沃夏克、肖斯塔科维奇等——略加领会吧。

本来，欧梵先生讲课，在美国学院的人文背景中，别具一种天马行空、造化独秀的东方色彩；或者可以说，这本书就像一首诗，一首若断还连的中西文学回旋曲。且见他轻松自如地站在黑板前（他不太喜欢让讲台遮挡）。或一腿搁在前排座位上，左手撑腰，于是右手指天说地，任凭挥洒。往往从某一论点化出，如漪涟展漾；奇思异想，如波澜突起。尽管一口流利的英语语法严谨，却辞采飞扬，听上去如娓娓道来，绝无学院的拘谨气息；不时流露的倒是经他熔铸的五四浪漫情调。

我不知他是否写过诗，但自幼家风熏染，对音乐有极深厚的涵养，因此造成他对诗的音色质地的敏感性。他授课时总是广征博引，古今中外；虽是讲文学，常会提到一支曲名，一有式或结构的术语，使学生们如在山阴道上，乐得抓耳搔腮，尽管应接不暇，对他所讲的东西一知半解。

欧梵先生讲课的"诗风"，很难归入"豪放派"或"婉约派"。他曾自言从来"不愿重复自己"，正显示他不欲界定自己、界定诗的意向，遂能变动不居,生生不息。近年间或写点《狐狸洞诗话》,以狐狸自喻,其本意如他在课堂上所说,指做学问的方法,有别于那种"刺猬型"的大思想家,但与诗相运,其中讽嘲、机灵的寓意,大约现代诠释术亦望之兴叹。稍探究之,却与"诗无达诂"的古意相合,且含现代意义的批评自觉。狐狸说诗,喜之者视之为西施(狐狸比美女亦合古典),不喜之者若掩鼻掩卷,亦无伤大雅也。

诗有别趣。但若不把欧梵先生对诗的见解与他的学术活动、文化构想联系,恐也难以领会他开这门课别具一种心思。这次讲诗,读罢波特莱尔、艾略特,遂对五四以来中国诗坛作一鸟瞰。从冰心的小诗、新月派、现代派,到20世纪60年代台湾现代诗潮、20世纪80年代大陆"朦胧诗",直至当下台海两岸新涌的诗人,极纵横开阖之能事。在历史的批评框架中,处处着眼于中国古典诗歌传统在现代境遇中"创造性转化"的诸般契机和形态,其间述及历史的展工,但更强调的则是历史的断裂与吊诡。

其对具体诗作,基于自身美感经验的批评风格,如"七宝楼台,眩人眼目"这句原是传统批评对吴文英词风的带有争议然而精彩的评语,经叶嘉莹先生的现代诠释,与"后现代文化"的"破碎性"(fragmentation)契合,亦颇能用来传递欧梵先生在文化上"化整为零"的趋向,旨在消解"主体意识的"话语系统,启扬人的灵性。

近年来,欧梵先生处于美国"文化多元主义"的锐进潮流中,以其独特的敏锐和学养,勇于置峰中西文化的交会处,促进和协调不同文化之间的融合,实即在后现代社会的压力下,为知识力量拓展创造的空间。因此,他在学术上国际化色彩愈为浓厚,在学界中饮誉日隆。日前受加大校长之邀,与德里达、海登·怀特等共聚进餐,即为一证。

在洛杉矶加大主持现代性讨论课时,他已应聘将回其母校哈佛执教,因此这门课颇有告别仪式的意味,对此地学生来说,机会尤属可贵。这门题为"东西文学与现代性"的讨论课,与比较文学年轻教授苏源熙(Haun Saussy)合开。苏源熙深得以保尔·德·曼为首的美国解构主义重镇"耶鲁学派"的真传,也是中国《诗经》研究的专家。在课堂上,欧梵和他之间常有精彩而富于机趣的对白。课程设计是一学期讲西文"现代性"理论,一学期讲中国现代诗。

从欧梵先生结合近年文化理论的心得,在中国诗学传统比较中重读中国现代诗这一点来看,其藉此课程回顾并展望中国新诗,宗旨不言自明。课堂上,欧梵先生将自己选出的新诗发给大家,对纪弦、痖弦、杨牧、张错等人的作品一边精读,一边作"新批评"结合"脂砚斋"式的评点。这番评读对大陆来的研究生来说,为了解台湾20世纪60年代的现代诗运动补上了生动的一课。

值得一提的是,欧梵也十分关注一些年轻诗人的创作。他不仅称赞北岛、杨炼近期诗风的转变,还专门介绍了台湾女诗人夏宇的新潮作品。

使同学们颇感兴趣的是,欧梵先生论及20世纪30年代的现代诗时,对卞之琳情有独钟。一位同学问他为何这么喜欢卞之琳的诗,李先生幽默地回答说,这是因为他"人到中年",才有这份新体验。这固然是经验之谈,却也体现了他对中西文学的现代境遇的一贯关怀。

据欧梵先生的评讲,卞氏对西方现代性的理解较他同时代人高出很多,且他善于在现代语境中熔铸古典语汇和格律,卞氏所达到的造诣即使在今天看来,仍具借鉴的意义。

关于欧梵先生说诗的灵动之处,试举一例,他的课堂上有一次出的讨论题是"从波德莱尔看鲁迅的《野草》"。这一题目出得新奇古怪,看似他在临场发挥时奇思喷出的一道火花,细察之,却基于《野草》的创作和波德莱尔之间有趣的历史故事。波氏一向被认为是西方美学现代主义的鼻祖,对于中国现代文学有一定影响。令人惊异的是,在20世纪七八十年代海峡两岸至少出版了四种波德莱尔《恶之花》的全译本,可见此一影响仍在继续。鲁迅在20年代前期即开翻译波氏的作品。其时他写的散文诗《野草》,在周作人主编的《语丝》杂志上连载。当时徐志摩从《恶之花》中选译《腐》一诗,也发表在《语丝》上。鲁迅对徐氏所极力称赏的该诗的音乐之美不以为在,遂作《音乐》一文加以讽刺,文末问道:"真的恶声在哪里?"

鲁迅此文对徐志摩的讽刺是否得当暂且不论,从他《野草》中不乏"恶"这一点来看,"从波德莱尔看鲁迅的《野草》"似是探究历史影响的题目,但欧梵先生却意不在此。在讨论过程中渐渐展示的乃是一种方法上的、可说是"后结构主义"的阅读策略。

他首先要求同学撇开作者的传记资料或历史背景,纯从作品的形式加以比较。这种形式的比较能揭示鲁迅和波德莱尔在创作个性、表现手段及中西文学传统等方面较为隐微的层面,如鲁迅在某些描写上其感官的刺激较波氏更过之,这无疑使学生增进了对《野草》的了解。

不过更为重要的是在引导读解中,时时透露出欧梵那种旨在消解"主流"批评话语的意欲。长期以来对鲁迅的研究汗牛充栋,尤其是大陆的文学批评界受意识形态影响较大,因此,这样横截的比较方法,能使批评者摆脱长期受到意识形态影响的批评语境,为思维打开新的途径。

更有意思的是,当欧梵先生谈到他数年前出版的鲁迅研究专著——《铁屋中的呐喊》(*Voices from the Iron House*)一书时,对于书中的有关《野草》部分的诠释已不满意。由此也可见"从波特莱尔看鲁迅的《野草》"的提法,正是他不愿重复自己的信念的显示吧。

1993年12月7日

(原载李欧梵《我的哈佛岁月》,江苏教育出版社,2005年)

学术偶像崇拜和学术进步

沈卫荣

Giuseppe Tucci(1894—1984),意大利东方文化著名学者。主要研究西藏和佛教史。

Herbert Franke(1914—2011),德国著名汉学家。主要研究中国古代史,重点是宋元史和蒙古史,兼及中国文学史、文化史和边疆民族史。

David Seyfort Ruegg,1931年生于纽约。国际学术界颇负盛名的印度学、西藏学研究专家。

Chris Beckwith,生于1945年。美国印第安纳大学中央欧亚系教授。研究领域包括亚洲语言学和中央欧亚历史等。

Geoffrey Samuel,人类学家、英国Cardiff大学宗教学和神学教授。

Renald M. Davidson,Fairfield大学宗教学教授,美国印藏佛教学者。

Christian K. Wedemeyer,1969年生于美国。研究领域包括宗教史、印藏佛学等。

沈卫荣,现为中国人民大学国学院汉藏佛学研究中心主任。著有《西藏历史和佛教的语文学研究》、《寻找香格里拉》等。

青年时期的 Giuseppe Tucci 先生

做学术研究应该重视前人的研究成果、后辈应该尊重前辈,这是做学问和做人最基本的道理。如果不能很好地了解过去学术发展的历史和理路,我们今天的学术研究就会失去坚实的根基和深厚的传统。对学术偶像们的崇拜,确切地说,是对他们的学术方法和学术成就的学习和吸收,对每个在学术领域蹒跚学步、艰难成长的学人而言无疑都是重要的帮助。但是,盲目崇拜和神化学术权威则是学者治学之大忌,因为学术的进步需要理性的批判。如果对学术权威的学问并无深刻的领会,对他们的学术方法、成就,以及他们的局限和不足没有专业和历史的把握,却对他们的生平轶事和人际脉络了如指掌,说起来头头是道,如数家珍,则是一种十分令人讨厌的中国毛病,凸现说者追星式的幼稚和无知。一代人有一代人的学术,即使像王国维先生这样学术之博、精,"几若无涯岸之可望,辙迹之可寻"者,陈寅恪先生依然以为"先生之著述,或有时而不章;先生之学说,或有时而可商"。学术的进步必须长江后浪推前浪,晚辈不应该一味崇拜前辈偶像,而应当知道前辈学术之成败,不断地发现新的学术偶像,得到新的启发,受到新的挑战,见贤思齐,自己的学问才会不断地成长和进步,青出于蓝而胜于蓝。如果一个人永远只对一两位过去了的偶像推崇备至,对他们学术毫无批评精神,或者永远发现不了新的偶像,这或表明你自己的学术视野永远停留在一个角度,你的学问也一直在原地踏步。

问学之初,我曾经十分倾心地崇拜过两位西方学者,一位是20世纪最杰出的藏学家、意大利学者 Giuseppe Tucci 先生(1894—

1984),另一位是二战后德国汉学的领袖人物、世界著名宋辽金元史研究专家 Herbert Franke 先生(1914—　)。这两位先生既是学问的大家,也是 Charisma 十足的大人物。Tucci 先生是当代藏学研究的奠基人,他一生留下了近四百种著作,涉及西藏语言、文献、考古、佛教、历史、艺术、民俗、地理等各个领域,且均有非凡的成就。不仅如此,他还创立了意大利远东研究院,创办了享誉世界的"罗马东方研究丛书"和学术期刊 East and West。没有 Tucci,今天的世界藏学研究,甚至世界东方学研究一定是另外一番景象。而 Franke 先生则是当代德国,乃至世界硕果仅存的最杰出的老一辈中国古代历史研究大家。凭他对中国古代历史文献的精熟和扎实的语文学功力,以及出色的学术组织能力,西方学界宋辽金元史研究的水准从此跃上了一个新的台阶。不仅如此,Franke 先生桃李芬芳,他的弟子们一度几乎占领了德国所有大学的汉学教席,使得二战后德国的汉学研究成为世界汉学重镇。

不消说,天底下有的是像我一样对 Tucci 和 Franke 这两位前辈大家推崇备至的人,但我对他们的崇拜有我非常特殊的渊源。我对 Tucci 的崇拜多半缘于阅读他的传世名作——《西藏画卷》(Tibetan Painted Scrolls, vols. 1-3, Rome 1949),这是一部研究藏传佛教艺术,特别是唐卡艺术的开山之作,而其中的第一卷则是对中世纪西藏政教历史的综述。Tucci 将天女散花般撒落在卷帙浩繁的藏文文献中的历史资料一一探寻出来,把纷繁、复杂的西藏中世纪史梳理得有条有理,令人一目了然。他既能做抽丝剥茧式的语文学研究,又能高屋建瓴地作宏大叙事,将这两种能力结合得如此完美,令我叹为观止。对 Franke 先生的崇拜则是因为阅读了他一系列有关元代西藏研究的论文。虽然 Franke 不是一位西藏学家,但他旁征博引稀见元代汉文文献以解读藏文诏令和文诰,解释西藏历史、宗教和人物史事,解决了许多令藏学家们一头雾水的疑难问题。他的汉学知识的广博和他做语文学研究的细致令我这位汉族西藏史家汗颜，从此不敢轻视西方汉学家对汉语文文献之发掘和研究的能力。由于我初入学界所作的题目正好是元代西藏研究，阅读 Tucci 和 Franke 两位先生的著作对我来说无异于经历一场学术启蒙，对他们的追随设定了我自己最初的学术道路。总之，我对这两位学术偶像的崇拜不可与追星同日而语。

岁月荏苒，一晃二十余年过去了。我的学术兴趣几经转移，陆续也有新的学术偶像出现，但我对 Tucci 和 Franke 先生之学问的敬仰之情不减当年。当然，偶像也难免有黯然失色的时候，对 Tucci 的失望和批判缘于发现这位 20 世纪最优秀的西藏和东方学家，政治上却极其不光彩。Tucci 曾经是一位与墨索里尼政权有密切联系的铁杆法西斯分子，他的东方学研究背后有着深刻的法西斯主义背景。他本人曾经对日本的武士道精神深深着迷，还为加强日本和意大利两个法西斯政权间的联系而摇旗呐喊过。一位学术的巨人曾经是一位政治龌龊的人物，想来令人扼腕。对 Franke 先生过去的政治面貌我不甚了了，他的青年时代正是德国纳粹猖獗的年代，很多与他同辈的学人，如同为 Tucci 和 Franke 先生之好友的世界蒙古学大佬 Walter Hessig 先生就也曾与纳粹政府有所瓜葛。我衷心地希望 Franke 先生比 Tucci 和 Hessig 有一个更清白的过去，但对他的学问我同样不再只有崇拜而没有批评了。

多年前，我在 1994 年出版的 *Asia Major* 第七卷上读到 Franke 先生的一篇新作，题为"Consecration of the 'White Stūpa' in 1279"（《论 1279 年的白塔胜住仪轨》）。这是 Franke 先生八十岁时发表的作品，是他晚年的代表之作。他利用所见各种文字的文献资料，对北京元建妙应寺白塔的历史做了迄今最充分的研究。文中 Franke 先生对元人祥迈所撰《圣旨特建释迦舍利灵通之塔碑》作了重点翻译和解释，照例旁征博引，鞭辟入里。可是，他的译文中竟然出现了一处令人触目惊心的硬伤，令我深为偶像惋惜。《释迦舍利灵通塔碑》中有句云："取军持之像，标驮都之仪"，Franke 将其译作

"(The construction) was in the hands of selected soldiers, and its shape symbolized the form of a form of a sacred element"。他竟然将"军持"翻译成"the hands of selected soldiers",译言"所选士兵之手",而不知道汉文"军持"是梵文 Kundikā 的音译,意为"瓶"、"净瓶",此处指的是藏式覆钵形菩提塔如净瓶般的形状;而"驮都"确如 Franke 所认定的那样是梵文 dhātu 的音译,通译作"界",但 dhātu 也有很多其他的意思,如 Franke 认为的"a sacred element"(成分、要素)等。可偏偏在这里的意思与"成分"毫不相关,它实际上指的就是佛之舍利。所以这句看起来挺复杂的话可以简单地翻译成"(The stūpa) takes the shape of a vase to mark the manifestation of Buddha's relics"。指出 Franke 著作中的这个硬伤,并无意于损害偶像于我辈心目中的高大形象,先生一世的英名也决不至于因此而毁于一旦。我在此只是想借此说明任何权威都有其各自的局限,都会与常人一样犯可笑的错误,盲目崇拜和神化学术权威实不可取。

在我从对西藏历史研究的专注中走出,转而更多地注意藏传佛教研究之后,我最钦佩的学术偶像无疑是 David Seyfort Ruegg 先生(1931—)。出生于纽约的 Ruegg 先生,早年受学于法国高等研究学院,主修历史学和梵文,研究印度语言哲学。后于巴黎索邦大学获博士学位,研究印藏佛学中的"如来藏"思想。一生历任法国远东学院、荷兰莱顿大学、美国西雅图华盛顿大学、德国汉堡大学、英国伦敦大学等学术机构的教授、研究员,从事印藏佛教的哲学、语文学和历史学研究,是世界最著名的印藏佛学家之一,上世纪 90 年代出任国际佛学研究会主席一职将近十年。

我对 Ruegg 先生的钦佩首先是因为他的博学和杰出的语文能力。他是一位典型的印藏佛学家,说他兼通印藏佛学实在不足以表达他的能力和成就,更确切地说他是贯通了印藏佛学。他对梵文和藏文两种语文工具的精熟,使他可以广泛地运用这两种语文的历史和宗教文献，对佛教哲学思想在印藏两种佛教传统中的源流有极其深刻的把握。Ruegg 先生对佛教的如来藏思想、中观哲学、政教理念、"他空见"等都有精深的研究，他的相关著作都是业内的经典作品。晚近，Ruegg 又出版了一部题为《南亚佛教与婆罗门教/印度教和佛教与西藏和喜马拉雅地区"地方崇拜"的共生关系》（"The Symbiosis of Buddhism with Brahmanism/Hinduism in South Asia and of Buddhism with 'Local Cults' in Tibet and the Himalayan Region," *Austrian Academy of Sciences*, 2008）的专著，再次显示了其学识之渊博。

除了博学以外，我钦佩 Ruegg 先生的另一个重要原因是他打通理学和朴学后所达到的崇高的学术境界。作为一位欧洲传统训练出来的语文学家，他在理学方面的造诣在同辈中无与伦比。欧洲的佛教学研究传统以语文学研究为主流，对梵、藏文佛教文献出色的语文学处理是欧洲佛教研究的一大特色，对梵文和藏文佛教文献的厘定、译注和解释是印藏佛教研究的主要内容。作为一位典型的欧洲佛教学者，Ruegg 先生对用语文学方法处理梵、藏文佛教文献驾轻就熟，他对"如来藏思想"和"中观哲学"的哲学史式的研究就是建立在对相关的大量梵、藏文佛教文献的译注和解释的基础之上的。但他的每一项研究往往都超越一般语文学家研究佛教文献所能预期的成就，而赋予其语文之外的哲学和文化意义，为佛教的语文学研究树立起更高的哲学和文化价值。

不仅如此，Ruegg 对世界人文学界，特别是文化研究的新理论、新思想极为敏感，常常将它们精妙地结合到他自己所从事的研究领域之中。例如，他曾经对佛性论，特别是印藏佛教传统中的顿悟和渐悟思想作过非常出色的比较研究，出版过一部题为《比较观中的佛性、心识和渐悟问题》（*Buddha Nature, Mind and the Problem of Gradualism in a Comparative Perspective*, London, 1989）的经典著作，不但对印藏佛学传统中有关顿悟与渐悟的文献和思想作了深入的讨论，而且还将当年流行的"历史记忆"和"传统的创造"等新理论运用到他自己的研究之中，非常精辟地指出藏文历史文献中对"吐蕃僧诤"的记载看起来不像是一个真实的历史事件，而更像是一个半历史的 topos，和尚摩诃衍已经成为一个非历史的、具有象征意义的人物，而"吐蕃僧诤"成了一个历史与神话交杂的东西，或者说是一个"记忆之场"。正是受 Ruegg 这段话的启发，我对藏文文献中有关和尚摩诃衍及其"吐蕃僧诤"的记载作了系统的检讨，得出的结论与 Ruegg 的预想完全一致，藏文文献中有关和尚摩诃衍及其教法的说法基本上是后世藏族史家创造出来的一个传统（参见沈卫荣《西藏文文献中的和尚摩诃衍及其教法——一个创造出来的传统》，《新史学》第十六卷第一期，第 1—50 页，2005 年）。

　　对 Ruegg 之学问的崇拜无疑与我个人的学术志趣和追求相关。我自己所做研究通常采取语文学的方法，但我也非常希望能够为自己所做的小学式的研究找到直接的理论和哲学的支撑，希望自己从事的语文学研究能够摆脱匠人之气，而更富有人文精神和智识、脑力的挑战。然而，要将理学和朴学完美结合，将学术著作写得既扎扎实实、无懈可击，又充满智慧、发人深思，这实在是一件非常困难的事情。不才如我，当然不敢有此奢望。但正因为如此，Ruegg 先生才成了我长期崇拜的学术偶像。

　　除了 Ruegg 先生，我曾十分钦佩的学术偶像还有相当不少。例如，美国印第安纳大学中央欧亚系的 Christopher Beckwith（1945—　）教授就是其中之一。Beckwith 先生的大作《中亚的吐蕃帝国》(*Tibetan Empire in Central Asia*，Princeton University Press，1987)，利用汉、藏和阿拉伯文献资料，宏观地构建了吐蕃对外扩张和吐蕃帝国的历史。Beckwith 利用他兼通汉、藏和阿拉伯文献的杰出能力，完成了中亚学研究的一桩宏大建构，并获得了奖励给天才学人的麦克阿瑟奖。阅读 Beckwith 此书给我留下的最深刻的印象，也是我至今依然对它推崇备至的一个重要原因是 Beckwith 要言不烦、举重若轻的大家手笔。纷繁复杂的问题到了他的笔下,好像都一目了然,读来十分惬意。虽然中外学者,包括我的朋友范德康(Leonard van der Kuijp)教授,都对 Beckwith 这部大作有过很多这样那样的批评,但在我看来,《中亚的吐蕃帝国》这部卷帙上无法与 Tucci《西藏画卷》同日而语的小书,却是继后者之后世界藏学研究的又一部有里程碑意义的巨著。

Beckwith 后来专注于建构汉藏语系的语言学研究,隔行如隔山,读他的研究论文常常只能看懂结论,而其论证过程则常令我坠入五里雾中。几年前,Beckwith 发表过一篇试图重构"吐蕃"两字于唐代时的发音的文章,其结论为"吐蕃"实际上就是汉文文献中的"发羌"。这样的结论大概有助于我们理解汉藏两个族群的源流,只是对其论证过程我实在无法如实体会。前年春天,我有幸在巴黎恭听了 Beckwith 的一场学术报告,主题是对汉文古文献中"月支"一词之语源和读音的重构。他的结论是"月支"的"月"字相当于 To-ka,而"支"字则与匈奴语中的"王"字对应,所以"月支"就是"吐火罗王"的意思。同样,我对他论证这一观点时所用的那一套语言学术语一知半解,所以没有办法跟随他的论证理路。而同堂听讲的多为从事欧洲古代语言研究的法国语言学家,他们对他的这个报告好像推崇备至。真希望 Beckwith 确实用他出色的语言学和语文学训练为我们解决了这两个长期以来传统汉学研究所无法解决的难题。

继 Beckwith 的《中亚的吐蕃帝国》之后,又一部曾给我留下极为深刻印象的学术著作是人类学家、英国 Cardiff 大学宗教学和神学教授 Geoffrey Samuel 先生的大作《文明的萨满:西藏社会中的佛教》(*Civilized Shamans: Buddhism in Tibetan Societies*, Smithsonian Institution Press, 1993)。阅读这部长达七百多页的大书对我来说是一种全新的经验,它与我习惯阅读的历史学和语文学类著作在风格上几无共同之处,但它给我带来了前所未有的愉悦和兴奋。Samuel 与其说是一位西藏学家,不如说是一位人类学家和宗教学家,但他的著作却给西藏研究带来了令人神清气爽的一缕清风。他形象地用"文明的"和"萨满"来表征藏传佛教于显密二宗均十分出彩的典型特征,并以它们为主线来分析公元7世纪至近代西藏社会发展变化的过程,以及藏传佛教的这两种典型特征与西藏社会发展变化之间的紧密关联。《文明的萨满》一书将人类学的调查资料和广泛的文献研究完美地结合到一起,通过对整个西藏历史之宗教结构的共时的考查和对宗教生活之社会、智识和精神成分的历时的分析,为读者奉献了一部综合研究西藏社会和宗教的具有里程碑意义的优秀作品。严格说来,《文明的萨满》既不是一部西藏宗教的地缘政治研究,也不是一部西藏的宗教、文化史,更不是一部研究大乘佛教的专业著作,但它巧妙地包罗了上述所有这些内容,为读者理解西藏社会和藏传佛教提供了最有利的视角、最全面的资讯和最发人深思的启示。

近年来,我和我的学生们又都成了美国印藏佛教学者、Fairfield大学宗教学教授 Ronald M. Davidson 教授的粉丝,他的新著《西藏文艺复兴:西藏文化再生中的密宗佛教》(*Tibetan Renaissance: Tantric Buddhism in the Rebirth of Tibetan Culture*, New York: Columbia University Press, 2005)成了我们研究藏传密教,特别是黑水城出土藏传密教文献和藏传密教于西夏和蒙元时代在内地传播历史时常备左右的参考书。Davidson 别出心裁地将公元10世纪中到13世纪初这段时间称为西藏的文艺复兴时期,通过对大量印度成道者所传密教文献于西藏传译的精细研究和对以萨迦派道果法为中心的密法教义和修法仪轨的描述和诠释,Davidson 对最终成为藏传佛教之典型特征的密教传统的形成过程,对藏传密教的印度渊源、文献依据、师承次第等都作了清楚的交待。在这一部头不大的专业著作中,我们几乎可以找到有关早期藏传密教的所有有用的信息,为我们深入研究萨迦道果法在西夏和元朝的传播提供极大的方便。

Davidson 对梵、藏文密教文献有全面和精深的了解，他的著作为读者提供了大量一手的资料。此前不久他出版的《印度密教：密教运动社会史》(Indian Esoteric Buddhism: A Social History of the Tantric Movement, New York: Columbia University Press, 2003)从社会史、文化史的角度研究印度密教，它和《西藏文艺复兴》一起成为研究印藏佛学的当代经典。尽管西方的印藏佛教研究已有相当悠久的历史，但以往的研究，如前述 Ruegg 的著作，较多地集中在对印藏佛教思想的比较研究之上，对印藏密教传统的比较研究尚未全面展开。Davidson 的这两部著作开风气之先，引领世界印藏密教研究新潮流。他之所以能有如此之成就，首先得归功于他超强的语文能力，他的所有研究都建立在对大量梵、藏文密教文献的精细的译解的基础之上。让我颇为吃惊的是，最近 Davidson 竟然开始大量利用汉文佛教文献来研究早期的陀罗尼。西方印藏佛学家中少有兼通汉语文者，Davidson 早年以研究印度梵文佛教文献和哲学见长，后专擅印藏密教，学习汉语文、重视汉文密教文献，恐怕是最近的事情。从他的这段学术经历中，我们见到了一位优秀的西方佛教学者的学术轨迹。

　　值得一提的是，以上这几位我所推崇的学术偶像都不是名牌大学的大牌教授，但他们的学术能力和学术成就无不鹤立鸡群，令人肃然起敬。文章千古事，得失寸心知，希望一位中国同行对他们由衷的钦佩能够给他们带去些许慰藉和几分自豪。

　　吾生有涯学无涯，几十年在学术道路上蹒跚学步，不知不觉间老之将至。令我无比欣喜的是，很多比自己年轻得多的青年才俊在学术上已远远走在了自己的前头。他们出色的学术成就让我体会到了什么叫做后生可畏，遂知大师、偶像不见得非得是古人、老人不可。

　　近年来，我读到了不少青年学术同行的优秀作品，其中给我留下最深刻印象的无疑是芝加哥大学神学院宗教史研究助理教授

Christian K. Wedemeyer 先生(1969—)的著作。Wedemeyer 是哥伦比亚大学宗教系的博士,曾师从美国最著名的藏传佛教专家、宗喀巴讲座教授 Robert Thurman 先生。Thurman 贵为哥大佛学教授,但其做派更像是一位藏传佛教的传教士。虽然在民间有十分巨大的影响力,但其著作的学术含量则实在不高。令人吃惊的是,Wedemeyer 的治学方法与他的老师有天壤之别,他竟然是一位非常出色的语文学家。他出版的第一部专著是圣天造《合行明炬》的译注本(*Aryadeva's Lamp that Integrates the Practices (Caryamelapakapradipa): The Gradual Path of Vajrayana Buddhism according to the Esoteric Community Noble Tradition*, New York, 2007),遵循的完全是欧洲佛学研究传统的语文学方法,从中可以看出他深厚的语文学功底。Wedemeyer 兼通梵、藏两种语文,擅作佛教文献之比较研究的能力在他的另一篇论文中反映得更加淋漓尽致,这篇论文题为《译师之功的诱人痕迹:宗喀巴著述中梵文资料的别样翻译》,对宗喀巴著作中所引述梵文文献的误译、误解作了十分精到的检讨和批判,对传统以为藏译佛教文献十分忠实梵文原本的说法提出了有力的质疑,并进而对梵文佛教文献于西藏传译过程中有可能出现的问题做了非常有见地的讨论。

更令我吃惊的是,与他深厚的语文学功力相比,Wedemeyer 的哲学和理论修养似乎还更胜一筹。Wedemeyer 近十年间发表的论文总共不足十篇,但篇篇珠玑,其中有两篇文章对印藏密教研究带来了颠覆性的震撼。第一篇题为《修辞格、类型学和转向:密宗佛教史学的简短世系》("Tropes, Typologies, and Turnarounds: A Brief Genealogy of the Historiography of Tantric Buddhism," *History of Religions*, vol. 40, No. 3 (February 2001), pp. 223-259),它对西方一个半世纪以来的密宗佛教历史编纂的历史提出了根本性的质疑和批判。Wedemeyer 在其文章开头提出了如下一个人文学科建设中带普遍性的问题:在众多学科的初始阶段,通常都会预设一些临时性的理论，以用来为这个形成中的知识领域提供一个大致的结构，以便更详细的研究得以开展。这些理论，除非很快就被推翻或者随后被重新考量，设定了初期研究的程序，变成了组成这个学科研究背景的重要成分，甚至成为这个学科不言而喻的"公理"。而一旦成了"公理"，这些假设，尽管完全没有（或者只有微弱的）实证依据，通常会定义、结构和界定这个学科之学术研究的路线。而当足够多的时间和能量已经被投入到了预设那些"既定观点"之正确性的研究之中时，它们从此以后就再也不会受到质疑，以免打破学科之平静的外表，也不使让人感到舒服的"进步"的幻象被打搅。就是由于这个原因，有时我们可以真切地见到一种非常强大的、跨越好几代学人的学术保守主义，在这种学术保守主义之下，长辈学者们（权威、偶像）非常不愿意鼓励（且不去说"允许"）对一个领域的那些最基本的假设作激进的修正。

接下来 Wedemeyer 就以西方印度密宗佛教历史编纂学为例来说明那些本来毫无实际根据的"既定的观点"是如何设定了西方学者近两百年来的密宗佛教研究、如何决定了密宗佛教史的建构和叙述范式的。他的文章提出了一个印度密宗佛教历史编纂学的世系谱，特别强调了西方密教研究及其成果之历史背景，揭示佛教史大纲的最初构建如何决定性地受到了不加甄别地选择对用来结构这个历史的叙述原型（narrative archetype）的影响，这个大纲又是如何为对印度宗教的最早的诠释模式所确认，而由这个大纲设定的写史传统及其关联的说法又是如何因为一位本来很有见识，而且注定要成为 20 世纪最著名和最有影响力的佛学教授的戏剧性的投降而被作为不二之论定格为佛学研究之正统的。

Wedemeyer 整篇论述十分的精致、复杂和巧妙，富有智性、理性和思辨性，读起来让人觉得刺激、过瘾，又处处发人心智。他的主要观点是说，西方学者把印度佛教视为一种过去的现象，把它在印度的消亡当成既成事实，于是采用历时的叙述模式来构建佛教的历史,讲述佛教在印度从生到死的一个完整的故事。当西方学者在 19 世纪初开始构建佛教历史的时候,西方最流行将历史当做一种有机的发展过程来描述,历史无非是从出生、成长、成熟到衰落和死亡这样一个有机的发展过程。于是,佛教的历史顺理成章地按照这个叙述原型被建构起来了。释迦牟尼佛的出生和宏化是佛教的诞生期,小乘佛教是佛教的成长期,大乘佛教是佛教的成熟期,而密乘佛教则是佛教的衰亡期。在这样的一个叙述模式之下,密教自始至终被当做公元 7 世纪才开始出现的、印度佛教的最后,也是最堕落、没落和行将消亡的一个阶段,尽管密教至今未亡,它依然是藏传佛教最重要的一个活着的传统。而密教中出现的性瑜伽等修习方式,正好符合将道德沦丧,特别是性行为的堕落作为一种文明衰亡之重要标志的西方传统,于是,密教史的研究就成了一部佛教衰亡史的书写过程。这种叙述原型形成了强有力的话语霸权,即使是世界上最优秀的佛教语文学家也难以摆脱这种霸权的控制,他们的研究和叙述处处受到这些"既定之见"的左右。Wedemeyer 这篇优秀的论文让我们终于清醒过来,西方近两百年来密教研究的传统必须有一个根本性的改变,对那些已成"公理"的传统说法需要做严肃、历时的清算和重新考量。这样的真知灼见又何尝不可以推而广之,我们是否都应该重新考量我们各自学科中那些被我们崇拜的行内巨擘、大腕们设定的那些"公理"呢?

Wedemeyer 另外一篇发人深省的文章题为《牛肉、狗和其他神话:大瑜伽密教仪轨和文献中的引申符号学》("Beef, Dog and Other Mythologies: Connotative Semiotics in Mahāyoga Tantra Ritual and Scripture," *Journal of the American Academy of Religion*, vol. 75, No. 2 (June 2007), pp. 383–417)。在这篇文章中,Wedemeyer 试图处理密教研究中另一个长期令佛教学者争论不休的十分棘手的大问题,即如何来解释密宗佛教中那些有悖常理、十分违规的成分?密教长期受人诟病的一个重要原因就是其修法中包含了很多违犯佛教戒律，甚至与世俗道德观念相抵触的特殊修法，如男女双修和"五肉"（狗肉、马肉、牛肉、象肉和人肉）、"五甘露"（大香、小香、精、血和骨髓）供养等等。对于这些极为怪异的修法到底应该作如何解释，学界历来有很多激烈的争论。有人以为应该按其直接的字面意义来理解，将它们视为实际的修法；也有人把它们当成是特殊密码，只具有比喻和象征意义，认为这类密乘修法是观修，而不是实修。而 Wedemeyer 则提出：以上两种说法，不管是实指，还是喻指，都把它们当做直接的指义自然语言的范例来处理，所以都没有抓住这些传统之符号学的最本质的方面。他的这篇论文试图表明密乘大瑜伽续部采用的是一种可称为"引申符号学"的指义形式，在这种形式中，来自自然语言的符号（一种能指和所指的结合），在一种更高层次的话语（神话语，mythic speech）中，有能指（signifiers）的功用。将这些符号学工具引入对解释密教修法之批评中的目的，无非是要人认知，不管是仪轨的实修，还是经典的叙述，其中起根本性作用的是一种关于清净和污浊的语法规则（清浊无二），而这种规则出现在与早期密乘佛教和更广泛的印度宗教常规的重要对话之中。这表明见于密乘佛教中的这种对常理的违背表示的既不是"部落式"（字面的、原始的）的修习，也不是纯正的瑜伽密码（象征性的），而是反映了主流印度佛教固有的关注。

　　Wedemyer 以讨论密乘大瑜伽部最著名的续典《密集本续》中提到的"五肉"、"五甘露"供养的解释问题为出发点，说明从仪轨的实修和经典的叙述的两种角度来看，不管是从其字面上，还是从其象征意义来解释这种奇特的供养法都不足以给解释它们实际的宗教意义，所以他建议释者要跳出指义语言的框框，在引申符号学体系中来重新考量这些密宗符号的解释问题。所谓"引申符号学"是"一种不是由它的字面意义，而是由它的意图（intention）来定义的语言，它的意图因为没有在字面意义中表达出来，故被冻结、净化，乃至永恒化。这种神话语言的构成成分的模糊对于指义（signification)而言有两种后果,它从此表现得既像是一种通告,又像是对一个事实的陈述"。具体而言,所谓"五肉"、"五甘露",我们既不能直接从其字面的意义上去理解,也不能把它们简单地看做是一种具有比喻和象征意义的密码,而应该把它们看做为"引申符号",找出它们的字面意义中没有被表达出来的潜在的意图,以理解其实际的宗教意义。而这个没有在字面上被表达出来的意图实际上就是佛教的清净和污浊无二的法则,引申开来说就是轮(回)涅(槃)无二、烦恼和觉悟一味的成佛境界。所以,这些看似有违佛教戒律的怪异修法不过是标示成佛境界的"引申符号"。

如何解释这些怪异的密宗修法一定还将继续成为佛教学者们长期争论的一个焦点,但 Wedemeyer 上述这种解释无疑为我们提供了一种新的思考方法。作为研究密乘大瑜伽部的顶级专家,Wedemeyer 将西方符号学的理论如此巧妙地引进自己的专业研究之中,令人大开了眼界。他在上述著作中所表现出来的在理学和朴学两个方面的非凡造诣,令我在阅读他的著作时脑中常常掠过这样的一个念头:中国佛教学界何时会出现一位像 Wedemeyer 这样的青年才俊呢？我相信那时一定就是中国之学术雄起于世界之日。

世人走过的学术道路千差万别,每个人或都应该有一个与众不同的崇拜和扬弃学术偶像的个人经历。我相信每一个有过这样经历的人最终都会得出同样的结论:任何学术偶像都不是永恒和不可超越的。一代人有一代人的学术,后代超越前代是大势所趋。在 Tucci 的时代,他的《西藏画卷》和《西藏宗教》(*The Religions of Tibet*, University of California Press, 1988)无疑是最杰出的经典,但到了 Samuel 的时代,《文明的萨满》就理应取代《西藏宗教》的经典地位。Tucci 无疑也曾经是 Samuel 的学术偶像,Samuel 曾是 Tucci《西藏宗教》一书的英文译者。但 Samuel 的《文明的萨满》和他最近出版的新著《瑜伽和密教的起源》最终超越了 Tucci 的《西藏宗教》。西藏宗教研究在 Tucci 和 Samuel 两代学人之间完成了学术的更新，取得了明显的进步。而无论是从理学，还是从朴学的角度来看，血气方刚的 Wedemeyer 的能力和水准都已经丝毫不逊色于德高望重的 Ruegg。毫不夸张地说，今日的 Wedemeyer 已经具备了最终超越 Ruegg 的所有潜质和能力，明天的 Wedemeyer 一定会成为今日的 Ruegg，他们注定都是印藏佛学研究的祭酒级人物。

从自己学习和吸收上述这些学术偶像之学术成就的经历中，我深深感到不管你身处哪个学科、在做什么样的课题研究，用语文学的方法做仔细的文本研究应该是每一位学者必须具备的最基本的功夫。特别是对初入学界的新人而言，要想不在茫茫学海中迷失方向，用语文学的方法老老实实地做文本研究无疑是一个相对安全、可靠的定位方式。这样的方式不但能够使人得到最基本的学术训练，而且其学术成果也最具原创性，能够给读者提供新的知识。而学术研究最理想的方法应该是理学和朴学的完美结合。一部精致、复杂的语文学著作，如果缺乏哲学和思想的意义，终难脱离匠人之气，缺少思想和智识的力度和挑战。而一位学者若完全缺乏对文本做语文学研究的能力和耐心，只专注于空洞的理论探索和哲学思辨，则他/她既不可能写出有丰富的实际内容的好作品，也永远不可能创造出能给人以启发的新理论。描述和解释做得再完美、再迷人，也只是一种形式的变换和更新，无法替代扎实、精致的文本研究。做学术研究只重视理论、解释，而轻视，甚至舍离对文本的语文学研究，则是舍本求末，或能炫人耳目、哗众取宠，但既不会给我们带来新的知识，也不会对学术研究带来实质性的进步。

（原载《东方早报·上海书评》2010 年 5 月 23 日）

花前又见燕归迟
——追忆牟复礼先生

陆 扬

牟复礼（Frederick W. Mote，1922—2005），美国汉学家。1969年创办普林斯顿大学东亚学系。著有《中国思想之渊源》，主编《书法与古籍》、《剑桥中国明代史》等。

陆扬，北京大学梵巴利文专业1984级本科生。其后负笈奥地利维也纳大学。普林斯顿大学历史学博士。先后执教于普林斯顿大学、哈佛大学和堪萨斯大学。

牟复礼先生

原本平静地度过旧历年,因突然传来牟复礼(Frederick W. Mote)先生去世的消息,而让人感到非常惆怅。牟先生于年初二(2月10日)的晚上去世,享年八十四岁。今天大陆及台湾年轻一辈的学人可能对牟先生一生的成就所知有限,但任何熟悉过去半个多世纪以来北美汉学及中国史研究变迁的人是不应该不知道牟先生的贡献和地位的。我在过去十几年中所见到西方的中国学专家亦可谓多不胜数,但若以人品、学问和见识三者等量齐观的话,能超越牟先生境界的恐怕是没有的。他的充满创造力的学术生涯和普林斯顿大学东亚研究的建立与成长有非常紧密的关系。这是纪念他的一生不能不特别强调的部分。

在今日北美的中国文史研究方面,普林斯顿应该说是具有代表性的中心之一,学术上的资源充足。但与哈佛和哥伦比亚等校相比,普大东亚研究的不同之处在于其发展历史较短,成立迄今不过四十多年。据牟先生自己的回忆,1956年他被聘来普大前,正莱顿担任Fulbright讲师。他是在美国亚洲学会(AAS)的通报上看到了普大的招聘广告才提出申请的。他对普大全无了解,所以在收到聘约时感到很惊讶。普大当时只有三位与中国有关的教授,最资深的居然是对中国艺术无师自通的文艺复兴艺术专家George Rowley。牟先生到普大后最先履行的义务之一,就是担任方闻的博士答辩的考官,方先生是Rowley培养的唯一一个中国艺术史博士。50年代中,普大还没有独立的东亚研究系,更谈不上有全方位的中国文史研究,连牟先生自己都是隶属于东方语言文学系(Department of

Oriental Languages and Literature)的教授。该系以近东伊斯兰研究为主导。1968年东亚研究系(Department of East Asian Studies)的建立,以牟先生的推动最为关键,所以称其为普大东亚系之父并不过分。我们今天可能已很难想象当时在美国人文学界的格局之中东西方文化比重的悬殊。虽然牟先生是一位不折不扣的史家,但他对中国传统的了解向来是采取文史不分家的态度。也正由于此,他和当时强调科学化的正统西洋史学取径不同。比如与牟先生同时在普大任教而执西洋史牛耳的大师史东(Laurence Stone)虽然对牟先生很尊敬,但对人提到牟先生时总称他为expert in Chinese literature,而不称其为historian。因为在史东看来,像诗人高青丘这样的课题仅属于文学研究的范畴,算不得是真正严肃的史学题目。这种区分在当今西方人文界几乎已不存在了,但这一词之差却恰恰体现出在当时的环境下,牟先生为中国文史研究创出一片天地,需要何等的自信和从容不迫的态度。耐人寻味的是牟先生对普大东亚系建立的贡献与史东造就普大历史系的贡献真可说是旗鼓相当。牟先生对普大中国史研究的具体贡献主要有两方面:一是确立以古代为中心的研究方向,二是对中文教学的尊重。如果前者还是从当时西方汉学主流发展出来的话,后者则可以说是不同流俗的创举。他反复强调中文的教学是一切研究的基础,而且要古汉语和现代汉语并重。这是一种从语言学而非从西洋汉学只重书面解读的角度来主导的中文教学法。他以前金陵大学的同窗学友陈大端教授当时正在普大主持中文教学,所以牟先生得以和陈大端在这点上通力合作。以上两点可以说是普大迄今为止都保持了的特色。但牟先生对普大东亚研究的影响并不止此。他对普大东亚研究资源的积累做出的贡献同样地意义深远。

首先是他对普大葛斯德图书馆发展的关注。虽然葛斯德图书馆在牟先生来之前就已是收藏中国文史珍本善本最有名的中心之一,但整体的图书收藏尚远不及哈佛燕京等其他老牌东亚图书馆。

这种情况在牟先生任教期间就完全改观了，葛斯德的中国文史方面书籍的收藏可以说是突飞猛进，到他荣退之时，藏书的完整和丰富都已举世公认了。在他对葛斯德图书馆的贡献中，有三件事特别值得一提。第一件是在 1965 年，他和当时担任葛斯德馆长的童世纲（James Shih-kang Tung）一起向普大图书馆狄刻斯馆长（William S. Dix）提议，邀请屈万理先生来为葛斯德的善本书做全面整理和编目的工作。后来更在普大的资助下，屈先生出版了《普林斯顿大学葛斯德东方图书馆中文善本书志》，使从王重民就已开始了的事业有一个圆满的结束。① 第二件事是牟先生仿效"普大图书馆之友"而成立"葛斯德东方图书馆之友"这一组织，作为葛斯德的外援团体。后来图书馆事业的开拓，得到此组织支持甚多。第三件是在名收藏家 John Elliot 的支持之下，创办了《葛思德图书馆馆刊》(Gest Library Journal)[现已改名为《东亚图书馆馆刊》(Journal of East Asian Library)]，内容以研究古籍为主，并涉及东亚文史哲各领域，是一个很有特色的杂志。

牟复礼先生对普大博物馆中国文物书画收藏的扩充也同样不遗余力。在这方面他和创立普大中国艺术史研究传统的方闻以及 John Elliot 同样地有长达数十年的密切合作。而牟先生个人对于中国书画和版本印刷等的浓厚兴趣和渊博知识，不仅是他个人修养的一部分，还融入他历史研究的视野之中，比如他写关于元代文人隐逸（eremitism）的社会背景和文化象征的经典文章就是迄今研究元代士大夫艺术必需参考的作品。当然从学术体制的角度来看，牟先生对普大东亚研究最重要的贡献是在 70 年代与校方交涉成功，

---

① 编目和目录出版的缘起和过程，可以参考该目录中屈万理的中文后记和童世纲的英文前言。该书同时收有牟复礼对葛斯德善本书的历史价值作的一个扼要介绍（《普林斯顿大学葛斯德东方图书馆中文善本书志》，屈万理先生全集第十三，联经出版公司）。屈先生完成编目工作回台后，即先后担任台湾"中央图书馆"馆长和史语所所长。和胡适之先生的情形一样，也可看做是普大和台湾学术传统的一线因缘。

将原来由校方掌控用于支持东亚研究的大笔经费移到东亚中心(East Asian Program),由和东亚研究直接有关的教授委员会支配,这样不但确保了未来和东亚有关的学术活动经费无虞,并使其完全独立于学校官僚系统之外。在过去几十年中,这一基金不断扩充,到今天可说已使普大东亚中心和哈佛费正清研究中心一样,都属于世界上东亚研究方面资本最为雄厚的机构。这和1968年史东成功地将 Shelby C. Davis 捐助给普大的大笔款项成立了名闻遐迩的戴维斯历史研究中心异曲同工。过去的十几年中我在普大所遇到的东西方研究东亚的访问学者,几乎无一不得到东亚中心的资助。如果没有这一层机制上的保障,则普大东亚研究的格局恐怕会是另一番光景。

在牟先生任教期间,普大的东亚系成立并发展为人才济济的一方雄镇。光就中国史而言,70年代末和80年代初,除了牟先生负责明清以外,隋唐方面有杜希德(Denis Twitchett,大陆多误译为崔瑞德)先生,宋史则有刘子健先生,都是各自学门在西方的代表人物,所以一时间普大有中华帝国的称誉。虽然于80年代后期牟、刘两先生相继退休,余英时先生的到来又使这一盛况保持了相当长的一段时间。一个重要的研究机构往往有其所谓的传奇(legend)故事。我于90年代初才来到普大,所以无资格细数此间东亚研究创业期的人事掌故,但有一个和牟先生有关的小传奇则是耳熟能详的。牟先生的夫人极多才多艺,制得一手好陶瓷。当年牟先生为了让东亚系的研究生有一个讨论研究心得的场合,特地创办了一个每周一次的茶会。茶会的名字叫 Cracked Pot,字面的意思是"有裂缝的茶壶"。这当然是因为茶会所用的茶壶出于牟太太之手,上面的确有一道裂痕。但其名之所以起得很贴切是英文中"cracked pot"还有另一层意思,即是指痴狂之人。此名用来形容研究生初生之犊的无畏精神可谓妙语双关,且富有禅意。这一茶会延续至今,可惜这一代的研究生中仅有极少数知其渊源了。

牟先生是我见过最热爱中国传统文化，也是中文说得最为标准典雅的西方人。这不仅是因为他本人有极高的语言天分，亦是由他特定的学术背景所致。牟先生在二战期间参加了由赵元任先生所主持的美军汉语培训班。担任赵先生助教的是杨联陞先生。这一班为后代培养了许多极重要的中国学家，而牟先生在班上是第一名。美国治日本史的大家，后来也是普大东亚系的创系人之一的Marius Jansen，当时也正在日语班接受训练。牟先生在抗战后期到中国，从成都到南京，再到北平，所接触到的都是当时第一流的中国学者。他先后在金陵大学和燕京大学学习，听过包括向达、启功等先生们的课，其中对他影响最大的学者是明史专家王崇武。据牟先生自己的回忆，当年他到中国求学，曾和顾颉刚先生等很多知名学者围在饭桌边一起聊天。当时顾先生问各位在座的先生们有谁愿意来指导这位年轻的美国学生。在场的都是饱学之士，但可能都觉得这不是一件有多大意义的事情，所以就一个推一个，直到最后王崇武先生因为喝得有些醉了，没能推托成功，便接下了这个洋徒弟，也因此指导牟先生走上研究明史的道路。这当然是一则令人莞尔的故事，让人认识到历史的偶然性在一个学者的身上所能发生的作用。但回顾牟先生的一生，我们可以想见他当年的可塑性之强。

我的印象中，牟先生治学的特点是结合汉学的素养和史学的眼光。他的汉学素养之深、对古文献的解读能力之高绝非西方大部分学者所能比拟。这是任何和他接触过的人都能立刻感觉到的。比如我第一次见到他时，我刚完成一篇长达百来页的书评，将美国学者 John Knoblock 翻译的《荀子》和他所构建的荀子的生平作了彻底的批评，证明其荒诞（注：Knoblock 的见解，后来被完全吸收入《剑桥中国上古史》的有关部分）。这是我在普大写的第一篇学习报告，所以也就上呈牟先生，请他提意见。两三天后，他将稿子交还给我。鼓励之余，他在稿子上密密麻麻写满了修正的意见，从诸子版本的引用到清儒的见解，真是令人叹为观止。我至今还保存着这份他修改过的文稿。牟先生是个对学术水准要求非常高的人,他可以说是对文献的一字一句都不放过。普大东亚系以往征招中国文史方面的教员,即便在牟先生退休之后,也常请他参与评鉴。我曾亲见他在信中在肯定某位很有才气的年轻学者的学术成绩时,亦不忘提醒系里同事其立言超出可证范围的研究倾向。但牟先生与旧时汉学家或所谓的东方学家不同的是,牟先生既不会去追求亦不会满足于考订史料史实的饾钉之学。他所关注的和发表的作品都是中国历史上的重要课题。而且几乎每一篇都在西方中国史的领域内有导夫先路的作用。他最重要的贡献自然是对于元明史的开拓。这方面的成果现已蔚为大观。他将蒙元和明连在一起的观察能力和眼光至今仍无西方学者能步其后尘。我猜想这和他在中国受到极好的训练有关。他那一代的西方学者,研究中国史时多只注意其在日本和欧洲的进展,而他却一直强调对中国学者所取得的成果的吸收。比如他在哈佛亚洲学报上发表评 John Dardess 明初政治专著的书评里,就直言不讳地指出 Dardess 不该不参考包括萧启庆在内的台湾及大陆学者的蒙元史研究成果。

牟先生的博士论文是对陶宗仪《辍耕录》的研究,而出版的第一部专著则研究明初诗人高启,将其放在明初的政治下分析。在这之后他几乎在元明史的各个领域内都有重要的研究成果。比如他写的关于南京的论文,收在斯金纳(William Skinner)所编有关中华帝国晚期城市的论文集中,是区域城市史研究方面的典范。可喜的是这部书如今也有了不错的中文译本。① 牟先生在明史方面的工作以主持两大本《剑桥明代史》的编写而达到高潮。我不治明史,且这部著作的影响已有公论,这里就从略了。值得一提的是牟复礼先生著作中最广为人知的一本书——《中国思想之渊源》(Intellectual Foundations of China)。这是给本科生读的先秦诸子思想介绍,在一百多页的短短篇幅中,对儒法名墨的特色和交互关系的阐述既清楚又观点独到。其笔锋带着同情的幽默,真是高手所为,到现在都是西方大学里中国思想史课的基本读物之一。据牟先生自己说,他到普大开的第一门课就是中国早期思想。除了这一本小书之外,他对西方中国思想史研究的另一重大贡献就是翻译萧公权先生的杰作《中国政治思想史》。这部书篇幅庞大,且微言大义,引用文献无数,英译者所面临的挑战自不言而喻。更何况以牟先生的学术标准,他是决不肯草率从事的。他当时的学术地位已高,按理不必要做此种吃力又未必讨好的事。但他出于对萧公权先生的尊敬和对这部著作的价值的重视,间断花了许多时间,并特地为此休假一年,到萧先生执教的西雅图华盛顿州立大学专心从事此书的翻译。虽然最后仅完成并出版全书翻译的一半,这已经是继 Derk Bodde 翻译冯友兰的《中国哲学史》之后西方对中文学术著作介绍的里程碑。好像在牟先生之后西方学界就无人成就类似规模的工作了。译文的质量如何,读者只需比较一下原文就可判断,这里也不需我多说。牟先生写作的文笔一向练达而幽默,和他为人的风格很接近。不知

---

① 中译本为《中华帝国晚期的城市》,叶光庭等译,陈桥驿校(北京:中华书局,2000)。该译本是近年大陆所译西文中国学著作中质量较高的一种。可以看出译者和校者的认真。尤其难得的是历史地理学名家陈桥驿对书中文章的直率的评介。陈氏特别指出牟先生文中对南京的特殊地形对城市结构的影响注意不够。我想以牟先生的个性,他一定会对这一批评意见欣然接受的。不过遗憾的是陈氏对该文将南京放在元明历史的广阔视野下来观察的特色认识似乎不够。另一方面,陈氏在对施坚雅的区域地理模式很有多好评。他的评介写于 1984 年,所以未能参考后来牟先生及其学生 Martinus J. Heijdra 对施坚雅研究方法提出的恳切批评(见 Ming Studies, No. 34, 1995)。

为什么,我总觉得在风格上它与顾颉刚先生的史学文字有相似之处。同时牟先生的论著又很富有想象力,例子之一是牟先生为1992年于华盛顿所举办的纪念哥伦布发现新大陆五百周年的超级展览所著的章节。此展览的主题之一就是把哥伦布时代的欧洲和明代中国作一横向的比较,如表现在艺术方面就是丢勒(Albrecht Dürer)和沈周的对照。牟先生负责执笔配合展览的专著 *Circa 1492* 中关于明代文化的这一部分。这当然是为美国知识大众写的,所以要深入浅出。牟先生把明代中叶的文明和社会放在世界史的背景下作了很全面的概括。其中有一小节题为"哥伦布在中国",他用假想的笔调,写如果哥伦布真的到达中国会有何种际遇,读了让人印象深刻。

牟先生一生最后一部大书是长达一千页的《帝制中国:900—1800》(*Imperial China: 900-1800*),由哈佛大学出版社于2000年出版。这是他多年积累的学识和见解的综合,也是我见到的有关这九百年中国史的西文通史性著作中最详尽的一部。此书的缘起是他和杜希德先生曾订约合写一部给大学生读的中国通史,当年决定由杜先生写从秦汉到唐的中华帝国史前半部,而他则负责写下半部。可惜后来杜先生因主持剑桥中国史工作的缘故不得不放弃前半部的写作计划,而牟先生所负责的部分则在他经历了种种波折之后锲而不舍地完成了。书的价值自然也不须我多赞一词,但我一直特别欣赏其中论及周边民族政权和蒙元史的部分,并折服于他对历朝和周边关系的那种明晰而平允的讨论。我曾在此书出版之后写信给牟先生,表示希望能有中译本出版。牟先生很谦逊地回复说,这书里没有什么特别的高见,他同时亦表示出版中译本的时机或许尚未成熟。但我总希望不久的将来他这部论著能有译本与在中国的读者见面。

我对牟先生的了解是从进普大开始的,而且是从读他那本《中国思想之渊源》开始的。我第一次见到他是在1993年,那是我做普大博士生的第二年。当时他已退休多年,且已移居到景色瑰丽、空气清新的科罗拉多山中,但每年还是到普林斯顿来小住两三个月以便查阅图书和做研究。他给我的第一个印象就是一个温润如玉的君子,而且说话很平和风趣,决看不出是个经常要和病症作抗争的人。他当时正在和杜希德先生合编《剑桥中国史·明代史》的第二册,所以当他知道我师从杜希德先生时,就和我谈起了他的这项工作,并用中文说"我在山上随时听他指挥",这个"他"当然指的是杜希德先生。但他用标准的京片子来讲,听来好玩极了,让我顿时觉得和他亲近了许多。我最后一次见到牟先生应该是在1995年的春天,那也是牟先生最后一次回来普林斯顿。在他离开前的某一天,突然说要送我一样东西。等我收到赠品时才知道这是他所藏大慧宗杲的《宗门武库》,是光绪七年常熟刻经处刊印的版本。尤其珍贵的是全书有杨联陞先生的标点和批校。当时牟先生知道我开始任教,所以特别以此来对我加以鼓励。我一直要到最近才体悟到他大概是要我像接受禅门的衣钵那样继承前辈先生的学风。牟先生在赠我这部书时,还特地附上一封杨先生书信的影印件。杨先生的那封信写得很殷切,特抄录于此:

复礼,多谢替我写信吹嘘。《宗门武库》年节之间应可标点寄还。附甲骨文词一首,仿董彦老,释文是:"风(借凤字)片片,雨丝丝,一日相望十二时。昊事(借史字)春来人不至,花前又见燕归迟。"字写得不好,聊博一笑而已。
　　即祝
　　双福　并贺新禧
　　　　　　　　联陞
　　宛君　致候　一九七五双十二

这封信写作的年代离今已整整三十个年头,距离我最初读到这

些文字时也已十年了。于风片雨丝的春日光景将临之际，留下的是哲人不再的感慨和一个特有的人文时代之斑斑印迹。

2005年旧历元月四日 于普林斯顿

附录：刚收到余英时先生挽牟复礼诗二首，特抄录于此。我上面的文字正好给余先生的诗句作注脚。

    近世论文史，公居最上游
    都城记白下，诗赋解青丘
    萧译传瀛海，赵门取状头
    暮年成巨帙，一卷足千秋

    汉学开新页，普城创业时
    揽才真有术，礼士更无私
    授道恃身教，闲情托酒卮
    从公深自喜，微恨十年迟

（原载台湾《当代》杂志第211期）